欧洲法律评论

Chinese Journal of European Law

（第六卷）

中国社会科学出版社

图书在版编目(CIP)数据

欧洲法律评论. 第六卷／程卫东，李以所主编. —北京：中国社会科学出版社，2022. 8

ISBN 978 - 7 - 5227 - 0369 - 5

Ⅰ. ①欧…　Ⅱ. ①程…②李…　Ⅲ. ①法律—研究—欧洲　Ⅳ. ①D95

中国版本图书馆 CIP 数据核字（2022）第 106448 号

出 版 人　赵剑英
责任编辑　周晓慧
责任校对　刘　念
责任印制　戴　宽

出　　版　中国社会科学出版社
社　　址　北京鼓楼西大街甲 158 号
邮　　编　100720
网　　址　http://www.csspw.cn
发 行 部　010 - 84083685
门 市 部　010 - 84029450
经　　销　新华书店及其他书店

印　　刷　北京明恒达印务有限公司
装　　订　廊坊市广阳区广增装订厂
版　　次　2022 年 8 月第 1 版
印　　次　2022 年 8 月第 1 次印刷

开　　本　710 × 1000　1/16
印　　张　17.5
插　　页　2
字　　数　279 千字
定　　价　99.00 元

凡购买中国社会科学出版社图书，如有质量问题请与本社营销中心联系调换
电话：010 - 84083683

学术委员会和编委会

CHINESE JOURNAL OF EUROPEAN LAW is compiled by the Institute of European Studies, the Chinese Academy of Social Sciences. The Journal stands for the study of European and relevant international law in all context. The content of articles in this Journal represents the views of contributors only.

目录
contents

欧盟宪政秩序的挑战与危机
——基于波兰法治危机案的考察 …… 程卫东 1

荷兰法院的战略性气候之诉
——对其他非政府组织的一种启发? …… 汉斯·范鲁 38

《中欧全面投资协定》的开放与平衡 …… 叶 斌 59

欧盟《外国补贴条例(草案)》
——比较视角 …… 胡建国 陈禹锦 92

欧盟外资审查机制的竞争性建构与中国对策 …… 梁 咏 谢鑫雨 124

欧盟统一国际私法在儿童跨境诱拐领域的新发展
——以2019年《布鲁塞尔条例IIa(重订本)》为中心 …… 邹国勇 汪文璟 150

Covid-19背景下欧盟刑事司法合作的再检视 …… 付琴雯 熊安邦 172

2019年欧盟竞争政策报告 …… 胡海龙 译 林燕萍 审校 188

2020年欧盟竞争政策报告 …… 罗丹睿 译 林燕萍 审校 230

《欧洲法律评论》稿约 …… 267

目录

contents

Rule of Law Crisis in Poland and Its Challenges
to EU Constitutional Order …… CHENG Weidong 1

Strategic Climate Litigation in the Dutch Courts
—A Source of Inspiration for NGOs Elsewhere?
…… Hans van Loon 38

The China-EU Comprehensive Agreement on
Investment and the Right to Regulate under
the Context of the EU' s New Trade-related
Initiatives: Opportunities and Challenges …… YE Bin 59

EU Draft Regulation on Foreign Subsidies
—Comparative Perspective
…… HU Jianguo CHEN Yujin 92

Competitive Voice Construction on EU Foreign
Investment Screening Mechanism and
China' s Choice …… LIANG Yong XIE Xinyu 124

New Developments Unified Private International Law in
the European Union in Matters of International Child
—on the Council Regulation (EU) 2019/1111
…… ZOU Guoyong WANG Wenjing 150

A Re-Examination of EU Criminal Justice Cooperation in the Context of Covid-19 …… FU Qinwen XIONG Anbang 172

Report on EU Competition Policy 2019 …… 188

Report on EU Competition Policy 2020 …… 230

Call for Papers …… 267

欧盟宪政秩序的挑战与危机
——基于波兰法治危机案的考察
Rule of Law Crisis in Poland and Its Challenges to EU Constitutional Order

程卫东*
CHENG Weidong

摘要： 自2015年底开启的波兰司法改革，引发了一场事关波兰国内法治并波及整个欧盟宪政秩序的一场深刻而持久的危机。从危机的形成与演变过程来看，其形成与扩大大体可以归为三个方面的原因：一是波兰与欧盟对波兰司法改革的不同认知与定性；二是欧盟处理成员国国内法治危机的权威性与工具不足，未能及时有效地解决波兰法治危机；三是波兰在应对欧盟措施时，对欧盟宪政秩序的基础提出了怀疑。波兰法治危机不只代表了波兰内部政治与法律变迁及波兰与欧盟对这一变迁的不同认知与定性，而且全面、深刻地揭示了欧盟宪政秩序内在的一些深层次、根本性的矛盾与冲突。波兰法治危机对欧盟宪政秩序形成了重大冲击，但从总体上看，欧洲一体化的逻辑仍然成立，只是由于欧盟宪政秩序中的根本问题在短期内无法解决，欧盟宪政秩序中的矛盾与冲突仍将不可避免。

关键词： 波兰法治危机；欧盟宪政秩序；优先效力；欧洲法院

---

* 程卫东，法学博士，中国社会科学院欧洲研究所研究员。本文原发表于《欧洲研究》2022年第1期，收于本刊时，略有改动。

Abstract: The judicial reform in Poland which started in the end of 2015 has brought about deep-going and long-running rule of law crisis in Poland as well as the crisis of EU constitutional order. From the evolving process of the two crisis, three causes can be identified: 1) different perceptions and characterizations of the Polish judicial reforms by Poland and EU respectively; 2) lack of authority and deficiency of the instruments on the EU side to deal with the problems arising from the Polish judicial reforms; 3) Poland's questioning of the foundation of EU constitutional order in response to EU actions. The crisis in Poland not only reflects the transformation of Polish domestic politics and the rule of law, but also reveal some intrinsic contradictions and conflicts within the EU constitutional order. Although Polish rule of law crisis has certain severe negative impacts on EU constitutional order, the logic of European integration still holds true. However, contradictions and conflicts within the EU constitutional order cannot be avoided due to some fundamental problems thereof.

Key Words: Rule of Law Crisis in Poland; EU Constitutional Order; Primacy of EU Law; Court of Justice of the European Union

当卡钦斯基（Jaroslaw Kaczynski）领导的波兰法律与公正党（PiS）在2015年议会选举中获得胜利、成为议会第一大党之时，很多人都意识到波兰将会发生重大变革，但是几乎没有人能够预料到，此后波兰的一系列司法改革将会引发一场事关波兰国内法治并波及整个欧盟宪政秩序的一场深刻而持久的危机。时至今日，这场危机还未结束，欧盟还在寻求利用各种机制与工具来解决这一危机。

波兰司法改革是在欧盟经历一系列危机、欧洲一体化事业正在面临各种考验之时启动的，它对欧盟与欧洲一体化都提出了新的挑战。一方面，波兰的司法改革看起来是波兰内部司法体系与制度的调整，涉及的是波兰内部权力的重新平衡；但另一方面，它又涉及是否符合与尊重欧盟价值的评判。正是基于这两个方面的不同认知、评判，欧盟与波兰之间、欧盟不同机构之间在如何对待波兰司法改革问题上出现了重大分歧，它们各自采取的相关行动与相互之间的互动，使得波兰司法改革触发的危机不再只是一个单一的国内法治危机，而是扩大为欧盟法治危机，并进而演化为影响更为深远的欧盟宪政秩序危机。

从表面上看，欧盟这一轮宪政秩序危机是由波兰法治危机引发的，但是其根源却在于欧洲一体化内在逻辑中所固有的矛盾，波兰法治危机只是将这些矛盾再次公开化，并加以大肆渲染，使得欧盟宪政秩序从制度到基石再到理念，都受到了新的考验与挑战。只有经受住这些考验与挑战，欧洲一体化事业才能继续前行，否则，将会面临重大的生存危机。因此，可以认为，欧盟目前要解决的不只是波兰法治危机本身，而是欧盟自身的宪政秩序危机。但波兰法治危机的解决，是欧盟解决自身宪政秩序危机的一个先导、一个前提。一方面，如果波兰法治危机不解决，欧盟将会面临成员国宪政方面越来越多的挑战；另一方面，通过波兰法治危机的解决，欧盟可以重申其宪政秩序的基本原则与制度，从而巩固欧盟宪政秩序的根基。从这个意义上说，波兰法治危机案及其应对，是全面分析欧盟宪政秩序内在矛盾及其克服或调和的一个良好契机。

本文将通过对波兰法治危机的演进及欧盟与波兰在此过程中的行动与互动的分析，探讨波兰法治危机对欧盟相关机制及欧盟宪政秩序基石的挑战，以及欧盟宪政秩序塑造中的理念分歧与话语权之争，并在此基础上对欧盟宪政秩序所受到的挑战进行反思，对欧盟宪政秩序的走向作一前瞻性分析。

一 波兰司法改革与双重危机的形成

成员国国内具有宪政意义的改革在欧盟范围内引起广泛关注甚至争议，是常见现象，但波兰的司法改革从争议演变为一场法治危机，并进而引发欧盟的宪政秩序危机，在欧洲一体化历史上则是前所未有的。这表明了波兰法治危机的多维度与复杂性特征。

（一）波兰司法改革的进程与主要内容

波兰法治危机及其后的欧盟宪政秩序危机首先源于波兰的一系列司

法改革措施。波兰司法改革从其宪法法院的改革开始，2016 年 12 月，随着宪法法院新院长的上任，波兰政府取得了对宪法法院的实际控制权，自此，波兰政府启动了全面司法改革，包括改变国家司法委员会（National Council for the Judiciary）的运作、修订最高法院法和普通法院组织法等。不论涉及哪个层面的司法机构改革，波兰的司法改革都主要集中在两个大的事项上：一是法官的任免与退休制度；二是加强对法官的纪律约束。

1. 关于法官任免与退休制度的改革

在对波兰宪法法院、最高法院与普通法院的改革上，法官的任命与退休制度都是改革的核心。波兰政府在这方面改革的目标很清晰，就是通过对法官任命与退休的规定，加强对各级法院的掌控，为波兰政府在其他领域的改革与出台新政策铺平道路，减少阻力。

考虑到波兰宪法法院在整体司法体系中的地位，宪法法院是波兰最先改革的目标。2015 年 11 月，新组成的波兰议会选举了 5 名法官，其中 3 名新当选的法官被认为是非法选举产生的，因为他们是在议会取消了对之前 3 名当选法官的任命后才得以经选举产生的，议会还通过快速立法程序通过了一系列法案，旨在影响宪法法院的运行规则。①

2016 年 12 月，波兰总统在宪法法院院长退休时任命了一位代理院长，该职位以前从未存在过，这一任命被认为违反了波兰宪法；随即，该代理院长在没有任何法律依据的情况下接纳了 3 名由议会提名的法官；此后，该代理院长在有 14 名法官出席会议、8 名法官拒绝投票的情况下，经其中 6 名法官（包括 3 名被认为是非法当选的法官）投票，就任正式院长。② 至此，通过对法官的任免与院长的任命，波兰政府取得了对宪法法院的控制权。

在完成了对宪法法院的控制之后，2017 年波兰政府的司法改革进一步向最高法院与普通法院延伸。最高法院改革的第一步也聚焦于法官的任免与退休事项上，始于对最高法院法官退休年龄的调整，其结果之

① Wojciech Sadurski, *Poland's Constitutional Breakdown*, Oxford: Oxford University Press, 2019, p. 63.

② Wojciech Sadurski, *Poland's Constitutional Breakdown*, Oxford: Oxford University Press, 2019, p. 65.

一是提前结束了最高法院首席院长（First President）的任期，同时还有一些法官提前退休①，为新院长与法官的任命提供了空间。

在普通法院改革上，2017 年，波兰通过了一系列重组普通法院的法律，授权司法部长在 2017—2018 年为期 6 个月的过渡期内，可以在无确定标准、无须正当理由、无须司法审查的情况下，解聘任何普通法院的院长和副院长。据此，在 6 个月的过渡期内，波兰司法部长解聘了 158 名普通法院的院长与副院长。② 与此项改革相配套，波兰又修订了普通法院组织法，将任命新的法院院长的权力赋予了司法部长，由司法部长根据其自由裁量权任命，自治的司法团体则不再参与新的任命程序。③

此外，2018 年 3 月，波兰修订了国家司法委员会法，波兰众议院选举了 15 名新法官成员，提前终止了未到任期的 15 名法官成员的任职。在选举后，有人调查发现，新当选的成员与司法部长都有良好的关系。④

从波兰在法官任免与退休制度的改革上可以看出，波兰政府改革的具体目标有两个：一是使部分在任法官退出法官职位，为任命受政府支持的法官腾出位置；二是加强政府对法院院长任免的掌控，通过这两种方式，促使波兰各级法院向支持政府的立场转变。

2. 关于加强对法官纪律约束的改革

除了通过法官任免而加强对法院的控制外，波兰还通过司法改革，加强对法官行为的控制与纪律约束，防范法官做出对政府不利的行为。在此方面，波兰出台了两项新的措施。

---

① Laurent Pech, Patryk Wachowiec, and Dariusz Mazur, "Poland's Rule of Law Breakdown: A Five Year Assessment of EU's (in) Action," *Hague Journal on the Rule of Law*, Vol. 13, Issue 1, 2021, p. 8.

② Laurent Pech, Patryk Wachowiec, and Dariusz Mazur, "Poland's Rule of Law Breakdown: A Five Year Assessment of EU's (in) Action," *Hague Journal on the Rule of Law*, Vol. 13, Issue 1, 2021, p. 13.

③ European Commission, "Rule of Law in Poland/Article 7 (1) TEU Reasoned Proposal," European Commission Contribution for the Hearing of Poland on 26 June 2018, 11 December 2018, Council Document 15, 197/18, p. 15.

④ Wojciech Sadurski, *Poland's Constitutional Breakdown*, Oxford: Oxford University Press, 2019, p. 103.

其一是在最高法院内新设了与纪律和控制有关的法庭，即纪律庭(Disciplinary Chamber) 和公共事务庭 (Extraordinary Control and Public Affairs)。虽然最高法院于2020年1月23日宣布该新设法庭不合法，但是最高法院的决定随即被宪法法院以决议方式取消。①

其二是波兰众议院于2020年1月23日通过了一个被称为“禁言法”(Muzzle Law) 的进一步修改波兰司法体系的法案，进一步加强对法官的纪律约束，如该法案增加了新的违纪与处罚类型、剥夺自治司法团体的自治权、允许纪律庭取消法官的豁免权或对法官进行临时拘押、授权公共事务庭评估法官独立性与公正性的独家权力、授权波兰总统纠正法官任命程序中的缺陷、改变最高法院首席院长选举程序、要求法官公开披露其参加的协会会员身份等。该法案于2020年2月14日正式生效。② 该法案的出台使得法官时刻处于可能被追究、被处罚的境地，在行动上将会更加谨小慎微。

(二) 从司法改革到两个危机的形成

波兰的上述司法改革是波兰法治危机与欧盟宪政秩序危机两个危机形成的导火索，但危机的形成与扩大，除了波兰内政上的原因特别是其内部不同机构在权力博弈上的失衡外，在很大程度上可以说是欧盟与波兰围绕波兰司法改革措施博弈所致。从危机的形成与演变过程来看，波兰法治危机与欧盟宪政秩序危机的形成，大体可以归为三个方面：一是波兰与欧盟在波兰司法改革问题上的不同认知与定性；二是欧盟处理成员国国内法治危机的权威性与工具不足，未能及时有效地解决波兰法治危机；三是波兰在应对欧盟的批评、要求与决定时针对欧盟的制度与行动的合法性采取了反制措施，对欧盟宪政秩序的基础提出了怀疑。因此，要全面理解波兰司法改革如何导致波兰法治危机并进一步发展为欧

---

① European Parliament, “Resolution of 17 September 2020 on the Proposal for a Council Decision on the Determination of a Clear Risk of a Serious Breach by the Republic of Poland of the Rule of Law,” PA_ TA - PROV (2020) 0225, para. 22.

② Thomas Wahl, “Threat of Rule of Law in Poland—Recent Developments,” ECRIM, Issue 1, 2020, pp. 2 - 4, https://eucrim. eu/news/threat - of - rule - of - law - in - poland - recent - developments/. 最后登录时间：2021年2月10日。

盟宪政秩序危机，需从这三个角度观察、分析和解读。[①]

1. 波兰司法改革是波兰法治危机及欧盟宪政秩序危机的导火索，其关键在于波兰与欧盟对波兰司法改革的不同认知与定性。

从波兰司法改革的内容来看，其改革的主要目标是加强对司法系统的掌控，所采取的措施在很大程度上削弱了司法体系的独立性与自治权，同时加强了对法官的控制与约束。从某种程度上看，波兰的司法改革是对波兰内部权力的一次重新调整。从改革的进程来看，政府在司法权力上取得了绝对的优势，司法系统对政府主导的改革虽然有反对声音与反抗的行为，但是，都无法阻止波兰政府改革的实施与推进，其结果是政府取得了对司法系统的控制权，并通过新的制度与措施对司法系统的反抗行为进行约束与制裁。

对于波兰司法改革的目标、措施与后果的合法性，波兰与欧盟的立场泾渭分明。波兰认为这是一次必要的改革[②]，卡钦斯基在为司法改革辩护时曾说，波兰法院在政治上依附于反对派，已经政治化了，改革的重要目的就是消除这种对司法系统政治化的影响，因此，在司法改革上，不仅要进行程序改革，而且要更换法官。[③] 很显然，波兰政府司法改革的目标主要是政治性的，同时也要打破传统政治体系中的权力平衡，使得国家的权力向政府倾斜。政府通过一系列改革，成功地使司法体系失去了与政府抗衡的力量，使之在立场与行动上开始与政府保持一致。正是基于此，欧盟认为，波兰的司法改革破坏了司法独立，从而破坏了法治的一个基本前提条件，导致了波兰法治的倒退，因而强烈要求波兰取消一系列司法改革措施。对于波兰司法改革的这两种针锋相对的

① 考虑到本文的重点是分析与欧盟宪政秩序危机相关的问题，对波兰法治危机的内部成因与博弈，将不做详细分析。关于波兰法治危机中的内部博弈与权力失衡问题，可参见：Marcin Matczak，“The Clash of Powers in Poland's Rule of Law Crisis：Tools of Attack and Self-Defense,” *Hague Journal on the Rule of Law*, Vol. 12, Issue 3, 2020, pp. 421 –450.

② 波兰内部不同机构 、不同党派、不同学者（特别是法学者）及其他方面人士对波兰司法改革所持的立场不尽相同，其中有很多反对波兰司法改革的声音。但在与欧盟机构对话与博弈中，代表波兰的是波兰政府的立场与认知。因此，如无特别说明，本文提到的波兰的立场与认知，指的都是波兰法律与公正党主导下的波兰政府的立场与认知。

③ Filipe Marques, “Rule of Law, National Judges and the Court of Justice of the European Union：Let's Keep It Juridical,” *European Law Journal*, 2021：1 –12, p. 7, DOI：10. 1111/eulj. 12386.

立场，在任何一方都拒绝做出让步的情形下，欧盟与波兰形成僵局是势所必然。

2. 欧盟未能有效阻止、逆转波兰的司法改革，导致了波兰和欧盟层面两个危机的形成。

虽然对于波兰司法改革，欧盟与波兰之间存在着分歧与争议，但分歧与争议本身并不必然导致危机，而是分歧与争议未能在双方认可的现有机制，特别是司法机制下得到有效解决，才会导致危机的形成；双方在解决问题机制与实质问题上的话语权之争，则有可能导致危机进一步扩大与深化。正如克林顿·罗西特所认为的："如果情势可以通过司法解决，则可能并不是一个危机。"① 对波兰司法改革案，在5年多的时间内，不论是使用政治工具还是法律工具，欧盟都未能加以解决，而且在问题解决的过程中，波兰不仅没有撤销已有的改革措施，而且不断出台新的措施，使得在波兰国内形成了真正的法治危机，该危机同时也是欧盟层面的法治危机。不仅如此，在回应欧盟针对波兰司法改革的各项行动与措施时，波兰不是被动地回应，不是简单地为波兰的改革措施做辩护，而是直接回击欧盟对波兰所采取的各种措施与行动的合法性，触及了欧盟宪政秩序的制度与原则，从而使得这场危机从法治危机进一步扩大到欧盟宪政秩序危机。

欧盟未能在现有机制下解决波兰法治危机本身既表明欧盟机制有效性的不足，又表明波兰对欧盟宪政秩序及其赖以建立的制度与原则还存在异议、疑虑，使得波兰对欧盟采取措施与行动的合法性存有异义与不信任，这从根本上动摇了欧盟宪政秩序的基础，破坏了欧盟与成员国以及成员国之间合作的基础。这个危机本身比波兰法治危机更为严重，影响更为深远。从波兰法治危机到欧盟宪政秩序危机，并不是波兰司法改革的直接后果，而是欧盟未能及时、有效解决波兰法治倒退所引发的后果，它为波兰进一步动摇欧盟宪政秩序的根基提供了契机。

3. 波兰通过主张成员国的主权权力与宪法身份反对欧盟的干预。

在波兰围绕国内司法改革与欧盟展开的攻与防中，波兰并没有局限

---

① Clinton Rossiter, *Constitutional Dictatorship: Crisis Government in the Modern Democracies*, Landon and New York: Routledge, 2017, p. 9.

于其司法改革本身，不只是为其国内改革措施本身的合法性、合理性进行辩护，不只是为其是否遵守了法治价值进行辩护，而是从主权权利、宪法身份与欧盟的权能范围为其司法改革的合法性进行辩护，反对欧盟对其司法改革权的限制和干预，试图从根本上排除、反对欧盟对其国内司法改革的干预，正如本文后文所分析的，这是欧盟宪政秩序真正的危机。至此，波兰法治危机的性质发生了重大的变化，从一国的法治危机演变为更深层次、范围更为广泛的欧盟宪政秩序危机。

从这三个方面来看，由波兰司法改革引发的危机不能只简单地界定为波兰法治危机，而应视为多层次的复合性危机，这些危机纠结在一起，使得问题的解决更为复杂，难度更大。从目前的形势来看，欧盟要解决的不只是波兰法治危机本身，更重要的是要解决由波兰法治危机所引发的欧盟宪政秩序危机。只有如此才能巩固欧洲一体化的基石，并从根本上防范与波兰法治危机类似的危机再次发生。但是，欧盟宪政秩序危机是由波兰法治危机引起的，欧盟也只有在解决波兰法治危机的过程中才能解决欧盟宪政秩序危机，否则，波兰法治危机所造成的损害仍将会长期存在，会一直困扰欧洲一体化进程。

二　波兰法治危机对欧盟法治工具有效性的考验

如果波兰司法改革之争能够在欧盟争端解决机制之内解决，则波兰内部的法治危机不会进一步扩大与深化。但不幸的是，从过去6年的实践来看，对于波兰法治危机，欧盟显得有些有心无力，现有的机制不仅未能有效解决波兰的法治危机，而且引起了对欧盟法治工具及相关制度有效性的怀疑。虽然人们对波兰司法改革提出了诸多批评，但时至今日，欧盟各方也未能形成一致的、强有力的支持欧盟解决问题的方案或路径。形成这种局面的根本原因在于，对波兰司法改革所导致的法治危机，欧盟该如何应对，在欧盟基础条约上存在着诸多模糊性，使得问题的解决缺乏清晰路径与广为接受的合法性。在这种情况下，欧盟介入波兰司法改革就容易引起对现有工具与制度有效性的挑战。

将波兰司法改革定性为法治倒退，在欧盟机构、学者、多数法官中大体上成为一种共识。[①] 在欧盟基础条约框架内，法治倒退是对《欧洲联盟条约》（以下简称“《欧盟条约》”）[②] 第 2 条所规定的欧盟价值的违反，因此，欧盟处理波兰司法改革的基本法律依据是《欧盟条约》第 2 条。但是，《欧盟条约》对于成员国违反该条所规定的救济手段非常有限。从该条约的规定来看，欧盟可资利用的工具有两种：一种是政治工具，另一种是司法工具。但这两种工具各有其局限性，因此，欧盟一直在探讨扩大欧盟法治工具箱的可能性。欧盟这几年努力的结果，一是扩大了政治工具的类型，二是增加了新的财政工具。在应对波兰法治危机的过程中，对这些工具欧盟都在尝试利用，但从结果来看，每一种工具的使用都有局限性。

（一）政治工具

在应对成员国法治危机上，欧盟可资利用的、具有直接效力的政治工具主要是《欧盟条约》第 7 条。该条规定的应对方式分为两个部分：一是由理事会根据一定的程序认定成员国存在违反《欧盟条约》第 2 条所述价值的显著情形，即确认成员国存在严重违反欧盟价值的情形，并要求成员国采取行动纠正自己的行为；二是在成员国未能采取必要行动的情形下，由理事会认定成员国存在着严重、持续违反《欧盟条约》第 2 条价值的情形，并可以中止该成员国在《欧盟条约》上的某些权利。

虽然存在着该条款，但自其生效以来，欧盟还未真正针对成员国启动该条款，该条款因而被认为是一项“核选择条款”（nuclear option）[③]，除非存在重大违反的情形，否则欧盟不会轻易启动该条款，以免产生难以预料和把控的后果。在波兰法治危机问题上即是如此。虽

---

① Anna Gora and Pieter de Wilde, “The Essence of Democratic Backsliding in the European Union: Deliberation and Rule of Law,” *Journal of European Public Policy*, Vol. 29, No. 3, 2022, p. 343.

② 本文引用、参考的《欧洲联盟条约》和《欧洲联盟运行条约》中译本，均参见《欧洲联盟基础条约——经〈里斯本条约〉修订》，程卫东、李靖堃译，社会科学文献出版社 2010 年版。

③ Amichai Magen and Laurent Pech, “The Rule of Law and the European Union,” in Christopher May and Adam Winchester (eds.), *Handbook on the Rule of Law*, Cheltenham & Northampton: Edward Elgar, 2018, p. 237.

然欧盟委员会提议启动《欧盟条约》第7条程序，但并未得到欧盟理事会的积极响应。①

基于《欧盟条约》第7条适用上的谨慎，欧盟委员会早在2013年就认识到欧盟在应对成员国系统性违反与挑战法治方面工具的不足，时任欧盟委员会主席巴罗佐（Baroso）提出有必要打造一个新的促进法治的工具，其结果就是欧盟委员会提出了一个“法治框架”（Rule of Law Framework）。②该法治框架的目标是防止成员国出现的法治威胁进一步升级到需启动《欧盟条约》第7条的程序，实际上是为欧盟委员会在成员国出现法治威胁情形时及时介入、防止形势进一步恶化提供的一种工具与机制。它确立了欧盟委员会干预的三阶段程序：评估，建议与监督成员国落实建议。③

欧盟法治框架机制实质上是一个政治对话机制，但是，自2014年出台以来，它并没有如欧盟委员会所期待的那样发挥重要作用。一方面，该对话机制是一个软性机制，欧盟委员会的建议与监督并不具有法律约束力，对成员国的约束力较弱；另一方面，该机制并没有得到欧盟理事会的大力支持。在2014年欧盟委员会起草法治框架时，理事会对委员会所提议的机制并不满意，因而提出了自己的法治对话机制（Rule of Law Dialogue）。该机制更倾向于成员国之间的对话，而不是由欧盟主导实施的程序。④ 欧盟理事会的法律顾问甚至认为委员会的法治框架机制没有法律上的依据，违反了基本的授权原则。⑤

---

① Laurent Pech, Patryk Wachowiec, and Dariusz Mazur, “Poland's Rule of Law Breakdown: A Five Year Assessment of EU's (in) Action,” *Hague Journal on the Rule of Law*, Vol. 13, Issue 1, 2021, pp. 18-19.

② Artur Nowak-Far, “The Rule of Law Framework in the European Union: Its Rationale, Origins, Role and International Ramifications,” in Armin von Bogdandy et al. (eds.), *Defending Checks and Balances in EU Member States—Taking Stock of Europe's Actions*, Berlin: Springer, 2021, pp. 306-329.

③ Communication from the Commission to the European Parliament and the Council: A New EU Framework to Strengthen the Rule of Law, 10 March 2014, Document COM (2014) 158 Final/2.

④ Roberto Baratta, “Rule of Law ‘Dialogues’ within the EU: A Legal Assessment,” *Hague Journal on the Rule of Law*, Vol. 8, Issue 2, 2016, p. 369.

⑤ Andreas Moberg, “When the Return of the Nation-State Undermines the Rule of Law: Poland, the EU, and Article 7 TEU,” in Antonina Bakardjieva Engelbrekt et al. (eds.), *The European Union and the Return of the Nation State: Interdisciplinary European Studies*, Cham: Palgrave Macmillan, 2020, pp. 68-69.

在波兰司法改革后不久，欧盟委员会在 2016 年 1 月就启动了法治框架机制，试图适用该机制解决问题。2016 年就宪法法院的情势，2017 年就波兰议会通过的关于最高法院、普通法院和国家司法委员会新的改革法案，欧盟委员会向波兰政府各发出了两份建议书，要求波兰改弦更张。[①] 但是，很显然，波兰政府并未认真对待这些建议，这体现了非法律救济本身的弱点，欧盟委员会在此框架下并没有更多的工具来进一步应对波兰的行为与反应，也表明了法治框架机制在真正的法治危机情势下难以发挥有效的作用。

（二）司法工具

除《欧盟条约》第 7 条所规定的政治性工具外，该条约中是否存在法律性质的工具来处理涉及第 2 条价值的争议，特别是针对第 2 条价值条款是否可以提起司法诉讼程序问题，一直是一个在学术与实践上都具有争议的问题。随着欧盟越来越重视欧盟价值，以及随着越来越多的成员国的行为与措施引发涉及民主与法治等欧盟价值的争议，利用法律方法解决争议成为欧盟机构，特别是欧盟委员会和欧洲法院积极探讨的一个方向。

到目前为止，在涉及《欧盟条约》第 2 条价值特别是法治价值的案件处理上，欧洲法院也只是迈出了尝试性的一步，主要原因在于，在欧盟法框架下，并没有对法治标准的明确规定，要判定一个成员国的行为或措施是否违反法治价值，欧洲法院难以做出令各方都能接受的明确结论。在实践中，欧洲法院近年来寻找到了一个突破口，即以《欧盟条约》第 19 条第（1）款所规定的“成员国法院应提供充分的法律救

---

① 四份建议书分别是：（1）European Commission, Recommendation 2016/1374 of 27 July 2016 regarding the rule of law in Poland, OJ［2016］L217/53；（2）European Commission, Recommendation（EU）2017/146 of 21 December 2016 regarding the rule of law in Poland complementary to Recommendation（EU）2016/1374, OJ［2017］L22/65；（3）European Commission, Recommendation（EU）2017/1520 of 26 July 2017 regarding the rule of law in Poland complementary to recommendations（EU）2016/1374 and（EU）2017/146, OJ［2018］L228/19；（4）European Commission, Recommendation（EU）2018/103 of 20 December 2017 regarding the rule of law in Poland complementary to recommendations（EU）2016/1374,（EU）2017/146 and（EU）2017/1520, OJ［2018］L17/50.

济，以确保在联盟法覆盖的领域内提供有效的法律保护”作为审理涉及《欧盟条约》第 2 条中所规定的法治价值案件的法律依据，而受理案件和作出判决的主要连接点是司法独立。欧洲法院确立此逻辑的第一个案例是由葡萄牙法院提交的有关法官减薪问题的初步裁决案。在该案的判决中，欧洲法院认为，一个成员国如果违反了司法独立，则无法履行《欧盟条约》第 19 条规定的有效司法保护义务，因而就违反了欧盟的条约，因此，欧洲法院拥有相关案件的管辖权，包括违法之诉管辖权和初步裁决案件管辖权。①

2018 年，欧盟委员会就波兰最高法院纪律庭独立性以及国家司法委员会独立性问题，向欧洲法院提起了波兰违法之诉；2019 年，欧盟委员会分别就最高法院独立性和普通法院的独立性再次向欧洲法院提起了波兰违法之诉。在波兰通过新的禁言法律之后，欧盟委员会于 2020 年 4 月 29 日也启动了针对波兰的违法之诉，并于 2021 年 7 月 15 日正式向欧洲法院提起诉讼。② 关于最高法院独立性案，欧洲法院于 2019 年 6 月 24 日作出判决，认为波兰关于降低最高法院法官退休年龄的立法，违背了法官不可免职的原则和司法独立原则。③ 关于普通法院改革案，欧洲法院也作出了类似的判决。④ 关于纪律庭，欧洲法院先是于 2020 年 4 月 8 日发出法院令，要求波兰立即中止纪律庭审理关于波兰法官的案件；其后于 2021 年 7 月 15 日作出判决，认定纪律庭不具有独立性与公正性。⑤ 在波兰宪法法院作出《欧盟条约》部分条款违反波兰宪法并部分否定欧盟法优先效力的判决之后，欧盟委员会于 2021 年 12 月 22 日决定将提起新的波兰违法之诉，以期纠正波兰宪法法院的判决，

---

① Case C－64/16，Associa. o Sindical dos Ju. zes Portugueses（Portuguese Judges），Judgment of the Court（Grand Chamber），27 February 2018，EU：C：2018：117.

② Case C － 432/21， Commission v Poland， https：//curia. europa. eu/juris/document/document. jsf? text = &docid = 248692&pageIndex = 0&doclang = EN&mode = lst&dir = &occ = first&part = 1&cid = 4332917. 最后登录时间：2022 年 2 月 12 日。

③ Case C－619/18，Commission v Poland（Independence of the Supreme Court），Judgment of the Court（Grand Chamber），24 June 2019，ECLI：EU：C：2019：531.

④ Case C－192/18，Commission v Poland（Independence of Ordinary Courts），Judgment of the Court（Grand Chamber），5 November 2019，ECLI：EU：C：2019：924.

⑤ Case C791/19，Commission v Poland（Régime disciplinaire des juges），Judgment of the Court（Grand Chamber），15 July 2021，ECLI：EU：C：2021：596.

维护欧盟法的优先性与效力。[①]

但是，欧洲法院应对成员国法治问题，也存在着自身的不足。一是欧洲法院现在还只能处理特定类型的法治案件，主要是涉及司法独立的案件，对于其他类型的法治案件，以及涉及成员国系统性违反法治价值的案件，欧洲法院如何介入，依据何种法律介入，目前尚无相关实践，也无定论；二是欧洲法院通过目的性解释方法以《欧盟条约》第 19 条作为受理和处理案件的依据，也存在着争议，并未得到成员国的普遍支持，波兰甚至认为欧洲法院越权了。[②] 在法律依据存在争议的情况下，欧洲法院解决问题的权威性也因此受到削弱。从实际效果来看，司法解决法治问题的方法也受到了成员国的挑战，继欧盟委员会的法治框架工具未能取得预期效果之后，欧洲法院的判决也未能顺利解决问题。这在某种程度上削弱了欧洲法院长期以来形成的地位与影响力。如果这种消极影响不能消除，从长期来看，将不利于欧盟法的权威性与统一实施，进而会威胁到欧盟的宪政秩序。

在司法工具的利用上，另一个途径是初步裁决程序，由波兰国内法院就司法改革是否符合欧盟法问题向欧洲法院提起初步裁决。2018 年 8 月 9 日，波兰最高法院向欧洲法院就司法改革是否符合司法独立和有效司法保护原则问题提交初步裁决。考虑到问题的重要性与紧迫性，欧洲法院适用快速程序并根据《欧洲联盟运行条约》第 267 条进行审理。在提出第一个初步裁决问题 8 天之后，波兰最高法院再次提出了新的初步裁决问题。2018 年 9 月，波兰罗兹地区法院因担心裁决案件会受到纪律庭的制裁，因而向欧洲法院提交初步裁决问题，要求欧洲法院评估新的纪律程序是否违反《欧盟条约》第 19 条所规定的司法独立原则和有效司法保护原则。2018 年 9 月 20 日，波兰最高法院劳动与社会保险

---

① "Rule of Law: Commission Launches Infringement Procedure against Poland for Violations of EU Law by Its Constitutional Tribunal," *Press Release*, 22 December, 2021, Brussels, https://ec.europa.eu/commission/presscorner/detail/en/ip_21_7070. 最后登录时间：2022 年 2 月 12 日。

② Laurent Pech and Dimitry Kochenov, *Respect for the Rule of Law in the Case Law of the European Court of Justice: A Casebook Overview of Key Judgments since the Portuguese Judges Case*, The Swedish Institute for European Policy Studies, p. 192. https://ssrn.com/abstract=3850308. 最后登录时间：2021 年 12 月 20 日。

法庭更是直接询问道，根据《欧盟法》，新设立的纪律庭是不是一个独立法院或法庭。波兰其他法院也陆续提出了类似的初步裁决问题。[①] 这些初步裁决程序案表明，波兰法院希望借助于欧洲法院来遏制国内的司法改革对波兰司法独立的影响。

初步裁决机制在欧盟法的解释、适用与发展中虽然发挥了重要作用，但是，它本身有很大局限性。一方面，它依赖于成员国法院提出初步裁决的问题，如果成员国法院不积极主动提出问题，初步裁决机制就无从发挥作用；另一方面，初步裁决机制的适用有一些先决条件，包括提交的问题须涉及欧盟法，同时必须是与具体案件相关的真实的、具体的问题。在波兰法院提交的一些初步裁决的案件中，因提交初步裁决的法院未能充分说明提交的问题与《欧盟条约》第 19 条之间的联系，欧洲法院并未受理这些案件。据统计，截至 2021 年 3 月 1 日，在波兰法院 2016—2020 年提交的 35 起初步裁决请求中，欧洲法院仅作出了两起裁决。[②] 由此可以看出，初步裁决程序在解决法治危机问题上发挥作用的空间相对有限，无法直接针对实体性问题作出判断，只能发挥间接作用。

综上所述，在目前的欧盟宪政秩序框架下，在解决成员国法治问题上，司法工具发挥作用的有效性、权威性与合法性都受到了挑战和异议。

（三）财政工具

无论是政治工具还是司法工具，在解决敏感、复杂的法治问题上都各有局限性，有效性大打折扣。基于此，欧盟一直在探讨更有效的工具来推进成员国的法治建设，在财政问题上加入法治条件即欧盟探索的一个结果。

---

① Urszula Jaremba, "Defending the Rule of Law or Reality Based Self-Defense? A New Polish Chapter in the History of Judicial Cooperation in the EU," *European Papers*, Vol. 5, 2020, pp. 862 - 863, doi: 10. 15166/2499 - 8249/417.

② Laurent Pech, Patryk Wachowiec, and Dariusz Mazur, "Poland's Rule of Law Breakdown: A Five Year Assessment of EU's (in) Action," *Hague Journal on the Rule of Law* , Vol. 13, Issue 1, 2021, p. 32.

在2021—2027年新的跨年度财政框架建议中，欧盟正式提出将确保尊重法治与欧盟未来预算相关联。① 2019年欧盟委员会发布了一份进一步加强法治的通讯，作为欧盟行动规划的一部分，其中提出了推进欧盟法治的新路径，包括财政条件性，强调将欧盟的财政拨款与法治联系起来。② 欧盟委员会的建议得到了欧盟的立法支持，2020年，欧盟通过了第2020/2092号条例，确立了法治条件性规则，在一个或多个成员国未能遵守法制的情况下，以之保护欧盟预算。③ 该条例的一个基本逻辑是，尊重法治是遵守《欧洲联盟运行条约》第317条规定的财政管理原则的前提条件，因为只有独立的司法体系才能对诸如欺诈、腐败、利益冲突与非法决策进行司法审查，而该等司法审查是确保对财政进行有效管理的一个前提条件。由此，欧盟将法治与欧盟财政分配与拨款联系了起来，在财政领域取得了对成员国法治进行监督与审查的法律依据。

但该条例的核心在于保护欧盟的财政利益，而非法治本身，因此，该条例的适用有两个条件：一是存在违反法治之情形，二是成员国违反法治须影响了联盟预算的财政管理或影响了联盟财政利益的保护。这两个条件本身也都不是无可争议的，如第一个条件，如何判定一国的行动或措施构成对法治的违反，是系统性的违反，还是单一方面的违反，违反到什么程度才构成条例中所规定的法治违反，如何判定，都存在着未知数；关于第二个条件，要将法治违反与对财政的负面影响二者联系起来并能够予以证实，也非易事。④ 此外，关于该条例本身，部分成员国也存在着争议，波兰、匈牙利为此分别向欧洲法院提起了废止条例之诉。2021年欧洲法院佐审官（Advocate-General，亦译为“护法顾问”）

① European Commission Communication, The European Economic and Social Committee and the Committee of Regions, A Modern Budget for a Union that Protects, Empowers and Defends the Multiannual Financial Framework for 2021-2027, Brussels, 2.5.2018, COM (2018) 321 Final.

② European Commission Communication, Strengthening the Rule of Law within the European Union—A Blueprint for Action, Brussels, 17.7.2019, COM (2019) 343 Final.

③ Regulation (EU, Euratom) 2020/2092 of the European Parliament and of the Council of 16 December 2020 on a general regime of conditionality for the protection of the Union budget, OJ 2020/L 4331/1, 22.12.2020.

④ Niels Kirst, "Rule of Law Conditionality—The Long-awaited Step towards a Solution," European Papers, Vol. 6, No. 1, 2021, pp. 107 – 108, doi: 10.15166/2499 – 8249/454.

发布咨询意见，认为该条例只是建立了一个财政条件性工具，以保护欧盟价值，该条例符合《欧盟条约》的规定和法律确定性原则的要求。①2022年2月16日，欧洲法院对这两个案件作出了裁决，驳回了要求法院废除整个条例或条例部分条款的请求，全面支持了该条例。② 即使如此，该条例的适用仍将充满争议，因为它将对成员国的利益产生实质性的影响，会对成员国产生较大的压力，但同时因该条例本身的模糊性，成员国将会极力维护自身的利益，从而可能与欧盟产生分歧，甚至新的冲突。

该条例的适用尚处在起步阶段。有人认为，只要欧盟与成员国认真对待该条例，则考虑到它对部分成员国经济上的意义，法治条件性条例在推进、监督成员国法治实践方面能发挥有效作用。③ 如此一来，则能够在解决波兰法治危机方面发挥作用，并进而有助于欧盟宪政秩序危机的解决。但结果如何，尚待观察，有人认为财政条件性条例在加强欧盟法治中不太可能成为一个决定性因素。④ 即使在财政压力下，波兰可能会妥协，但是，在财政压力之下的妥协，并不能从理念、价值观等方面真正解决欧盟范围内的法治问题，在新的条件下，波兰法治危机一类的问题还有可能会以某种新的形式出现，从而使欧盟法治与宪政秩序处于挑战之中。而且，由于财政方面的压力迫使成员国妥协，有可能会引发成员国的不满，从而在更深层次上影响欧盟与成员国之间的关系，以及欧盟内部的团结与合作。如果出现这种情况，法治条件性条例的实施，其后果将是好坏参半。

---

① Case C－156/21, Hungary v Parliament and Council, Opinion of Advocate General Campos Sánchez-Bordona, 2 December 2021, ECLI: EU: C: 2021: 974; Case C－157/21, Poland v Parliament and Council, Opinion of Advocate General, Campos Sánchez-Bordona, 2 December 2021, ECLI: EU: C: 2021: 978.

② Case C－156/21, Hungary v Parliament and Council, Judgment of the Court (Full Court), 16 February 2022, ECLI: EU: C: 2022: 97; Case C－157/21, Poland v Parliament and Council, Judgment of the Court (Full Court), 16 February 2022, ECLI: EU: C: 2022: 98.

③ Justyna Łacny, "The Rule of Law Conditionality under Regulation No 2092/2020—Is It all about the Money?," *Hague Journal on the Rule of Law*, Vol. 13, Issue 1, 2021, p. 103.

④ Aleksejs Dimitrovs and Hubertus Droste, "Conditionality Mechanism: What's in It?," Verfassungsblog, 30 Dec. 2020, https://verfassungsblog.de/conditionality－mechanism－whats－in－it/. 最后登录时间：2021年1月3日。

从表面上看，欧盟应对成员国法治危机的工具，从政治工具到法律工具再到财政工具，形成了一个完整的工具体系。但是，从欧盟应对波兰法治危机的进程与效果来看，欧盟现有的工具和制度的有效性都受到了挑战，波兰并没有如欧盟所愿接受欧盟的建议或司法上的裁决。这一方面表明欧盟各项制度在处理复杂问题上的局限性，另一方面也表明欧盟制度与工具有效性的一个重要前提是成员国的认同与接受。欧盟在处理与成员国的关系上，在历史上行之有效的制度、工具与经验，在新的领域、新的问题上，并不一定会同等有效。欧盟的政治工具与司法工具，在欧盟内部市场领域，在大多数情况下都发挥了积极作用，但是在新的价值领域，这些工具如何发挥有效作用，如何适应新领域的特点与成员国的立场，则有待于欧盟的进一步实践，甚至可能需要新的创新。在波兰法治危机中，欧盟法治工具的局限性不仅影响了问题的解决，而且损及了欧盟现有工具特别是司法工具的权威性，这对维护欧盟宪政秩序是一个重大的挑战，同时其本身也是宪政秩序受到挑战的一种直接体现。

三 波兰法治危机对欧盟宪政秩序基石的挑战

经过数十年的建设，通过欧洲一体化的不断扩大、深化与创新，在欧盟与成员国之间通过一系列创新型的宪法原则和制度体系，形成了一个法治共同体和一种自治的、独特的超国家的宪政秩序。①

欧盟宪政秩序的核心是欧盟与成员国关系的法律化，即通过一系列法律原则与制度，使得欧盟与成员国关系受法律规范的约束与调整，并通过司法化路径解决彼此之间的纠纷，从而确保欧洲一体化与欧盟运作建立在稳定的法律基础之上，尽可能避免因变动不居的政治因素的干扰而出现不稳定。欧盟宪政秩序的基石特别包括三个方面：一是授权原则与权能划分，二是欧盟法的优先效力原则，三是欧洲法院在解决涉及欧

① 程卫东：《〈里斯本条约〉：欧盟改革与宪政化》，《欧洲研究》2010 年第 3 期，第 11—12 页。

盟法争端上的权威性。如果这三个方面受到冲击，则欧盟的宪政秩序也必然会随之受到冲击。波兰法治危机对上述欧盟宪政秩序的三个基石中的两个，即欧盟法的优先效力原则与欧洲法院在欧盟法领域的权威性，都形成了直接的、公开的冲击与挑战。

（一）欧盟法的优先效力原则

迄今为止，欧盟在国家之上建立了一个稳定的、统一的、自治的超国家的法律秩序，即欧盟法律秩序。它通过创新性的制度建设，在欧盟与成员国之间建立了一个既不同于国内法律秩序，也不同于国际法律秩序的独特法律秩序。其核心基石之一便是由欧洲法院通过司法实践确立的优先效力原则。该原则赋予欧盟法相对于成员国法律的优先性，因而使得欧盟法在成员国内既能得到统一的实施，又能避免成员国之间因对待欧盟法的不同原则与立场而使之经常性地处于争议或不确定性之中。欧盟法的优先效力确保了欧洲一体化能够建立在法律基础上，使得成员国在制定国内政策时须遵守欧盟法，确保了欧洲一体化的有序性和稳定性。①

正是因为认识到欧盟法优先性原则在欧洲一体化中的重要作用，欧盟成员国在实践上整体认可了该原则，该原则已成为欧盟/欧共体宪政化的支柱原则之一。② 当然，从实践来看，欧盟成员国也不是无条件地接受了欧盟法优先效力原则。这从《欧盟宪法条约（草案）》最初正式写入欧盟法优先效力原则到《里斯本条约》将之删去，只是在一个附件声明中认可欧盟法优先效力原则这一点就可以看出。③ 即便如此，在欧洲一体化的历史上，在波兰法治危机之前，还没有一个成员国公开地、正式地否定欧盟法的优先效力原则，在涉及欧盟法与国内法的关系

---

① Karen J. Alter, *Establishing the Supremacy of European Law. The Making of an International Rule of Law in Europe*, Oxford and New York: Oxford University Press, 2001, pp. 217 – 218.

② ［美］约瑟夫·威勒：《欧洲宪政》，程卫东、李靖堃等译，中国社会科学出版社2004年版，第24—25、296—300页。

③ 与《欧洲联盟条约》和《欧洲联盟运行条约》的条款有关的说明是："17. 关于优先性的声明"。中文本参见《欧洲联盟基础条约——经〈里斯本条约〉修订》，程卫东、李靖堃译，社会科学文献出版社2010年版，第273页。

时，各国法院大体遵循了一种对欧盟法友好解释的立场。① 波兰宪法法院在挑战欧盟法优先效力原则方面则是创造了一个令人大吃一惊的先例。

2021 年 10 月 7 日，应波兰政府之请，就《欧盟条约》第 1 条、第 2 条和第 19 条合宪性问题，波兰宪法法院作出了具有法律革命性质的裁决。由一个国家领导人向本国法院提起案件，质疑《欧盟条约》，在欧洲一体化历史上还是第一次，而由成员国宪法法院就已生效的《欧盟条约》的合宪性问题作出判决，在欧洲一体化历史上也是第一次。

该裁决挑战欧盟法优先效力原则的基本逻辑是，将《欧盟条约》的效力置于国内宪法的审查之下，从而否定了欧盟法是一个自治的法律体系。波兰宪法法院认为，《欧盟条约》如同波兰其他法律一样，在波兰境内，服从于波兰宪法的最高权威。这实际上是将欧盟法置于国内法院审查之下，并可以基于国内宪法对《欧盟条约》以及其他欧盟法进行审查。这从根本上否定了欧盟法的优先效力原则。不仅如此，波兰宪法法院的裁决还直接认为，《欧盟条约》第 1 条（第 1 小段和第 2 小段）、第 2 条和第 19 条第 1 款第 2 小段相关规定违反波兰宪法，其理由是：这些条款要求波兰法院在超出欧盟权能的事项上绕过波兰国内法；要求国内法院适用与其宪法相冲突的条款；在评估波兰司法独立性问题上适用了不同的程序。②

《欧盟条约》第 1 条和第 19 条是欧洲一体化与欧盟运行的两个关键性条款，第 1 条规定了欧盟成员国授权欧盟以及欧盟行使所赋予权能的依据；第 19 条是欧盟司法体系发挥作用，以及在法治领域内对成员国司法有效性相关案件行使管辖权的法律依据。波兰宪法法院通过宣布这两条部分内容违反波兰宪法，就在实质上否定了《欧盟条约》这两

---

① 关于一些成员国（包括中东欧国家）宪法法院接受优先效力原则及其限制的具体考察，详见：Paul Craig and Gráinne de Búrca, *EU Law*: *Text*, *Cases and Materials* (6th ed.), Oxford: Oxford University Press, 2015, pp. 278 – 309.

② Assessment of the Conformity to the Polish Constitution of Selected Provisions of the Treaty on European Union K 3/21, Ref. No. K 3/21, Judgment, Warsaw, 7 October 2021, https://trybunal.gov.pl/en/hearings/judgments/art/11662 – ocena – zgodnosci – z – konstytucja – rp – wybranych – przepisow – traktatu – o – unii – europejskiej. 最后登录时间：2021 年 12 月 1 日。

个条款的优先效力，同时也否定了欧盟在法治事项上对波兰进行干预的权能，否定了欧洲法院在法治事项上的管辖权，以及它在欧盟法解释与适用上的权威性。在波兰加入欧盟 17 年后，波兰宪法法院宣告《欧盟条约》部分条款违反波兰宪法，是一个非常罕见的做法，还没有任何一个成员国在加入欧盟后作出过类似的判决或声明，这将使得《欧盟条约》在波兰的效力以及欧盟行动在波兰的合法性都处于不确定性之中，这对欧盟与欧洲一体化的影响是生死攸关的，是欧盟现在必须解决的一个急迫性问题。

从历史上看，波兰宪法法院一直没有正式承认欧盟法优先效力原则。在波兰加入欧盟后不久，波兰宪法法院就此问题发表过意见。在 2005 年 K18/04 案中，波兰宪法法院首先确认了波兰宪法的最高法律效力，认为宪法规范与欧盟法规定的可能冲突不能通过欧盟法优先效力原则来解决。[①] 即使如此，当时的波兰宪法法院还是保持了必要的谨慎与克制，并没有直接否定直接效力原则，而是基于波兰宪法原则并在波兰宪法最高效力条件之下接受了欧盟法的优先性[②]，确定了该原则发挥作用的条件，对该原则的适用进行了适当的限制，并尽可能地避免两个法律体系之间出现冲突。这实际上确保了波兰宪法法院的立场不会影响欧盟法的效力与实施。但改革后的波兰宪法法院裁决则打破了欧盟法与波兰宪法之间的微妙平衡，使得二者之间关系的内在紧张性公开化，二者间的冲突成为一种现实的冲突。不论欧盟还是波兰都无法忽视这种冲突，除非有一方作出重大妥协与让步，波兰宪法法院的裁决会使欧盟宪政秩序及波兰与欧盟的关系陷入困局。

实际上，从波兰法治危机的进程来看，波兰不仅通过宪法法院的判决明确否认了欧盟法的优先效力原则，而且在处理法治危机案上，也以实际行动贯彻了波兰的这一立场。在欧盟委员会、欧洲法院多次明确指出波兰的司法改革违反了《欧盟条约》第 2 条和第 19 条规定的情况

① Wojciech Sadurski, "'Solange, Chapter 3': Constitutional Courts in Central Europe - Democracy - European Union," EUI LAW Working Paper No. 2006/40, pp. 19 - 20, http://dx.doi.org/10.2139/ssrn.963757.

② Paul Craig and Gráinne de Búrca, *EU Law: Text, Cases and Materials* (6th ed.), Oxford: Oxford University Press, 2015, p. 307.

下，波兰以其国内宪法为依据为其改革作出的合法性辩护，对欧盟的有关要求、建议与决定置之不理，实际上是将国内宪法置于了欧盟法之上。

（二）不承认欧盟司法体系在欧盟法事项上的管辖权与权威

欧洲一体化的成功在很大程度上应归于欧盟独特的司法体系的设计与运行，它为欧盟法的统一解释与适用提供了制度上的保障，避免了传统国际法解释与适用上的多样性与实践中广泛存在的争议。在欧洲一体化的历史上，虽然对欧洲法院的部分裁决与立场存在分歧甚至争议，但是对于欧洲法院在欧盟法事项上的管辖权与其裁决的权威性，各成员国都给予了充分的尊重；也正是成员国的支持，欧洲法院才能在一体化进程中发挥作用。[①] 波兰在法治危机过程中的行为与立场，第一次对欧洲司法体系的权威性与合法性提出了明确挑战。

挑战的第一个方面表现在对欧洲法院判决的消极甚至否定的立场上。在波兰法治危机事项上，欧盟委员会对波兰提出了多起违法之诉，波兰法院也向欧洲法院提起了多起初步裁决程序。在违法之诉中，欧洲法院多次判决波兰的司法改革违反了《欧盟条约》，要求波兰撤销其司法改革。波兰拒绝履行判决，一方面否认了欧盟法在这个问题上的约束力，另一方面也否定了欧洲法院在这个问题上的管辖权与裁决的效力。不仅如此，波兰政府还利用国内宪法法院为其不遵守欧洲法院判决提供了合法性支持。在 2019 年 7 月 14 日的裁决中，波兰宪法法院认为，欧洲法院对波兰争议的司法改革所施加的措施是不符合波兰宪法的[②]，否定了在该事项上欧洲法院裁决的约束力，实际上也否认了欧洲法院在此事项上的管辖权。

挑战的第二个方面在于对初步裁决机制适用的限制，这一限制破坏了欧洲法院与成员国法院司法合作与对话的基础与前提。2019 年

---

① Geoffrey Garrett et al.，“The European Court of Justice，National Governments，and Legal Integration in the European Union，” *International Organization*，Vol. 52，No. 1，1998，p. 150.

② Jakub Jaraczewski，“Polexit or Judicial Dialogue?：CJEU and Polish Constitutional Tribunal in July 2021，” VerfBlog，2021/7/19，https：//verfassungsblog. de/polexit – or – judicial – dialogue/，DOI：10. 17176/20210720 – 015954 – 0.

12 月通过的“禁言法”，明确规定了一些可能会受到纪律处分的行为，其中就包括将任命参与新的国家司法委员会的法官的地位问题提交欧洲法院初步裁决的行为，这实质上限制了波兰法院与欧洲法院对话的通道。

在波兰法治危机中，最初波兰很多法院希望通过初步裁决程序，将欧洲法院的力量引入反对国内司法改革的斗争中，捍卫司法独立。但是，因 C－558/18 和 C－563/18 初步裁决案引发了波兰针对提出初步裁决程序的法官的纪律行动①，波兰法院向欧洲法院提起初步裁决程序的动力受到了影响，同时这也是对司法独立的一种限制，削弱了与欧洲法院之间的联系与对话。②

实际上，自波兰司法改革启动以来，波兰宪法法院基本上未向欧洲法院提交初步裁决问题。在欧洲法院通过司法案例确立了关于法治与司法独立的标准后，波兰宪法法院也不认可这样的标准，甚至认为，宪法法院向欧洲法院提交有关欧盟法的初步裁决案件违反了其自身的义务。不仅如此，宪法法院还间接地宣告了欧洲法院在关于波兰最高法院纪律庭独立性的 AK 案中所做的裁决无效。③ 波兰宪法法院的这种立场，也压制了波兰法院提起初步裁决程序的积极性。

对欧盟法优先效力与欧盟司法体系有效性与权威性的质疑与对抗，对欧盟法律体系与宪政秩序是一个直接的冲击。如果在欧盟范围内不能有效坚持这两个基石，欧洲一体化赖以获得成功的基础将不复存在，欧盟也将陷入困境。因此，在波兰宪法法院 2021 年 7 月 14 日作出裁决之后，欧盟委员会很快作出反应，提出了严重的关切，并声明欧盟法优先于包括成员国的宪法在内的国内法，强调欧洲法院的判决对成员国的所

---

① Urszula Jaremba, “Defending the Rule of Law or Reality Based Self-Defense? A New Polish Chapter in the History of Judicial Cooperation in the EU,” *European Papers*, Vol. 5, 2020, p. 867.

② Juan A. Mayoral & Marlene Wind, “Unleashed Dialogue or Captured by Politics? The Impact of Judicial Independence on National Higher Courts’ Cooperation with the CJEU,” *Journal of European Public Policy*, 2021, p. 16, DOI: 10. 1080/13501763. 2021. 1974925.

③ Juan A. Mayoral & Marlene Wind, “Unleashed Dialogue or Captured by Politics? The Impact of Judicial Independence on National Higher Courts’ Cooperation with the CJEU,” *Journal of European Public Policy*, 2021, p. 15

有机构包括国内法院都具有约束力。[①] 在波兰宪法法院 2021 年 10 月 7 日作出裁决之后，欧盟委员会主席冯·德·莱恩在 2021 年 10 月 19 日发表讲话，指出波兰宪法法院的裁决动摇了欧洲联盟的基础，直接挑战了欧盟法律体系的统一性，并表明将采取条约所赋予的一切权力捍卫欧盟法的适用与统一性。[②] 2021 年 12 月 22 日，欧盟委员会决定针对波兰宪法法院违反欧盟法的行为对波兰提起违法之诉。关于该诉讼，欧盟委员会指出，波兰宪法法院及其近期的判决，是对欧盟法优先效力的直接挑战，其 2021 年 7 月 14 日和 10 月 7 日的判决，违反了欧盟法自治、优先性、有效性与统一适用的原则，违反了欧洲法院判决具有法律约束力的原则，同时质疑波兰宪法法院的独立性与公正性，认为它不符合《欧盟条约》第 19 条（1）对一个法庭的要求。[③] 该诉讼已不再只是涉及波兰本身的法治危机问题，更重要的是捍卫欧盟宪政秩序，其主要目标是通过针对波兰的违法之诉，再次重申并巩固欧盟宪政秩序的两个基石，这也表明波兰法治危机发展到了一个新的阶段，对欧盟宪政秩序的基石已造成了不可忽视、不得不面对的重大负面影响。

四　波兰法治危机中的理念与话语权之争

对于欧盟宪政秩序危机来说，制度受到挑战、宪政基石受到冲击，都只是危机的表象。为什么会出现这样的挑战与冲击？怎么应对这样的冲击与挑战？欧盟对此显得有些束手无策，欧盟能否经受得住这样的挑战与冲击，才是欧盟在宪政秩序危机中更应关注的问题。

---

① “Statement by the European Commission on the Decision of the Polish Constitutional Tribunal of 14 July,” 15 July 2021, Brussels, https://ec.europa.eu/commission/presscorner/detail/en/statement_21_3726. 最后登录时间：2021 年 12 月 10 日。

② “Speech by President von der Leyen at the European Parliament Plenary on the Rule of Law Crisis in Poland and the Primacy of EU Law,” 19 October 2021, Brussels, https://ec.europa.eu/commission/presscorner/detail/en/speech_21_5361. 最后登录时间：2022 年 1 月 10 日。

③ “Rule of Law: Commission Launches Infringement Procedure against Poland for Violations of EU Law by its Constitutional Tribunal,” 22 December 2021, Brussels, https://ec.europa.eu/commission/presscorner/detail/en/ip_21_7070. 最后登录时间：2022 年 1 月 10 日。

波兰法治危机演变成欧盟宪政秩序危机，从表面上看，是波兰对欧盟处理法治问题的机制不认可，但从根本上说，是与欧洲宪政秩序基石与制度所赖以建立的理念本身存在着分歧。这些分歧并不是只在波兰法治危机期间才出现的，而是一直存在的，并不断受到欧洲一体化进程中各种事件、进展与变化的检验。波兰法治危机是对欧盟宪政秩序的理念以及建立在此之上的原则、制度的再一次冲击与考验。

在处理波兰法治危机的过程中，欧盟所利用的工具、对波兰的要求、所采取的措施及其理由阐述，代表了支持欧洲一体化以及在欧洲一体化过程中长期占据主导地位的理念，即更多的超国家的欧洲一体化，这些理念促进了欧洲一体化的发展与欧洲宪政秩序的形成。而波兰的行为、为自己行为的辩护以及反对欧盟措施的理由，代表了欧洲一体化进程中相对来说维护国家自主性的理念，反对欧洲一体化向超国家的政治体方向发展。[①] 在欧洲一体化过程中，这两种理念一直是相伴相生的，只是在欧洲一体化顺利发展之时，支持更多的欧洲一体化的理念占上风，促进了欧洲一体化的扩大与深化；但在此过程中，反对更多的欧洲一体化，主张欧洲一体化维持在有限的范围之内的声音一直存在着；在欧洲一体化每次向更广、更深的方向发展之时，这两种理念的冲突就越明显，越激烈。可以认为，欧洲一体化是在这两种理念不断对抗之中进行的。

从过去60多年一体化的历史来看，更多的一体化目标与理念总体上占了上风。但是随着《里斯本条约》的通过与生效，欧盟试图在更多领域有所作为，试图建立一个真正的超国家的宪政秩序，试图在价值观领域发挥主导作用，成员国反对的声音与行动也随之越来越多，欧洲一体化过程中理念的冲突与矛盾越来越明显，也越来越激烈。这种冲突不只是限于欧盟与波兰之间，实际上发生在欧盟与很多成员国之间。2020年德国宪法法院关于欧洲中央银行公共债券购买计划案（“PSPP

① 关于欧洲一体化中的政府间主义与超国家主义的讨论，参见：Vivien A. Schmidt, “The EU and Its Member States: From Bottom up to Top down,” in David Phinnemore & Alex Warleigh-Lack (eds.), *Reflections on European Integration: 50 Years of the Treaty of Rome*, New York: Palgrave Macmillan, 2009, pp. 194 - 211.

案”）是最近的一个代表性案例①，它实际上对欧盟法的优先效力原则与欧洲法院的管辖权也提出了挑战。欧盟于2020年5月20日决定就德国宪法法院的判决向欧洲法院提起德国违法之诉，但之后德国向欧盟作出了承诺，重申并承认欧盟法的自治性、优先效力、有效性与统一适用性，以及《欧盟条约》第2条规定的包括法治在内的价值，缓和了该案对欧盟宪政秩序的冲击，欧盟委员会于2020年12月2日终止了该违法之诉。② 在出现的所有现实冲突中，欧盟与波兰之间的冲突表现最为激烈，可以认为，波兰法治危机所导致的波兰与欧盟在宪政理念上的冲突是近年来欧洲一体化理念冲突的一个集中化爆发，是一个高峰。所以，一方面，从波兰与欧盟的分歧与冲突中，可以更全面、深刻地理解欧洲一体化中内在的理念冲突；另一方面，也可以将波兰与欧盟间的冲突放到一个更大的背景下来考察，也只有如此，才能更准确、全面地理解欧盟宪政秩序危机的实质、严重性与危机解决的可能方向。

分歧的理念一直存在，关键是谁能够主导、掌控欧洲一体化与欧洲宪政秩序的话语权。从波兰法治危机走向欧盟宪政秩序危机的过程可以看出，支持更多欧洲一体化的力量与支持更多的成员国自主权的力量之间在争夺关于欧盟宪政秩序的话语权，以下四个方面是这两种力量争夺的核心领域或问题。

（一）欧盟宪政秩序的性质与范围

在欧盟层面形成独特的宪政秩序，已成为欧洲一体化的一种现实。但是，对于这种宪政秩序的性质，以及它与欧盟成员国宪政秩序的关系，则一直存在着争议。从支持更多欧洲一体化的力量来看，欧盟宪政秩序具有高于欧盟各成员国，并对成员国宪政秩序的塑造与发展有着某种影响力甚至监督成员国宪政秩序发展的超国家的宪政秩序的性质；而

---

① 关于该案及其影响的详细分析，详见石佳友《德国违宪审查机制考验下的欧盟法优先效力原则——以德国宪法法院关于欧洲中央银行公共债券购买计划的最新判决为例》，《欧洲研究》2020年第5期，第90—115页。

② “December Infringements Package: Key Decisions,” European Commission—Infringements decisions, Brussels, 2 December 2021, https: //ec. europa. eu/commission/presscorner/detail/en/inf_ 21_ 6201. 最后登录时间：2022年1月12日。

对于很多成员国以及反对更多欧洲一体化的力量来说，欧盟宪政秩序是一种有限的宪政秩序，是在成员国通过欧盟基础条约授权范围内形成的一种宪政秩序，它并不能取代成员国的宪政秩序，与成员国宪政秩序之间也不存在某种等级关系。①

在欧盟范围内，欧盟宪政秩序与成员国宪政秩序并存是一种现实，在这种多元宪政秩序中，欧盟与成员国宪政秩序的关系一直处于复杂的关系中。一方面，在欧盟司法实践中形成了欧盟法优先效力原则，根据该原则，欧盟宪政秩序优先于成员国的宪政秩序；另一方面，成员国宪政秩序中一直存在着未被欧盟宪政秩序包括的因素，虽然这些因素随着一体化的不断发展而不断减少、弱化，但是在这些因素所涉及的范围内，很多成员国一直未完全接受欧盟法效力优先的原则。基于这种现实，很多学者用宪政多元主义来解释欧盟宪政秩序的现实，一方面强调欧盟法的优先性与欧盟宪政秩序对成员国的约束力，另一方面尊重成员国的宪政秩序，特别是所谓的宪政身份或宪政特质，试图以此来探讨、界定欧盟与成员国宪政秩序的边界。② 但宪政多元主义一直未能解决的关键问题是：欧盟宪政秩序的边界到底在哪儿？在欧盟与成员国宪政秩序存在冲突的情况下，依何种规范、方式解决这些冲突？关于欧盟宪政秩序性质的两种不同认识所导致的结论是不一样的。对于支持更多的欧盟宪政秩序者来说，在这种情况下，应由欧盟法与欧盟司法体系及其他制度来解决冲突与纠纷，而对于支持尊重国家宪政身份者来说，对于涉及成员国宪政身份的事项与领域，欧盟法与欧盟机制不应干预，特别是反对欧盟的司法干预，强调应该尊重成员国的判断与选择，否则就构成对成员国的不当干预。③

---

① Hugo Canihac, "Is Constitutional Pluralism (Ⅱ) Liberal? On the Political Theory of European Legal Integration in Times of Crisis," *German Law Journal*, Vol. 22, Issue 4, 2021, p. 494.

② Jessica C. Lawrence, "Constitutional Pluralism's Unspoken Normative Core," *Cambridge Yearbook of European Legal Studies*, Vol. 21, 2019, pp. 32 – 37.

③ 2018 年波兰关于司法改革的白皮书就表达了这种观点。参见 R. Daniel Kelemen and Laurent Pech, "The Uses and Abuses of Constitutional Pluralism: Undermining the Rule of Law in the Name of Constitutional Identity in Hungary and Poland," *Cambridge Yearbook of European Legal Studies*, Vol. 21, 2019, p. 70.

对于欧盟宪政秩序的范围，这两类人的理解也有很大不同。对于尊重成员国宪政身份者来说，在确定欧盟宪政秩序范围时，应严格尊重成员国的政治愿意，用法律的术语来说，就是严格遵守《欧盟条约》所规定的授权原则，而且授权应限定在明示的范围内；成员国未授权的领域，则不在欧盟宪政秩序的范围之内，属于成员国宪政秩序范围内的事项。而对于支持更多的欧盟宪政秩序者来说，虽然也同意授权原则，同意《欧盟条约》授权对欧盟宪政秩序范围的限制，但是，对于授权范围本身他们会以广义的方式进行解读。在这方面，欧洲法院是一个典型代表，它通过目的解释的方法，将欧盟权能从明示权能扩大到默示权能，根据实现欧洲一体化目标的需要，将《欧盟条约》没有明确授权的一些事项也纳入欧盟法规范的范围之内①，从而扩大了欧盟宪政秩序的范围。

在波兰法治危机之中，一个争议核心是，国内司法改革是否属于欧盟法规范的范围。波兰认为，一个国家的司法制度及与之相关的改革是国内宪法规范的事项，成员国并没有明确将这类事项授权欧盟处理；②但欧盟委员会与欧洲法院都通过《欧盟条约》第 19 条所要求的有效司法保护的规定，通过确信司法独立是有效司法保护的前提条件，从而将欧盟的权能扩大到与司法独立相关的国内司法制度建设与改革之上。

波兰法治危机案所涉及的更深层次的欧盟宪政秩序的范围是欧盟价值的问题。虽然《欧盟条约》第 2 条规定了欧盟价值，但并没有明确授权以司法化的方式处理涉及违反欧盟价值的成员国行为，而是通过第 7 条的程序规定了以政治工具处理涉及价值违反的情形。据此，波兰反对欧洲法院的介入，认为是对波兰内部事务的不法干预。而欧盟委员会与欧洲法院则通过《欧盟条约》第 19 条，将涉及欧盟价值违反的部分情形纳入司法化的轨道。由于这类争议没有明确的法律规则进行评判，在很大程度上是认知与立场问题，因此，欧盟不论如何应对，在实践中

---

① Luigi Corrias, *The Passivity of Law: Competence and Constitution in the European Court of Justice*, Dordrecht: Springer Netherlands, 2011, pp. 7 – 8.

② James Shotter and Henry Foy, "How Poland Became Europe's Biggest Rebel," 23 October, 2021, *Financial Times*, https://www.ft.com/content/d59e9054 – 95ba – 4093 – b1cf – 3ead1bae0982. 最后登录时间：2022 年 1 月 12 日。

都会引起纷争。这一类纷争通常不适合采取非此即彼的方法解决，需要双方作出必要的妥协。但是妥协都是有成本、有代价的，在有些情况下，双方都不愿意妥协，都希望能够在纷争中掌控话语权，引导事件向自己期望的方向发展。如果是这样，则纷争就会演变成危机。从波兰法治危机演变到欧盟宪政秩序危机，就是双方不妥协的结果。而事情到了危机的程度，争议双方达成妥协则更为困难，解决危机更为不易。但一旦双方达成共识，作出妥协，则有可能在危机之上形成一种新的默契，有利于在新的情形下取得一种平衡，引发危机的问题严重性在下一个阶段将会相对缓和，对欧盟宪政秩序的冲击相对而言会减弱或趋于平缓。

（二）欧盟不断推进宪政化问题

在欧洲一体化过程中，通过加强欧盟法的权威与统一适用、通过对政府权力的制约，以及通过加强对人权的保护，欧盟已经成为一个跨国间的法治共同体[①]，在国家间形成了一个超国家的宪政秩序，这已经是人类历史上的一个伟大创新与成就。但是，很显然，对于欧洲一体化最终形态是什么这一问题，到目前为止，并没有一个明确的愿景，所以，欧盟宪政秩序的最终形态到底是什么样的，也没有定论。基于此，欧盟的宪政秩序一直处于变动、发展之中，这也导致了这一宪政秩序的不确定性。欧洲一体化的目标是建立一个日益紧密的联盟，这就需要成员国不断授予欧盟更多的权能，以及在欧盟层面对成员国宪政制度实施更多的规范与制约，这意味着欧盟宪政秩序的发展方向是不断加强欧盟层面的宪政化。因而欧盟宪政秩序的发展与成员国宪政秩序受到越来越多的限制是息息相关的。

在已有宪政秩序的基础上，欧盟试图将之再往前推进，即推动欧盟价值建设，并在此方面发挥主导作用。《欧盟条约》第 2 条规定的欧盟价值为这一宪政秩序的推动提供了法律基础。但是，该条约在这方面的规定是模棱两可的。根据《欧盟条约》第 2 条的规定，欧盟是建立在诸如人类尊严、自由、民主、平等、法治以及尊重人权的价值基础之

① 程卫东：《法治：欧洲联盟的一个基本原则》，《欧洲研究》2007 年第 2 期，第 33—46 页。

上，并认为这些价值为成员国所共有。但是对于该条款的性质，欧盟内部存在着争议，特别是该条款是不是一个赋予成员国法律义务，同时赋予欧盟权能，是否赋予欧洲法院管辖权的法律条款。[①] 一方面，从该条款的措辞来看，它似乎强调的是一个欧盟赖以建立的关于价值的现实基础，而不是强调要在欧盟法律范围内重塑成员国的价值，它实际上假定在加入欧盟时，成员国已经符合欧盟在价值方面的要求，即所谓的加入欧盟的哥本哈根标准;[②] 另一方面，除了人权与基本权利标准外，《欧盟条约》和其他具有宪法性质的文件均未规定欧盟价值观的具体标准，使得欧盟并无法律依据用以判断成员国是否遵守了欧盟价值。因此，从该条约的规定来看，欧盟价值条款更像是一个宣称性与指导性的条款，是一个政治性的条款。也正是因为此种原因，《欧盟条约》并未明确赋予欧洲法院在此方面的管辖权，也未明确规定其他法律救济措施，而是规定了第 7 条的政治工具。

但是，欧盟价值很显然不是一个简单的宣称性的价值，它对欧盟其他制度的实践会产生直接或间接的影响，如民主价值的实现与否，将影响欧盟成员国国民基本权利的行使与实现，法治价值是否实现，将影响成员国的司法运作以及欧盟司法体系的有效运作与欧盟法的实施。正是基于此种关联性，欧盟对成员国的行动与措施是否满足欧盟价值的要求、是否存在违反价值的情形越来越关注。但是，由于存在着上述不同的理解与争议，欧盟在此领域的行动有时并不能得到成员国的支持，甚至会招致反对，从而引发争议。波兰法治危机案即是一个典型代表。欧盟与波兰各执一词，使得欧盟价值领域所蕴含的宪政问题的矛盾与冲突越来越表面化，越来越激烈，过去依靠模糊策略维持的平衡被打破，如果不能在争议与解决过程中形成一种新的平衡，就会导致欧盟宪政秩序的新危机。

---

① Peter Van Elsuwege and Femke Gremmelprez, "Protecting the Rule of Law in the EU Legal Order: A Constitutional Role for the Court of Justice," *European Constitutional Law Review*, Vol. 16, Issue 1, 2020, pp. 8 - 9.

② European Council in Copenhagen, Conclusions of the Presidency, June 21 - 22, SN 180/1/93 REV 1, https://www.consilium.europa.eu/media/21225/72921.pdf. 最后登录时间：2022 年 1 月 12 日。

（三）欧盟多元主义宪政秩序关系的决定性因素

在欧洲一体化实践中，国家主义、政府间主义与超国家主义并存，在不同事项上，每种指导思想表现得不一样。在市场一体化领域，超国家主义占有主导地位，而在涉及高政治事项，如军事、外交等领域，国家主义占有主导地位，同时通过政府间主义的机制开展合作。国家主义、政府间主义强调更多的是国家主权与国家自主，超国家主义强调的则是主权让渡与欧盟层面机制的作用，其实质是对成员国自主权的限制。在成员国明确授权、欧盟与成员国权能划分清晰的情形下，这三种主义的理念及其实践之间通常不会发生直接的冲突，但是，在权能划分不清晰，或者对于复杂的、到底属于哪一个权能范围存在着不同解读的事项上，不同主义之间就可能会发生直接的冲突，因为它影响及到底谁在这些事项上具有决定权，争议各方会援引不同的理念、原则来捍卫自己的主张。

在波兰法治危机中，国家主义与超国家主义被波兰与欧盟分别用来为自己的主张与行动提供辩护。欧盟强调的是欧盟法与欧盟机制的重要性，认为欧盟有权对成员国的不法、不当行为进行干预，要求成员国须尊重欧盟法与制度的要求，遵守欧盟机构的决定。而波兰强调的则是主权权利与宪法身份，认为欧盟只能在成员国明确授权的范围内行事，成员国遵守欧盟法与欧盟机构的规定，并不是源于抽象的欧盟法的效力，而是成员国自身的意愿，超出成员国的授权范围就是违反了成员国的政治意愿。在波兰法治危机案中，波兰多次基于国家主权的诉求，反对欧盟的行动与措施，并基于国家主权原则，重新厘清欧盟宪政秩序与成员国宪政秩序的关系，反对欧盟宪政秩序是高于成员国宪政秩序的上位宪政秩序，而且强调国家主权与波兰宪法的优先性原则。[①] 这实际上在欧盟法与成员国法关系上打破了长期以来存在的一种动态的默契，即不从整体上否认欧盟法的优先效力，仅在特定情形下，以国内宪法对所涉及

---

① Dimitry Kochenov and Petra Bárd, "The Last Soldier Standing? Courts versus Politicians and the Rule of Law Crisis in the New Member States of the EU," Hirsch Ballin et al. (eds.), *European Yearbook of Constitutional Law*, 2019, pp. 255 – 258.

的具体情形进行适当的干预。波兰的主张则是试图使欧盟与成员国的宪政秩序出现一种颠覆性的改变，使国家主义在欧洲一体化中重新成为一种主导性的指导思想。如果这种尝试成功，则欧洲一体化的未来方向将会产生根本性的变化。

当然，波兰一国的主张与行动并不会从根本上改变欧洲一体化长期以来形成的格局、惯例与共识，但是，如果其他成员国也抱有相同的主张，或者波兰一直坚持自己的主张与行动，欧洲一体化的未来将注定会一波三折。

（四）多元主义宪政秩序的最终裁决者

在存在多元主义宪政秩序的欧盟中，谁对不同宪政秩序的冲突或不一致拥有最终裁决权，决定了不同宪政秩序之间的关系。在国与国的关系中，除涉及国际强行法等特殊情形之外，各国对自己的宪政秩序拥有最终裁决权，不受外部干涉，这是国家自治权利的应有之义。[①] 但是，欧盟的宪政秩序是一种特殊的多元主义宪政秩序，既包括欧盟对成员国宪政秩序拥有发言权的领域，也包括成员国保留自主权的领域。容易产生纠纷与争议的是模糊地带，特别是间接涉及欧盟权能的领域或事项。在欧洲法院看来，一个事项是否涉及欧盟法或欧盟权能，应由欧洲法院根据《欧盟条约》判定，即欧洲法院拥有确定权能的权能。[②] 但是，一些成员国则认为由于欧盟的权能是派生的，是由成员国授予的，因此到底授予了欧盟什么样的权能，即欧盟拥有什么样的权能，应由成员国最终确定。[③] 在波兰法治危机中，波兰就是此种立场的坚定维护者，并认为这是基于主权的应有之义。在波兰看来，欧盟在司法改革事项上对波兰采取的行动与措施，侵害了波兰的主权与宪法，因而是非法的。

在权能问题上欧洲法院与成员国之间的分歧并不是始于波兰，德国

---

① ［美］路易斯·亨金：《国际法：政治与价值》，张乃根等译，中国政法大学出版社2005年版，第13页。

② Anne-Marie Slaughter et al. （eds.），*The European Court and National Courts—Doctrine and Jurisprudence*：*Legal Change in Its Social Context*，Oxford：Hart Publishing，1997，p. vii.

③ Luigi Corrias，*The Passivity of Law*：*Competence and Constitution in the European Court of Justice*，Dordrecht：Springer Netherlands，2011，p. 54.

等国家的宪法法院也采取了类似的立场。但是，与波兰不同，其他国家宪法法院在坚持自己对权能事项与涉及本国宪法事项的管辖权的同时，尽量减少这种主张所产生的实质性效果，实际上是保留了一种尽可能不适用的权力，以应对特殊情形。只要欧盟的行动与主张并不导致成员国宪法身份受到实质性损害或触及重大的国家利益，成员国宪法法院大体上并不在实际事项上与欧盟发生直接的冲突。这是一种在话语上维护自己的立场，维持自己的话语权，但在行动上采取礼让、友好或克制的做法。[①] 基于此种方法，在权能决定权问题上的分歧并没有导致实践上的严重冲突。但波兰让这种冲突从话语上的冲突转变为实践上的冲突，在某种意义上是使欧盟宪政秩序中的潜在问题浮出了水面。

欧盟宪政秩序危机所暴露出的问题，已不再只是法律问题。对于法律问题不论存在多大的分歧，最终都可以通过法律机制来解决。从波兰法治危机到欧盟宪政秩序危机的发展，表明危机已经超出了法律的范围，超出了欧洲法院掌控的范围。虽然在波兰法治危机的应对中，欧洲法院的作用举足轻重，欧盟委员会希望依赖欧洲法院来解决波兰法治危机及由此产生的欧盟宪政秩序危机，有人甚至认为，欧洲法院是欧盟法治的“最后战士”[②]，但是，如果波兰一直不接受欧洲法院的判决及相关措施，如罚款，欧盟也没有更有效的后续手段。该类争端的解决最终可能还会回到成员国的政治意愿上。

从波兰法治危机演进的过程来看，虽然欧盟各方都对波兰的司法改革有很多批评，但是，采取积极措施应对的主要是欧盟委员会和欧洲法院。欧洲议会也多次强烈地表达了自己的立场，但是，在欧盟层面代表成员国政治意愿的欧盟理事会一直有些犹豫不决。一方面，欧盟理事会希望通过政治对话解决波兰法治危机，但另一方面并没有采取实质性的积极措施，也没有在采取《欧盟条约》第 7 条的行动方面迈出实质性

---

① Wojciech Sadurski, “ ‘Solange, Chapter 3’: Constitutional Courts in Central Europe – Democracy – European Union,” *EUI LAW Working Paper* No. 2006/40, p. 7.

② Dimitry Kochenov and Petra Bárd, “The Last Soldier Standing? Courts versus Politicians and the Rule of Law Crisis in the New Member States of the EU,” Hirsch Ballin et al. (eds.), *European Yearbook of Constitutional Law*, 2019, p. 243.

的一步。[①] 而大多数其他成员国在波兰法治危机上也没有形成鲜明的立场，没有针对波兰的行为对欧盟层面的行动给予积极的支持。欧盟理事会与成员国在如何处理波兰法治危机事件上的立场是模糊的。虽然它们多数都认同波兰法治在倒退，但对是否要采取积极、果断的、有约束力的措施，则有些迟疑。这不仅反映了它们对波兰法治危机的态度，而且代表了成员国在欧盟宪政秩序何去何从事项上的一种犹豫与疑虑。因此，虽然欧盟委员会与欧洲法院积极行动，试图在欧盟宪政秩序框架下解决波兰法治危机，但到目前为止成员国更愿意以政治方式加以解决。正如默克尔所说的，波兰问题须通过政治对话加以解决。[②]

波兰宪法法院的激进行动导致了欧盟宪政秩序走向进一步的危机，在这种情形下，是希望借此机会修正欧盟现有的宪政秩序，使之被限定在一定范围之内，同时维护成员国更多的自主权，还是授予欧盟更多的权能或认可欧盟委员会与欧洲法院在欧盟价值司法化方向上的立场，推动欧盟宪政化向前更进一步，将取决于成员国的认知与取舍。如果欧盟理事会与成员国更积极地支持欧盟委员会与欧洲法院，则代表超国家主义的欧盟现有宪政秩序的两个基石将会取得更大的支持与权威，波兰等试图维持更多自主权的成员国将受到更大的压力，在支持力量此消彼长之间，波兰妥协的可能性加大。与此同时，欧盟宪政秩序的优先性将获得更大的权威与支持。否则，欧盟宪政秩序未来将处于一种防守态势，欧盟在价值领域的宪政化在相当长的时间内将不会取得实质性的进展。

五　结语：关于欧盟宪政秩序的反思性前瞻

波兰法治危机不只是代表了波兰内部政治与法律变迁及波兰与欧盟对这一变迁的不同认知与定性，而且在围绕波兰法治危机的各方行动与

---

① Laurent Pech, Patryk Wachowiec, and Dariusz Mazur, "Poland's Rule of Law Breakdown: A Five Year Assessment of EU's (in) Action," *Hague Journal on the Rule of Law* , Vol. 13, Issue 1, 2021, p. 18.

② Guy Chazan, "Merkel Warns of 'Spiral' in Brussels' Conflict with Poland," 23 October, 2021, *Financial Times*, https://www.ft.com/content/7e7b155c-921d-4d09-a4c5-46293396d9ea.

互动中，全面、深刻地揭示了欧盟宪政秩序内在的一些深层次、根本性的矛盾与冲突，也表明欧盟这样一个由国家创设的政治体本身的局限性。它的权能、权威、优势与不足，都源于成员国的认知、政治意愿与相应的工具选择，源于成员国的共识。一旦成员国内部就这些问题产生严重分歧，无法凝聚共识，不愿意在关键、重大问题上进行协商与必要的妥协，这些分歧与矛盾将直接反映到欧盟宪政秩序之上。波兰法治危机虽然引发了欧盟宪政秩序危机，但波兰法治危机不是根源，根源在欧盟宪政秩序自身矛盾之中，波兰法治危机只是一个导火索。波兰法治危机导致的欧盟宪政秩序危机是全面的、深刻的，因而也为全面认识、分析欧盟宪政秩序的内在矛盾与冲突提供了一个好的契机与个案。欧盟如何最终解决波兰宪政秩序危机及波兰对欧盟宪政秩序的挑战，将在很大程度上决定欧盟宪政秩序的未来走向。

在欧洲一体化的历史上，成员国对于一体化的不同方向、对于欧盟宪政秩序与成员国宪政秩序之间的关系等根本性问题，一直存在着这样或那样的分歧，有时会引发危机，但总体来看，欧盟都能通过协商、妥协与创新渡过一个又一个危机，解决或缓解一个又一个冲突与分歧，欧洲一体化一直在稳步地向前迈进。但是，随着欧洲宪政秩序越来越超越经济领域，超越市场范围，它就越来越触及成员国更为敏感、分歧也越来越大的领域与事项，成员国与欧盟之间的分歧与冲突也就越来越多，解决的难度就越来越大。这些分歧不仅表现在涉及宪政的新领域，也涉及传统上已形成的具有宪法性质的欧盟法律原则或规则，其中受冲击最多、最为频繁的是欧盟法优先效力原则，因为它不仅涉及已有的法律体系与规则，也涉及未来新的领域欧盟法与成员国法的关系问题。

欧盟委员会、议会与欧洲法院倾向于维护欧盟法已有的成就，并以此为基础将欧洲一体化向其他领域扩张，但是，成员国对此并不总是很积极。成员国与欧盟在宪政化发展上存在着分歧，当分歧演变为冲突甚至危机时，将会涉及一系列根本性问题：到底谁是欧洲一体化的主导者？到底是谁的一体化？欧盟宪政秩序是一个自治的宪政秩序吗？它的优先效力的根源在哪里？等等。这些根本性问题有可能会导致更多的分歧。因此，如果欧盟成员国不能就欧盟宪政化的性质与边界达成共识，欧盟宪政秩序的未来必定将是充满纷争和不确定性的，这将在很大程度上削弱欧盟的行动力与影响力。

到目前为止，欧盟内部的各种分歧在总体上还是共识下的分歧，即总的来看，欧盟成员国仍然支持欧洲一体化，认可欧洲一体化的必要性与重要性，以及欧洲一体化在制度上的成果。之所以有这种认可，从根本上说是因为欧洲一体化为欧盟成员国带来了和平、发展与繁荣，使得欧洲在国际上成为一个有竞争力、有影响力的集体，对所有成员国来说，一体化都是能带来利益的一项事业。这是共识的核心。但过去的成就不代表未来，欧洲一体化的一个潜在基础是克服民族国家的弊端，如果欧洲一体化越来越朝一个具有民族国家特点的宪政秩序方向发展，它是否还具有最初的合法性与合理性，必将会引起很多怀疑。而且这样的一条道路并不容易，因为将触及越来越多的成员国的根本利益与宪政身份事项，成员国在文化、制度与社会层面是否做好了相应的准备，将具有决定性的影响作用。从目前成员国的反应来看，成员国在这些方面还远没有做好准备，各国之间分歧也比较大，还不具备形成新的共识的基础，英国脱欧可以说是对欧洲一体化与宪政秩序新发展不认可的一个极端例子。

在存在分歧的情况下，如何维护、发展欧盟的宪政秩序，如何进一步达成共识，推动欧盟宪政秩序的发展，将考验欧盟与成员国的智慧。从波兰法治危机案中可以得出的一个基本结论是，在具有巨大争议的模糊领域，完全依靠欧盟的现有制度，试图一劳永逸地解决分歧是不现实的，甚至会带来消极的后果；欧盟现有制度发挥作用的前提是得到成员国的支持与认同，欧盟本身其实并不拥有强制力的手段要求成员国遵守欧盟的决定。所以，欧盟宪政秩序在新领域的拓展，从根本上说需要成员国在政治上达成共识，至少需要得到大多数成员国的支持，除非出现特别的契机，这将是一个缓慢的过程。

从波兰法治危机进程与争议来看，避免欧盟宪政秩序出现重大危机，首先要做到的是避免欧盟宪政秩序的基础受到重大挑战，产生动摇。而要做到这一点，在还未达成共识的领域，以及在欧盟权能不是很清晰的领域，欧盟的行动应更为谨慎；欧盟介入这些领域的可取办法是循序渐进，政治方法先行，只有在成员国形成共同的政治意愿或至少不会招致成员国强烈反对的前提下，欧盟再推动新领域宪政化相关制度的发展。从这个角度来看，虽然在欧洲一体化过程中，司法能动主义一直是一支重要的力量，但是，在越来越敏感的领域，欧洲司法力量的使用也应更为谨慎，避免因欧洲法院自身的行动而伤及自身，并最终影响其在欧洲一体化中的地位与可以发挥的作用。

对于波兰法治危机及由此引发的欧盟宪政秩序危机，欧盟内外与各界存在着不同的认知与评价，一些人认为，波兰法治危机将是欧洲宪政秩序的新起点①，欧盟通过处理波兰法治危机，进一步巩固欧盟在价值领域的地位，将有力地推动欧盟价值在欧盟范围内的落实与实践，从而向更高一级的宪政秩序发展；但也有人认为，经此一役，欧盟宪政秩序的基石已经发生动摇，欧盟面临着生存危机②，欧洲一体化之路将充满不确定性。从目前欧盟各方的反应来看，应该说，波兰法治危机对欧盟宪政秩序形成了重大冲击，这种冲击不仅是由波兰一国法治危机与对欧盟宪政秩序的反击所造成的，而是由这其中所反映出的欧盟各方在维护欧盟宪政秩序的态度、力度与行为等方面不一致而导致维护欧盟宪政秩序的力量受到削弱所致。但从总体上看，欧洲一体化的逻辑仍然成立，欧洲宪政秩序发挥作用的现实基础并未发生根本性的变化，分歧主要是面向未来的新领域，因此可以认为，欧洲宪政秩序的基石虽受到冲击，但并未发生根本性的动摇，仍然会为欧盟宪政秩序提供必要的基础。但是，这样的基础到底能够支撑什么样的宪政秩序，还存在着不确定性，还有待欧盟与成员国在欧洲一体化进程中作出进一步探讨。欧盟宪政秩序将在这种探讨中前行，但由于欧盟宪政秩序中的根本问题在短期内无法得到解决，欧盟宪政秩序中的矛盾与冲突仍不可避免。或许欧盟不是那么雄心勃勃，而只是在不断夯实共识的基础上，立足现实前行，这样才有可能避免新一轮重大宪政秩序危机的出现。

---

① Dimitry Vladimirovich Kochenov, "De Facto Power Grab in Context: Upgrading Rule of Law in Europe in Populist Times," *Polish Yearbook of International Law*, No. XL, 2020, p. 199.

② Cassandra Emmons & Tommaso Pavone, "The Rhetoric of Inaction: Failing to Fail forward in the EU's Rule of Law Crisis," *Journal of European Public Policy*, Vol. 28, Issue 10, 2021, p. 1612.

荷兰法院的战略性气候之诉

——对其他非政府组织的一种启发？

Strategic Climate Litigation in the Dutch Courts—A Source of Inspiration for NGOs Elsewhere?

汉斯·范鲁* [著]

张美榕　曹钰 [译]**

摘要：荷兰最高法院于2019年12月20日对荷兰非政府环保组织Urgenda基金会诉荷兰案作出了具有里程碑意义的判决，其维持了下级法院判决，命令荷兰政府限制每年的温室气体排放总量，到2020年应当至少削减1990年水平基准25%的温室气体。该案将可能鼓舞更多针对政府和（跨国）公司提起的气候变化之诉。借鉴Urgenda基金会诉荷兰案，荷兰非政府组织——荷兰地球之友已经向荷兰法院提起针对荷兰壳牌公司的诉讼。这些案件在多大程度上可以为其他国家提供一些参考？有两个方面特别值得我们注意：一是非政府组织在诉讼中的法律地位问题；二是诉因不同——基于民事侵权法（包括法律适用法）或人权法中的注意义务——Urgenda基金会案基于法院裁决，荷兰地球之友

---

* 汉斯·范鲁（Hans van Loon），海牙国际私法会议（HCCH）前秘书长。

** 张美榕，中国社会科学院大学法学院副教授；曹钰，中国社会科学院大学2020级国际私法方向硕士研究生。

案则基于当事人的诉求。

关键词：气候变化之诉；共同诉讼和公益诉讼；注意义务；气候科学（政策）和国家间义务的影响；欧洲人权公约（第2条、第8条、第34条）

Abstract: In its landmark Urgenda judgment of 20 December 2019 the Dutch Supreme Court confirmed the lower courts' order compelling the State of the Netherlands to limit the joint volume of Dutch annual greenhouse gas emissions by at least 25% at the end of 2020 compared to 1990. This case, launched by the Dutch NGO Urgenda, may encourage further strategic climate change litigation against both governments and (multinational) companies. Already, building on Urgenda, the NGO Milieudefensie has launched a lawsuit against RD Shell in the Dutch courts. To what extent may these cases serve as models in other jurisdictions? Two aspects deserve special attention: the procedural standing of NGOs, and the different legal grounds-duty of care derived from civil tort law (including choice of law), or from human rights law-upon which the courts in Urgenda based their decisions, and Milieudefensie bases its claim.

Key Words: Climate Change Litigation; Collective and Public Interest Lawsuits; Duty of Care; Impact of Climate Science (Policy) and Inter-State Obligations; European Convention on Human Rights (Arts. 2, 8, 34)

"如果我们没有至2030年实现大幅减少温室气体排放的决心，全球气温将在未来几十年里提高1.5℃，这将给岌岌可危的地球生态系统带来不可逆转的损失，令不堪一击的人类和社会陷入一次又一次的危机中。"①

---

① IPCC（联合国政府间气候变化专门委员会）2019年特别报告，p. vi. Available at: https://www.ipcc.ch/site/assets/uploads/sites/2/2019/06/SR15_Full_Report_High_Res.pdf。

一 引 言

越来越多的气候变化之诉在全球涌现[①]，其中大部分是以公民和非政府组织以及公司为原告、以政府为被告的案件。目前，以非政府组织为原告的诉讼有所增加，其请求减少和适应温室气体排放，或请求赔偿气候变化所带来的损失。非政府组织、公民、投资者和股东提起、以私营公司为被告的同类诉讼也有所增加。

无论是否包含域外当事人，这些案件都因其涉及全球利益而具有内在的跨国性，因此个案经常互为基础。当相关诉求旨在影响政府政策和公司责任承担时，跨境的战略性联盟通常会应运而生。

本文阐述荷兰法院气候变化之民事诉讼的新近发展，讨论以荷兰非政府组织为原告的两起案件：一是以荷兰政府为被告提起的 Urgenda 基金会诉荷兰案（下文称“Urgenda 基金会案”），二是以荷兰的跨国公司为被告提起的荷兰地球之友诉荷兰壳牌公司案（下文称“荷兰地球之友案”）。这两起案件既是为公共利益的实现，又是为一些追求私利的人们所支持的战略性共同诉讼的范例。这两起案件的当事人均申请法院作出减少温室气体排放的救济禁令。

荷兰最高院作出的 Urgenda 判决[②]被联合国人权和环境特别报告员 David R. Boyd[③] 称为“迄今为止世界上最重要的有关气候变化的法院决定”。虽然荷兰地球之友案还处于诉讼的早期阶段，法院并没有对此作出判决，但是该案原告的诉由以 Urgenda 基金会案为基础，因此也引起

---

① See, e. g., Setzer, J.-Byrnes, R. Global trends in climate change litigation: 2019 snapshot (July 2019). Available at: http://www.lse.ac.uk/GranthamInstitute/wp-content/uploads/2019/07/GRI_Global-trends-in-climate-change-litigation-2019-snapshot-2.pdf. 全球气候变化法数据库：www.lse.ac.uk/GranthamInstitute/climate-change-laws-of-the-world/. 仅美国就有1200多个案例，另有约370个案例来自于除美国外的约30个国家和4个国际司法管辖区，见 http://climatecasechart.com/us-climate-change-litigation。

② Supreme Court (Hoge Raad), 20 December 2019, ECLI: NL: HR: 2019: 2006, unofficial English translation available at: https://uitspraken.rechtspraak.nl/inziendocument? id = ECLI: NL: HR: 2019: 2007.

③ The Independent, 21 December 2019.

了广泛的关注。

这些案件在多大程度上可以为外法域的战略性气候变化之诉提供可遵循的参考？一方面，关于代表集体利益和公共利益的非政府组织在民事诉讼中的法律地位问题，荷兰有特别的成文法规则进行规范，基于此，这两个案件的审理得以顺利进行。另一方面，与第一方面有一定相关性，案件的提起基于不同的法律依据——基于民事侵权法，或者基于人权法的注意义务——其中 Urgenda 基金会案基于法院裁定，而荷兰地球之友案则基于当事人的诉讼请求。

二 荷兰的民事公益诉讼

（一）行政诉讼和民事诉讼

虽然在荷兰可以通过行政诉讼来促进共同利益，但行政诉讼的客体只能为行政机关的行政命令和行政许可。因此对政府政策、作为或不作为提起的共同诉讼将诉诸民事法院。同样，民事法院也对针对私人企业的共同诉讼进行管辖。并且，在原则上，行政诉讼仅限于与荷兰境内的活动和利益有关的诉求；民事诉讼则与之不同，可以扩及与荷兰境外的活动和利益有关的诉求，包括环境问题在内。

（二）法律地位：非政府组织所代表的利益

Urgenda 基金会可以在荷兰提起民事诉讼，是基于《荷兰民法典》（DCC）第 3（305a）条关于共同诉讼的规定。荷兰地球之友环保组织在荷兰起诉壳牌公司，也以此条款为基础。《荷兰民法典》的这一条款赋予了环境保护基金会或协会可以通过民事诉讼的方式来保护其他人的“同类利益”。虽然这类诉讼包含了集体诉讼的要素（“同类利益”必须通过共同诉讼才能实现），但它并不是实际意义上的集体诉讼，因为有诉讼主体资格的是非政府组织，而非共同诉讼所保障的同类利益的当事人。如果确定的法院判决的效力会涉及不愿意受其约束的当事人，判决对该当事人仍有拘束力，而无须与之协商或征求其同意，如 Urgenda 基金会案所实施的减排令和荷兰地球之友案中当事人诉求的减排令。

《荷兰民法典》的这一条款并未对非政府组织所促进的利益范围予

以限制[①]，因此，这些利益在事实上可能“模糊不清”。虽然立法者曾经在该条款立法过程中讨论了国际私法问题[②]，但现行条款并不包含特别的国际私法规则对条款适用范围进行限制。该条款既适用于促进私人利益的共同诉讼（私人利益可以通过“捆绑”于公共利益而实现），也适用于促进公共利益的共同诉讼。此混合性质就解释了荷兰法院在Urgenda案中曾在应考虑谁方利益问题上存在分歧的原因，以及MD/RDS案的当事人在原告所代表利益是否足够类似这一问题上存在争议的原因。

三 Urgenda基金会诉荷兰政府案

（一）本案争点

Urgenda基金会于2013年提起诉讼，请求荷兰法院作出减排令，以令荷兰政府限制温室气体排放，至2020年底排放量比1990年减少40%，或至少减少25%。荷兰政府和Urgenda基金会对2100年、2050年和2030年的减排目标并无分歧，唯一的争议点是，若实现2020年全球气温升高不超过2°C的目标，荷兰政府达到的减排幅度应为多少。[③]因此，本案的争议点是，是否荷兰温室气体排放量在2020年必须比1990年达到至少减排25%的目标，而非政府所声称的14%—17%就足以达到2℃的目标。此外，各方在事实方面基本达成一致，包括因人类活动导致的气候变化所造成的严重影响，以及基于全球政策评估所作出的气候科学的权威性。

① 根据制定这一条款的历史资料，思想形态的利益也可以涵盖于集体诉讼范畴之内。其特别提到了“一个环境保护组织，在没有需要保护的特定群体的情况下，仍可以为实现环境保护而提起诉讼”。

② See Van Lith, H., The Dutch Collective Settlements Act and Private International Law. Available at: https://repository.tudelft.nl/view/wodc/uuid:24d19976-35dc-46c9-9988-78531e6a7e69.

③ 请注意，该判决是在《巴黎协定》签署之前作出的，《巴黎协定》的目标是“将全球气温升幅限制在比工业化前水平高2℃（3.6℉）以内，并努力将气温升幅限制在1.5℃以内……”［Art.2（1）a］。

（二）海牙地区法院的诉讼①

1. 法律地位：允许代表人类以及未来人类的利益起诉

在 Urgenda 基金会案中，Urgenda 基金会既代表自己，亦代表 886 名自然人提起诉讼。根据《荷兰民法典》第3（305a）条，因为该基金会是代表自己行事，海牙地方法院认为，它不仅可以代表当代荷兰公民以及在荷兰以外生活的同时代的人们，而且可以代表未来几代的荷兰公民和在外国生活的人们，因为“他们都对 Urgenda 基金会诉请保护的可持续社会享有利益”。

但是，海牙地区法院在判决中指出，由于案件涉及的 886 名自然人原告没有其他私人利益，因此拒绝了他们提出的诉讼请求。②

2. 判决的法律基础：来源于民事侵权法上的注意义务

Urgenda 基金会案的当事人主要诉求的法律依据是《荷兰民法典》第6（162）条有关民事侵权法的核心条款，该案当事人提出的一项替代性诉求的法律依据是《欧洲人权公约》（ECHR）第 2 条和第 8 条。荷兰地方法院仅同意了 Urgenda 基金会提出的主要诉求。

鉴于 Urgenda 基金会代表的是全球利益，荷兰政府辩称，依照《罗马条例 II》第4（1）条的规定，荷兰政府的行为是否合法，应适用所有相关国家的法律，而不能仅仅适用荷兰法律。与此不同的是，在荷兰地球之友案中，《荷兰民法典》关于民事侵权的规定在案件中的适用，并未出现类似争议。③

海牙地区法院依据《荷兰民法典》第6（162）条④以及该条所涵

---

① See judgment Rechtbank Den Haag, 24 June 2015, ECLI: NL: RBDHA: 2015: 7145; unofficial English translation, ECLI: NL: RBDHA: 2015: 7196, available at: https: //uitspraken. rechtspraak. nl/inziendocument? id = ECLI: NL: RBDHA: 2015: 7196.

② 人们本以为海牙地区法院可能会主张不予受理 886 名自然人的诉求，而不是直接拒绝了 886 名自然人原告的诉求。海牙地区法院的这一主张在上诉中并没有受到质疑，由此，886 名自然人原告不再参与该案。

③ 法院无疑应按职权提出法律适用问题（cf. Art. 10：2 DCC）。

④ 1. 一个人如果对另一个人实施了可归咎于他的侵权行为（非法行为），就必须赔偿此人因此而遭受的损失。2. 由于侵权行为被认为是对他人权利（权力）的侵犯，以及违反法律规定的义务或根据不成文的法律必须被视为适当的社会行为或不行为，只要这种行为没有正当理由。

盖的“与适当的社会行为有关的不成文法规则”，认为荷兰政府因违反其应负的注意义务而构成侵权行为。注意义务是“开放式的法律规范”，荷兰法院认为其有责任明确注意义务在具体个案中的内涵，“考量国家在履行义务方面所享有的裁量权”。

（1）全球性与欧洲规范的“反射效应”；气候科学的作用

气候变化是一种全球性的危害，荷兰政府对此承担着共同风险管理义务，既涵盖了保护包含荷兰在内的人类生活环境免受气候变化危害的注意义务，也包括依据对荷兰有约束力的全球和欧洲气候变化框架及荷兰宪法义务而确定的国家裁量权。

海牙地区法院在判决中特别提到了《联合国气候变化框架公约》（UNFCCC，也常被称为《里约气候变化条约》）①、《里斯本条约》（TFEU）第191—193条②以及《欧洲人权公约》（ECHR）第2条和第8条。③ 尽管这些对荷兰有拘束力的国际文件并没有创设某种Urgenda基金会可以直接援用的权利，但是国际法义务确实对国内法具有很好的“反射效应”。因此，海牙地区法院在解释国家的“注意义务”时，应避免“注意义务”的解释与国际义务相冲突。

此外，这些义务在论证方面还须考量最新的科学知识，特别是联合国政府间气候变化专门委员会（IPCC）的报告。IPCC决定，为了限制全球升温2°C，《京都议定书》附件一中所列的发达国家，如荷兰，应在2020年前使其温室气体排放量比1990年降低25%—40%。

（2）因果关系

尽管当地温室气体排放、全球气候变化及其对当地造成的影响之间

---

① 法院还考虑了1997年的《京都议定书》及其缔约方会议的各项决定，包括2007年的《巴厘岛行动计划》、2010年的《坎昆协议》和2011年的《强化行动德班平台》，这些都对荷兰有约束力。

② 法院还考虑到了欧盟的各种执行指令，特别是建立了ETS（碳排放交易系统）2003/87/EC的指令以及决定，特别是建立了2030年气候和能源框架的欧盟理事会决定EUCO 169/14。

③ 《欧洲人权公约》的权利和自由延伸至缔约国管辖范围内的每个人（第1条）。《美洲人权公约》也有类似规定，美洲人权法院认为，在环境案件中，损害发生地国家的管辖权可以延伸到有害影响发生的第三国的人，IACtHR，Advisory Opinion OC－23/17（2017），para. 81，available at：http：//www. corteidh. or. cr/docs/opiniones/seriea_ 23_ esp. pdf. 这个问题在地区法院没有出现。

的因果关系证明通常是侵权诉讼中的一项挑战，但是，为了实现减排的救济目的，当事方所承担的举证责任较轻。海牙地区法院认为，荷兰领土上的温室气体排放与气候变化（包括温室气体排放对荷兰气候的影响）之间的因果关系是充分确定的。虽然当前荷兰的温室气体排放量在全球范围内较为有限，但这并不能改变荷兰确实为全球气候变化作出“贡献”的事实。因此，荷兰有义务采取预防措施。而且，“从公平分配的角度，如同附件一中的其他国家，荷兰率先采取了缓解措施，其对减排的贡献已经超过了其本应承担的比例。此外，毋庸置疑，荷兰是世界上人均排放量很高的国家之一”。

（3）三权分立；其他的抗辩事由；减排令的作出

荷兰政府在抗辩时提出，如果法院作出减排令，将有干涉荷兰民主制度之权力分配（三权分立）之嫌。最后，海牙地区法院驳回了荷兰政府的这一反对意见。我们之后将看到荷兰最高法院是如何处理这一反对意见的。

海牙地区法院在审议了其他几项抗辩之后作出减排令，其认为，荷兰政府所担负的注意义务要求它应当立即增加减排措施，以实现2020年荷兰的温室气体排放水平比1990年温室气体减排25%—40%的目标；而考虑到国家的裁量权，责令荷兰政府到2020年实现较1990年温室气体最低减排25%的目标。

（三）海牙上诉法院的诉讼

1. 法律地位：仅允许代表当前荷兰人民的利益起诉

一审结束后，荷兰政府对此提出上诉，Urgenda基金会亦提出交叉上诉。海牙上诉法院虽然维持了海牙地区法院的判决①，但是对Urgenda基金会在诉讼中的法律地位及减排令的法律依据作出了不同的判决。

海牙上诉法院就Urgenda基金会的法律地位问题，适用了《荷兰民

---

① See judgment Gerechtsh of Den Haag, 9 October 2018, ECLI: NL: GHDHA: 2018: 2591, available at: https://uitspraken.rechtspraak.nl/inziendocument? id = ECLI: NL: GHDHA: 2018: 2591; unofficial English translation ECLI: NL: GHDHA: 2018: 2610, available at: https://uitspraken.rechtspraak.nl/inziendocument? id = ECLI: NL: GHDHA: 2018: 2610.

法典》第3(305a)条和《欧洲人权公约》第34条。一审法院认为，依据欧洲人权法院的判例，Urgenda基金会不构成《欧洲人权公约》第34条所规定的受害者，不能依据《欧洲人权公约》第2条和第8条获得法律保护，且“公益诉讼”亦被第34条排除在外，因此Urgenda基金会不允许援引适用《欧洲人权公约》。与一审法院不同，海牙上诉法院认为，荷兰法院是否有权受理该案，并非适用《欧洲人权公约》第34条，荷兰法院应适用荷兰诉讼程序法。根据《荷兰民法典》第3(305a)条，Urgenda基金会的起诉可以为荷兰法院受理，因为Urgenda基金会所代表的是荷兰人的利益，尤其是年轻一代荷兰国民的利益。

2. 判决的法律基础:《欧洲人权公约》第2条和第8条

海牙上诉法院关于Urgenda基金会法律地位的见解转变，为温室气体减排令的法律依据的转变铺平了道路。经参照全球气候变化政策、气候科学和国际法以及欧洲法，海牙上诉法院在海牙地区法院的判决基础上认为，荷兰政府拒绝在2020年底前至少减排25%的目标，未能履行《欧洲人权公约》第2条和第8条规定的积极义务。尽管荷兰政府在上诉阶段已经依据更符合IPCC文件中的新计算方法而将2020年温室气体减排的目标调整为23%，但海牙上诉法院还是要求荷兰政府到2020年至少实现25%的减排目标。因为“23%的目标虽然离25%的目标不远，但采纳19%—27%不确定幅度的目标并不可行”。

(四)荷兰最高法院:维持海牙上诉法院的判决

1. 法律地位:仅允许代表当前荷兰居民的利益起诉

荷兰最高法院[①]同意海牙上诉法院的观点，即Urgenda基金会不能根据《欧洲人权公约》(ECHR)第34条向欧洲人权法院提起诉讼，因为其本身并不是荷兰政府违反《欧洲人权公约》第2条和第8条所赋义务的潜在受害者。但这并不影响Urgenda基金会根据《荷兰民法典》第3(305a)条代表事实上的受害者在荷兰法院提起诉讼。

2.《欧洲人权公约》第2条和第8条规定的注意义务

荷兰最高法院在法律依据方面也遵循了海牙上诉法院的意见，它认

---

① See supra n. 3.

为上诉法院对《欧洲人权公约》第 2 条和第 8 条的解释并未遵循欧洲人权法院的判例法，因为“欧洲人权法院尚未就气候变化问题作出任何判决，也未审理过诸如包括荷兰在内的全球温室气体排放等全球性活动造成全球性危害的有关气候变化的任何案件”。由此，荷兰最高法院阐述了欧洲人权法院适用的解释标准，谨慎地阐述其所运用的解释方法。参照欧洲人权法院一致性解释原则，荷兰最高法院在解释《欧洲人权公约》的积极义务时考量了对其有拘束力和不具有拘束力的国际法规定和欧洲法的相关规定、全球科学政策以及气候科学之结论。

荷兰最高法院强调了气候变化的严重危害性，这些危害可能以多种形式出现（海平面上升、热应力、空气质量恶化、传染病日益蔓延、降雨量过大、粮食生产和饮用水中断）。虽然这些危害可能在几十年后才会显现，但这并不意味着使民众免受严重危害不属于《欧洲人权公约》第 2 条和第 8 条所调整的范围。因此，只要气候变化造成的危害足够“真实和迫切”，就应依欧洲人权法院的判例而包含在《欧洲人权公约》第 2 条和第 8 条所保护利益的范围之内。

此外，《欧洲人权公约》第 2 条和第 8 条所提供的保护并不限于特定个人，可以是整体社会或全体人类。参照欧洲人权法院的判例，对于可能危及整个地区的环境危害，法院可援引《欧洲人权公约》第 2 条和第 8 条保护该地区的居民。

3. 所有国家的共同责任和各国责任

荷兰政府曾在一审时抗辩称“荷兰只需履行自己的责任，如果其他国家也履行了它们的责任”“荷兰的温室气体排放量太小以至于不值得计量”和“水床效应”（“如果荷兰减少温室气体排放，其他国家就会产生更多的排放量”）等。对此抗辩，海牙地区法院依照荷兰民事侵权法所规定的因果关系要件进行审理，但荷兰最高法院则依据《欧洲人权公约》第 2 条和第 8 条采纳了国际公法的条款。依据《欧洲人权公约》第 2 条和第 8 条，即使气候变化是一个全球性的问题，荷兰政府依然负有防止气候变化危险发生的义务。有反对意见辩称，一个国家可以其他国家不履行义务为由而拒绝承担其本应承担的部分责任，或一个国家的减排会因其他国家不履行减排义务而变得无足轻重，法院对这些主张不予以采信。也有观点主张，一个国家的温室气体排放量在全球所占份额非常小，以致其减排的努力对全球范围的温室气体排放并没有产生多大影响，这一观点同样不能为法院所接受。“事实上，接受这些辩解就意味着，一个国家可以通过指证其他国家不履行减排义务或证明其本身温室气体排放量在全球所占份额小而轻易地逃避其本应承担的部分责任。”

4. 25%—40%的减排目标

荷兰最高法院在判决中指出，虽然25%—40%的减排目标并不是一项具有约束力的规则或协议，但是国际社会对此已经达成了高度共识，即附件一中的国家迫切需要实现到2020年较1990年温室气体减排25%—40%的目标，力求实现将全球平均气温上升控制在2°C以内，2℃温控目标被视为各国应负责任中的最高目标。这一高度共识可被视为符合欧洲人权法院判例法所规定的共识。无论欧盟是否另有协议，这一目标都适用于附件一中的每一个国家。荷兰政府没有进一步说明其在未来几年里所采取的具体减排措施。荷兰政府也没有证明其到2020年至少实现25%的减排目标是不可能的，或与其义务不相称：荷兰政府最初坚持的政策是到2020年实现30%的减排目标，而其他欧盟国家坚持的气候政策比荷兰政府更为严格。

5. 三权分立；政治领域

荷兰政府辩称，减排令相当于立法命令，荷兰最高法院依据其判例法的规定并不允许作出这样的减排令。此外，荷兰政府还主张，法院不应卷入减排令所必须衡量的政治纷争之中。

荷兰最高法院在答复荷兰政府的第一项申诉时指出，如果荷兰政府有采取某项行为的义务，则法院可依法命令荷兰政府履行其本应履行的义务，正如法院可以应权利主体的诉求而敦促义务人履行义务一样。这是民主宪政的一项基本规则。法院作出的减排令并不是要求荷兰政府采取具体的立法措施，而是让荷兰政府自由选择采取何种措施以实现到2020年至少减排25%的目标。

关于第二项申诉，荷兰最高法院承认，依据荷兰宪法，荷兰政府和议会在减少温室气体排放的决策方面有很大的裁量权。但是，荷兰法院有权决定他们的行为是否仍在合法的范畴之内，包括《欧洲人权公约》对荷兰政府的法律拘束。本案属于一种例外情形，上诉法院被允许可以命令荷兰政府在任何情况下都有义务实现在2020年底前至少减排25%的目标。

（五）讨论

1. 法院是否有权介入？保护谁的利益？

2015年海牙国际法学院举行了演讲，当时距离海牙地区法院对Urgenda基金会案作出判决已一个月，认为这是一项了不起的判决，它基于对固有的全球性问题的性质和重要性的敏锐认识，在评析了相关的全球规则、欧洲法的相关规则和国内法律以及现有科学证据的基础上为判决提供了广泛、翔实的依据。[①] 不过，这一判决也遭到了广泛的批评，许多人预计它在上诉中会被推翻。但上诉法院却维持了原判。然而，海牙上诉法院和荷兰最高法院对该判决的维持再次遭到了批评。

部分的批评意见（一个非政府组织，在没有检查它是否能代表其欲促进的利益的情况下，如何能够从荷兰法院获得减排令?）实际上涉及《荷兰民法典》第3（305a）条关于共同诉讼的规定。如前所述，这通常被视为一种开放式和混合式的程序规范。事实上，自2020年1月1日起，该条款的适用范围已经受到限制，但是，本文所讨论的诉讼似乎仍可依据该条款提起。

虽然这一条款并非无可挑剔，但并不能认为法院超越了其司法职权。正如荷兰最高法院所指出的，法院在“例外情况”下负有特殊责任，法院作为国内法律体系的组成部分，通过敦促荷兰政府履行注意义务而实现对荷兰国民的法律保护。

此外，作为统一执法的国际机构的替代品，各国均有责任维护气候变化全球法律秩序：这为国家的“双重功能”（George Scelle's *dédoublement fonctionnel*）提供了一个范例。[②]

---

① Van Loon, H., The Global Horizon of Private International Law. Inaugural Lecture, Private International Law Session. Recueil des cours, 2015, Vol. 380, pp. 1 – 108 (at p. 103).

② Van Loon, H., The Global Horizon of Private International Law. Inaugural Lecture, Private International Law Session. Recueil des cours, 2015, Vol. 380, pp. 102 – 103. See also Cassese, A., "Remarks on Scelle's Theory of 'Role Splitting' (*dédoublement fonctionnel*) in International Law", *European Journal of International Law*, 1996, Vol. 1, p. 210 et seq. (at p. 228).

这一观点在海牙地区法院的判决中表现得最为明确和一致。海牙地区法院对 Urgenda 基金会代表人类现在和未来利益的法律地位予以认可，并意识到气候变化在时间、空间、严重程度和应对能力方面对全球的影响非常不均衡。因此，《联合国气候变化框架公约》（UNFCCC）区分了附件一中的工业化国家和非附件一中的发展中国家，《巴黎协定》（在 Urgenda 基金会案之后缔结）特别考虑了“特别易受气候变化负面影响的发展中国家的迫切需要”[①]。

海牙上诉法院和荷兰最高法院将 Urgenda 基金会的法律地位限缩到代表荷兰当前居民的利益，而不是人类和子孙后代的利益，这两个法院忽略了一些全球视角，将重点放在荷兰与其管辖范围内的人、事、物之间的纵向关系上。这种观点不仅导致相关受害方数量大大减少[②]，而且大大损害了作为海牙地区法院判决基础的分配正义。[③]

2. 注意义务来源于荷兰民事侵权法还是《欧洲人权公约》?

毫无疑问，特别是改善或适应气候变化能力有限的发展中国家，它们通常高度依赖农业或海洋为生，其人权和社会都面临着危机。[④] 但是，本案所涉及的荷兰属于《联合国气候变化框架公约》附件一中的富有国家之一，其国民是否也面临着同样的问题？对不同群体或个人，没有进一步区分或评估？

依据荷兰最高法院的观点，尽管代表荷兰居民的 Urgenda 基金会依据《欧洲人权公约》第 34 条不可向欧洲人权法院提起诉讼，但是，Urgenda 基金会有权援引《欧洲人权公约》第 2 条和第 8 条。第 34 条规定有其立法缘由，其目的在于排除抽象的诉讼，这意味着“请求人必须提出合理

---

① 《巴黎协定》第 7（2）条规定，缔约方认识到，适应是所有各方都面临的全球挑战，具有地方、次国家、国家、区域和国际层面，它是为保护人民、生计和生态系统而采取的气候变化全球长期应对措施的关键组成部分和促进因素，同时也要考虑特别易受气候变化不利影响的发展中国家迫在眉睫的需要。

② 当前荷兰人口（17100000 人）占世界人口（7800000000 人）的 0.22%。

③ See Hey, E. – Violi, F., The Hard work of regime interaction: climate change and human rights. *Mededelingen van de Koninklijke Nederlandse Vereniging voor Internationaal Recht – nr 145 – Climate Change: Options and Duties under International Law*, 2018, pp. 1 – 24.

④ 关于全球变暖 1.5°C 及更高温度下风险过高的人群的脆弱性详情，见 IPCC, Global Warming of 1.5℃ C-Summary for Policymakers, pp. 8 – 12. Available at: https://www.ipcc.ch/site/assets/uploads/sites/2/2019/05/SR15_ SPM_ version_ report_ HR.pdf.

且令人信服的证据证明影响他人的不法行为即将发生"①。

当然，荷兰政府在该案中并没有尽到注意义务。荷兰政府明知其应采取更多的措施以促进有效的气候政策，但却未采取必要措施，且其辩解的理由毫无说服力。荷兰议会也放任政府的不作为。可见，荷兰政府自视为全球气候保护的榜样，但实际上却远远落后于几乎所有其他的欧盟成员，对荷兰人民和世界其他国家带来了不可逆的危害性风险。

然而，欧洲人权法院一贯认为，在将《欧洲人权公约》第 2 条和第 8 条适用于环境问题时，"判断环境损害是否违反了第 8（1）条的关键因素是，环境损害已经侵害了个人的私人利益或家庭利益，而不仅仅是环境的普遍恶化……"②

荷兰最高法院的一个观点是值得肯定的，即基于欧洲人权法院现有判例，荷兰最高法院对《欧洲人权公约》第 2 条和第 8 条进行解释，鉴于气候变化的影响具有不可逆性，有必要为气候变化所造成的损害提供法律保护。气候变化所带来的影响可能表现为，对某些私人甚至某些社会构成现实与未来的危险，如当地的干旱、暴雨、风暴等。但是，依据欧洲人权法院的判例，结合本案案情，仅就当前的法律争论点而言，并不能认为荷兰人民是荷兰政府违反《欧洲人权公约》第 2 条和第 8 条的（潜在）受害者的观点是无懈可击的。如果将本案与地球上任何其他地方的弱者保护案件进行比较，这一理由也一样很难获得支持。③ 如果《欧

---

① See ECtHR, Practical Guide on Admissibility Criteria (2019), 13 – 14. Available at: https: //www. echr. coe. int/Documents/Admissibility_ guide_ ENG. pdf.

② ECtHR *Cordella v. Italy*, no 54414/13 54264/15 § 101; see also *Kyrtatos c. Greece*, no 41666/98, § 52, *Fadeïeva c. Russia*, no 55723/00, § 68.

③ Contrast this case with, e. g. , Leghari v. Pakistan, available at: http: //climatecasechart. com/non – us – case/ashgar – leghari – v – federation – of – pakistan/, or Torres Strait Islanders v. Australia, available at: http: //climatecasechart. com/non – us – case/petition – of – torres – strait – islanders – to – the – united – nations – human – rights – committee – alleging – violations – stemming – from – australias – inaction – on – climate – change/. 经比较这几个案件可知，气候变化的威胁无疑是真实和直接的，而案件所涉国家尚未制定任何气候政策。Cf. also Juliana v. United States, available at: https: //cdn. ca9. uscourts. gov/datastore/opinions/2020/01/17/18 – 36082. pdf, (petition for rehearing en banc pending). 在 Juliana v. United States 案中，法院同意原告声称的"具体和特定的伤害"包括一个女孩因为缺水而被迫离开她的家，从而与她在纳瓦霍保留地的亲属分离，或者一个男孩因为水灾而不得不多次撤离他的沿海家园。

洲人权公约》第2条和第8条的解释过于宽泛，将可能使一些人权保护条款面临效力减损的风险。

此外，荷兰最高法院适用欧洲人权法院的一致性解释方法，在综合评析国际法、欧洲法以及全球科学政策的基础上解释《欧洲人权公约》积极义务的做法，也令人质疑。当然，这些国际法规则和欧洲法的相关规定是广泛相通的。但是，如果我们认为荷兰最高法院确实已经对《欧洲人权公约》第2条和第8条的解释寻找到了新的法律依据，那么我们就需要进一步论证，这些相通的规范也为最高法院在本案中的立场提供了广泛支持。

荷兰最高法院可以选择国家注意义务的法律依据，以民事侵权法为基础（海牙地区法院的判决），或以人权为基础（海牙上诉法院的判决）。[①] 最终，荷兰最高法院选择遵循海牙上诉法院的观点。虽然我们同意荷兰最高法院的判决结果，但我们认为，海牙地区法院对本案的做法比最高法院更具说服力。

四 荷兰地球之友（Milieudefensie）诉荷兰壳牌公司案

（一）法律地位

本案是由环保组织——荷兰地球之友牵头7个荷兰非政府组织于2019年提起的诉讼。本案所有非政府环保组织都认为，根据其法定任务和活动，其享有《荷兰民法典》第3（305a）条规定的法律地位，并且主张其不仅代表当代的荷兰公民，而且代表未来几代的人民（参照海牙地区法院在Urgenda基金会案中的判决）。

此外，荷兰地球之友还基于授权书代表17000名个人进行诉讼。

（二）法律争议

荷兰地球之友请求法院命令荷兰壳牌公司限制与其业务活动和化石

---

① Cf. the Procurator General's advisory opinion, par. 6. 16, ECLI: NL: PHR: 2019: 887; unofficial English translation ECLI: NL: PHR: 2019: 1026, available at: https: //uitspraken. rechtspraak. nl/inziendocument? id = ECLI: NL: PHR: 2019: 1026.

燃料产品有关的所有二氧化碳总体排放量，到 2030 年比 2010 年降低 45%，到 2040 年比 2010 年降低 72%，到 2050 年比 2010 年降低 100%；或在任何情况下，到 2030 年都要比 2010 年降低 45%。[①]

与 Urgenda 基金会案相比，本案当事人的意见存在较大分歧。在其他争论点上，关于荷兰壳牌公司对碳排放量的控制程度、排放量问题的法律适用，均存在分歧。荷兰壳牌公司抗辩称，其只控制荷兰壳牌公司母公司的碳排放量，而不像荷兰地球之友所说的那样可以同时控制其子公司的碳排放量，因为这些子公司受其活动所在国法律的管辖，荷兰壳牌公司也不能控制其产品终端用户的碳排放量，因为使用者应对产品使用过程中的碳排放量承担责任。

（三）管辖权

荷兰地球之友主要依据《布鲁塞尔条例 I（修订）》（下文称之为 BIR）第 1 条、第 4 条和第 63 条主张海牙地区法院对本案享有管辖权，因为壳牌公司主要营业地位于海牙，虽然其法定驻在地为伦敦。此外，荷兰地球之友还援引《布鲁塞尔条例 I（修订）》第 7（2）条，认为该案的侵权损害发生地在荷兰，其主要原因是壳牌公司在荷兰采用了导致气候损害的集团政策，对荷兰和其他国家的人民及其生活环境造成了影响。

与目前正在海牙上诉法院进行的其他起诉壳牌公司的一系列案件不同的是[②]，荷兰地球之友没有同时起诉壳牌公司在其他国家的子公司，而只是起诉母公司。

---

① 见荷兰地球之友案的法院传票，非官方的英文译文可在以下网址找到：http：//climatecasechart. com/non – us – case/milieudefensie – et – al – v – royal – dutch – shell – plc/？mc_cid = ff847ee323&mc_ eid = c70ad85e80。壳牌公司的回应可在以下网址找到：https：//milieudefensie. nl/actueel/2019 – 11 – 12 – conclusie – van – antwoord – finale – versie – als – aangeboden – voor – indiening – bij – rechtbank. pdf（没有英文版本）。

② See Court of Appeal the Hague，18 December 2015，ECLI：NL：GHDHA：2015：3587，*Akpan et al. v Royal Dutch Shell PLC and Shell Petroleum Development Company of Nigeria LTD*（interlocutory appeal judgment，proceedings continue）. Appeal from District Court the Hague 30 January 2013，ECLI：NL：RBDHA：2013：BY9854.

(四)起诉的主要法律依据：民事侵权责任

荷兰地球之友适用荷兰法律对壳牌公司的民事侵权行为提起诉讼，其法律依据是《罗马条例 II》第 7 条，而不是《罗马条例 II》第 4（1）条。因为地球上的任何地方都可能因环境变化而遭受损害，第 4（1）条可能导致多个准据法的适用。为了避免这种后果，荷兰地球之友根据第 7（1）条的规定选择适用荷兰法，认为壳牌公司决定其子公司应遵循的集团政策，正是这一政策导致了环境损害。壳牌公司抗辩称，造成环境损害并不是壳牌公司的集团政策，集团政策“仅具有预备性”，造成环境损害的是壳牌公司在各地的子公司及其全球终端用户的具体实施行为。壳牌公司主张，本案应适用《罗马条例 II》第 4 条（1）条，而不是《罗马条例 II》第 7（1）条［也不是第 4（2）条或第 4（3）条］。无论如何，即使该案适用荷兰法，《罗马条例 II》第 17 条也应得到适用。

依据荷兰法律，荷兰地球之友认为，壳牌公司的行为违反了《荷兰民法典》第 6（612）条所规定的“关于适当社会行为的不成文法规则”。壳牌公司意识到化石燃料对人类和环境危害的严重性，也意识到其行为可能带来气候危险。然而，自 2007 年以来，壳牌公司一直在减少对可持续能源的投资，反而增加了对化石燃料的投资。壳牌公司通过一系列行为阻碍能源转型，例如，积极鼓励对化石燃料的需求，反对政府提出的规范壳牌公司行为的提议，并在气候议题的真实目的和紧迫性方面误导公众。可见，壳牌公司违反了其注意义务。对于这一问题，壳牌公司对其具体公司行为与危险的气候变化之间的因果关系提出质疑。壳牌公司抗辩称，减少其相关的公司行为，对气候变化几乎不会产生任何影响，而且，如果壳牌公司对相关公司行为予以减少，则活跃在全球市场上的其他公司会立即填补这一空白。因此，壳牌公司认为其并没有违反任何注意义务。

(五)起诉的次要法律依据：(间接)侵犯人权

荷兰地球之友根据上诉法院对 Urgenda 基金会案的判决，以替代性诉求的方式提出壳牌公司违反了对荷兰地球之友具有“水平效力”

(horizontal effect) 的《欧洲人权公约》第 2 条和第 8 条，而且违反了《联合国工商业和人权指导原则》(UNGP’S) 以及《联合国全球契约和跨国企业的互补性经济合作与发展组织的准则》。壳牌公司抗辩称，上述指控是没有根据的：首先，壳牌公司并不是国家。此外，荷兰地球之友所诉求的命令，在 2030 年、2040 年或 2050 年之前不会生效，其只针对壳牌公司，而没有针对同样影响气候变化的许多行为者。在荷兰地球之友所提及的国际机制中，《联合国工商业和人权指导原则》只拘束国家而非公司，《联合国全球契约和跨国企业的互补性经济合作与发展组织的准则》对公司也没有约束力。

海牙地区法院关于本案的口头抗辩定于 2020 年 12 月进行。

(六) 讨论

Urgenda 基金会案的原告维护的是其私人利益，被告是负责荷兰领土范围内公共利益的荷兰政府。荷兰法院试图通过不同途径将荷兰政府的行为与全球气候政策目标联系起来，即《京都议定书》附件一中的国家到 2020 年温室气体排放量同 1990 年相比最少降低 25%。这是为国家所设立的目标，各国必须贡献“自己的份额”，如果所有国家都遵守《巴黎协定》所规定的义务，则有可能实现将全球气温升幅控制在 1.5℃内（最好）或 2℃内的目标。[①]

荷兰地球之友案则是一个不同的领域。在本案中，被告是向社会提供能源，并在全球市场上进行运营的跨国公司。正如壳牌公司抗辩所称，它只是影响气候变化的行为者之一。本案在这些问题上均取得一定的发展，包括化石燃料公司过去和现在对气候变化影响的量化，以及私人公司承担其排放的大气碳累积的责任。[②] 但是，通过发布救济禁令为未来的碳排放量确立一个客观标准，本案对此尚不明晰。

一些关注气候变化的律师曾进行了创造性的尝试，即从全球每年的

① But see UNEP Emissions Gap Report 2019, available at: https://wedocs.unep.org/bitstream/handle/20.500.11822/30797/EGR2019.pdf.

② 因此，针对私人公司的气候诉讼与石棉和烟草诉讼有更密切的关系，见 Ganguly, G. - Setzer, J. - Heyvaert, V., “If at First You Don’t Succeed: Suing Corporations for Climate Change,” *Oxford Journal of Legal Studies*, 2018, Vol. 38 (4), pp. 841 - 868.

“碳预算”中推算出法人经营地所在国的“碳预算”，并以此为基础，依据民事侵权法为公司法人减排义务制定一个客观标准，如果将公司法人供应链、子公司和终端用户的碳排放量也纳入考量中，则可以对公司法人的排放义务进行调整。然而，荷兰地球之友并未将《企业气候义务原则》作为其法律依据。[①]

然而，壳牌公司和其他化石燃料公司越来越有兴趣“成为气候变化的解决方案的参与者，而不是造成持续气候破坏的消极（盈利）的旁观者”[②]。从更广泛的角度上我们可以看到，公司责任模式呈现出一种转变趋势，即从纯粹关注股东利益而忽视公共健康与安全风险的公司责任模式，转向更广泛的“利益相关者导向”模式，这种模式要求公司行为须虑及社会和环境的可接受性，公司法人须把社会与环境风险作为一种内部风险来承担。投资者和股东所施加的压力，以及公众的持续监督，正在帮助化石燃料加速向非化石能源产品过渡。[③] 诸如荷兰地球之友案这类民事诉讼已经促使壳牌公司和其他化石燃料公司持续关注绿色问题，尽管本案诉求所依据的法律可能不足以实现原告所期待的结果。[④]

五 结 论

Urgenda 基金会案是荷兰气候变化之诉中的新突破。一个西方国家的最高法院[⑤]首次命令政府须采取更多的行动以降低气候变化的风险。在环保组织——荷兰地球之友案中，荷兰地球之友以 Urgenda 基金会案

① Principles on Climate Obligations of Enterprises, with Commentary by J. Spier (2018), available at: https://climateprinciplesforenterprises. files. wordpress. com/2017/12/enterprisesprincipleswebpdf. pdf.

② Heede, R., "Tracing Anthropogenic Carbon Dioxide and Methane Emissions to Fossil Fuel and Cement Producers, 1854 -2010," *Climatic Change*, 2014, Vol. 122, pp. 229 -241.

③ 最近，包括壳牌公司在内的所有欧洲大型石油和天然气生产商都制定了减排目标。关于最近的评估，见 *TPI State of Transition Report 2020*, available at: https://www. transitionpathwayinitiative. org/tpi/publications/50. pdf? type = Publication.

④ See GANGULY - SETZER - HEYVAERT (supra n. 30).

⑤ *Leghari v. Pakistan*, 2015 (supra n. 25)，该案判决建立了新的里程碑。

为基础向法院诉求办法禁止令，促使一家私营跨国公司加速转向非化石能源生产。这些诉讼在多大程度上可以为其他国家的非政府组织提供灵感？这里有几点要考虑：

1. 审理 Urgenda 基金会案的三个法院都认识到气候变化的极端危害性，以及将全球升温的最高限度控制在 2°C 以内的必要性，为了促使荷兰政府在防范气候变化措施方面下决心，法院在该民事诉讼中为防范气候变化危害与风险提供了法律保护。

2. 三个法院都同意，即使法院命令荷兰政府采取更多的措施降低荷兰温室气体排放，该司法干预也不会影响政治，只要法院允许荷兰政府自由选择需要采取的措施。①

3. 三个法院都以国家的注意义务为判决的基础。但是各法院对注意义务所涉及的利益及其法律依据存在分歧。

4. 关于国家注意义务的理解，三个法院既适用了对荷兰有拘束力的国际法规则和区域（欧洲）法的相关规定，也适用了对荷兰本无拘束力的法律。但是，三个法院在适用法律方面的做法各不相同。

5. 三个法院都接受联合国政府间气候变化专门委员会（IPCC）的评估报告，将其作为个人可用以抗辩政府的权威性气候变化证据。

6. 因此，根据三个法院的规定，个人可以要求其政府，特别是《京都议定书》附件一中所列国家的政府，承担国家在减少温室气体排放方面的责任。各国既不能抗辩认为自己温室气体排放量太小以至于可以忽略不计，或者抗辩称自己温室气体排放量太小以至于不值得计量，也不能认为，如果本国减少温室气体排放，其他国家就会产生更高的排放量。②

---

① 对比 *Juliana v. United States* 案（supra n. 25），美国第九巡回上诉法庭以 2 比 1 的比例“不情愿地判决如下……该案必须由行政机关或立法机关进行处理……其他机关未履行职责而不作为，并不意味着授予了第三条规定的法院可以干涉其他机关的职权，而无论法院的意图是多么美好”。

② 相似的判决，见美国上诉法院第二巡回法庭，21 September 2009，*Connecticut v. Am. Electric Power Co.*，582 F. 3d 309，69 ERC 1385（2d Cir. 2009），该判决同样驳回了被告辩称其排放量太过于微不足道而不足以导致未来伤害，只有影响力扩及整个世界的排放量才会导致气候危害的主张。虽然美国最高法院最终推翻了第二巡回法院的判决，但第二巡回法院对上述问题的观点并没有受到影响［US S Crt，20 June 2011，564 US（2011）］。

7. 海牙地区法院的做法是，虑及本案所涉及的当代和未来的人类利益受气候变化影响的不均衡性，参照国际法和欧洲法以及全球气候政策，对荷兰侵权法中的注意义务进行解释。荷兰最高法院则是以《欧洲人权公约》和欧洲人权法院的判例为基础解释荷兰政府对其人民的积极义务。海牙地区法院的这种做法比最高法院更有说服力。

8. Urgenda 基金会案和荷兰地球之友案的当事人所诉求的都是救济禁令，而不是损害赔偿。由 Urgenda 基金会案可知，这可能是一种有效的诉讼策略，因为这类案件对温室气体排放与气候变化影响之间的因果关系认定采用了较宽松的证明标准。

9. 与荷兰地球之友案的一个重要区别是，在 Urgenda 基金会案中，实现 2020 年荷兰温室气体排放水平比 1990 年温室气体减排 25%—40%，是荷兰履行国家注意义务的一个最低的客观标准，而对于荷兰壳牌公司 2030 年的排放量尚缺少一个客观明晰的标准（更不用说 2030 年以后了）。

10. 《荷兰民法典》第 3（305a）条这一程序性条款，即使在适用范围有所限制的最新修订版中，也并非毫无疑义。它是一个混合规则，混合了私人利益的共同诉讼和公益诉讼。虽然这两类诉讼均可依据《荷兰民法典》第 3（305a）条提起，但该条款在一定程度上导致了前文述及的法院在 Urgenda 基金会案中的不同观点。在荷兰地球之友案中，该条款也引起了关于原告资格和法律适用的讨论。

《中欧全面投资协定》的开放与平衡

The China-EU Comprehensive Agreement on Investment and the Right to Regulate under the Context of the EU's New Trade-related Initiatives: Opportunities and Challenges

叶　斌*

YE Bin

摘要：中国与欧盟原则上达成《中欧全面投资协定》(CAI)，是在当前“逆全球化”横行以及国际形势“不确定性”增加背景之下中欧合作推进国际经贸治理的重大战略成果。《中欧全面投资协定》不仅表明中国有意愿接受新一代国际经贸规则，进一步开放市场并约束监管权，而且有能力在协定谈判中为本国发展保留适当的政策空间与监管余地。在市场开放、公平竞争和可持续发展条款方面，《中欧全面投资协定》接近甚至超过《全面与进步跨太平洋伙伴关系协定》和《欧盟—日本经济伙伴关系协定》。如果《中欧全面投资协定》正式签署并生效，它将开启自中国加入WTO以来新一轮的国际规则接轨与高水平对外开放，为深化国有企业改革、完善国家补贴制度、提高劳工权益与环

---

* 叶斌，中国社会科学院欧洲研究所欧盟法研究室主任，副研究员，国际法学博士。原稿刊发于《国际法研究》2021年第6期。因版面原因，原稿内容有所删减，这里刊发完整版。本文所用网络文献的截止时间为2021年9月23日，下文不再专门标注网络文献的最后访问时间。

境保护、提升企业社会责任以及可持续发展带来新的契机。但是，欧盟近期单边立法动议，尤其是《外国补贴条例草案》，针对中国经济发展特征引入新的规则，旨在限制由国家驱动的对欧投资，使中国对欧投资面临着不少外部风险。

关键词：中欧全面投资协定；监管权；竞争中性；国有企业；可持续发展

Abstract: The Comprehensive Agreement on Investment (CAI) concluded in principle in December 2020 is a significant achievement for international economic governance underpinned by China and the EU in the era of uncertainty and in the climate of rising anti-globalization sentiment. The CAI demonstrates not only China's commitments to the new generation of international investment rules, which require to restrict the right to regulate and provide more market access, but also its ability to reserve appropriate policy space for its own development. In terms of investment liberalization, level playing field and sustainable development, the CAI approaches and even exceeds the high standards of the CPTPP or that of the EU-Japan EPA. If the CAI can be duly ratified and come into force, as for China, it will launch, with new opportunities and risks, a second round of international rules integration and high-level opening up after China's accession to the WTO, which entails to deepen the reforms for Chinese state-owned enterprises, to introduce greater transparency of public authority and subsidy, and to improve protection on labour rights and environments at a higher level. However, the EU's recent autonomous legislative initiatives, especially the proposed Regulation on Foreign Subsidy, being designed to address the so called foreign state-driven investments within the internal market, would make Chinese investments in the EU face external risks and uncertainties in the might-be era of post-CAI.

Key Words: China-EU Comprehensive Agreement on Investment; the Right to Regulate; Competitive Neutrality; State-owned Enterprise; Sustainable Development

中国与欧盟于2020年12月30日原则上达成《中欧全面投资协定》(Comprehensive Agreement on Investment between the EU and China, CAI)①，这是迄今为止中国与主要贸易伙伴达成的开放程度最高、监管更加全面和平衡的国际投资协定。就接受更高水平投资规则而言，《中欧全面投资协定》在不少方面接近甚至超过《全面与进步跨太平洋伙伴关系协定》(CPTPP) 和《欧盟—日本经济伙伴关系协定》(以下简称"欧日 EPA")。如果《中欧全面投资协定》正式签署并生效，它将开启自中国加入世界贸易组织(WTO)以来新一轮的国际规则接轨与高水平对外开放，为深化国有企业改革、完善国家补贴制度、提高劳工权益与环境保护、提升企业社会责任以及可持续发展带来新的契机。

对中欧关系而言，《中欧全面投资协定》为中欧关系发展建立了新的双边法律基础，将加强中欧之间双向投资的法律确定性，为中欧之间的服务贸易与直接投资带来新的合作与发展机遇，中欧经贸关系的合作性将进一步增强。对中国与欧盟投资者而言，市场开放度更高和更明确，政府监管的法治程度更高和更透明，市场环境更趋公平，商务人员往来也更加便利。对于中国市场，新的欧盟资本进入中国市场，为中国消费者带来更多选择，而且有益的市场竞争和更公平的市场规则将促进市场结构优化，促进高质量发展和产业链提升，助力中国新发展格局的形成。

但是，由于欧盟与中国在经济发展模式与治理方式上存在制度性差异，机遇与挑战并存。继 WTO 规则之后，《中欧全面投资协定》进一步重塑市场规则，其核心之一是如何平衡政府监管权(right to regulate)——约束监管权与明确监管权空间。一方面，缔约方作出约束政府权力的承诺，不仅减少政府对市场准入与企业运营业绩的干预，引入竞争中性原则(competitive neutrality)，使国有企业回归市场角色，将工业补贴的透明度要求扩大到服务业，而且要求政府决策和监管程序更加法治化。除了中国内部市场面临更多的竞争之外，这些新规则将倒逼中国实施体制机制改革，对各级政府的行政方式和行政能力提出新要

① 《中欧全面投资协定》谈判进展及英文文本，可参见欧盟委员会网页"EU-China Comprehensive Agreement on Investment," last update: 25 Jan. 2021, https://ec.europa.eu/trade/policy/in-focus/eu-china-agreement。

求。另一方面，《中欧全面投资协定》又为政府监管权提供了更明确的空间，允许缔约方为了合法政策目标而引入新的监管工具。鉴于中欧经贸关系的竞争性加强，欧盟及其成员国近年来不断出台经贸立法，针对中国经济特征打造全新的法律工具以加强其市场保护，例如《欧盟外资安全审查条例》(Regulation on Screening FDI)[①]、《欧盟外国补贴条例草案》(Proposal on Foreign Subsidies)[②]、《德国企业供应链尽责义务法》(Lieferkettensorgfaltspflichtengesetz)[③] 等。这些新的单边经贸措施将给中国资本和产品进入欧洲市场带来法律上的风险。

中欧投资协定谈判从一开始就受到学界的广泛关注。有学者关注欧盟投资条约的范本问题[④]，并提出中欧投资协定 2.0 版的著名观点。[⑤] 另有不少研究跟踪和分析欧盟与中国的谈判诉求、路径与规则取向[⑥]，其中投资自由化[⑦]、企业公平竞争[⑧]、投资者诉国家争端解决机

---

① Regulation (EU) 2019/452 of the European Parliament and of the Council of 19 March 2019 Establishing a Framework for the Screening of Foreign Direct Investments into the Union, OJ L 79, 21.3.2019, pp. 1 – 14.

② European Commission, *Proposal for a Regulation of the European Parliament and of the Council on Foreign Subsidies Distorting the Internal Market*, 2021/0114 (COD), COM (2021) 223 final, Brussels, 5.5.2021.

③ Lieferkettensorgfaltspflichtengesetz vom 16. Juli 2021 (BGBl. I S. 2959).

④ See, eg., Wenhua Shan and Sheng Zhang, "Market Access Provisions in the Potential EU Model MIT: Towards a 'Global BIT 2.0'?," (2014) 15 (3 – 4) *The Journal of World Investment & Trade*, pp. 422 – 453; August Reinisch, "Putting the Pieces Together … an EU Model BIT?," (2014) 15 (5 – 6) *The Journal of World Investment & Trade*, pp. 679 – 704.

⑤ Wenhua Shan and Lu Wang, "The China-EU BIT and the Emerging 'Global BIT 2.0'," (2015) 30 (1) *ICSID Review*, pp. 260 – 267.

⑥ 可参见：Wenhua Shan and Sheng Zhang, "The Potential EU-China BIT: Issues and Implications," in Marc Bungenberg, August Reinisch and Christian Tietje (eds.), *EU and Investment Agreements: Open Questions and Remaining Challenges*, Hart and Nomos, 2012, pp. 87 – 120；姚铃：《欧盟在中欧投资协定谈判中的诉求简析及对策建议》，载《国际贸易》2014 年第 10 期；江清云：《中欧双边投资协定谈判的现状、问题与应对》，载《德国研究》2014 年第 4 期；刘春宝：《欧盟国际投资协定政策的革新及其对中欧 BIT 谈判的影响》，载《国际经济法学刊》2015 年第 2 期；叶斌：《中欧投资协定展望》，载《国际展望》2015 年第 6 期；卢进勇、李思静、张晨烨：《中欧 BIT 谈判重点、难点及策略》，载《国际经济合作》2020 年第 3 期。

⑦ 屠新泉、曹鸿宇：《中欧 BIT 谈判投资自由化问题研究》，载《国际贸易》2019 年第 9 期。

⑧ 刘向东：《中欧双边投资协定谈判中涉及中资企业公平竞争问题及应对建议》，载《全球化》2018 年第 2 期。

制[①]受到不同程度的关注。自该协定原则达成以来，相关研究从对谈判提出建议转向对条约的影响与规则进行评估，其中涉及经济影响[②]，对WTO 投资议题的范式作用[③]，以及对中国经贸条约的范式意义。[④]

本文则将研究视角放在《中欧全面投资协定》对监管权的约束与保留空间以及欧盟近期单边经贸措施引入新的监管权这个整体背景上，旨在展现《中欧全面投资协定》在大变局背景下助力构建新发展格局的战略意义，同时提醒可能存在的风险与挑战。本文第一部分背景性地介绍在中美欧三方博弈之下中方与欧方的谈判诉求；第二部分重点分析《中欧全面投资协定》核心承诺对政府监管权的影响，通过与不同协定的比较与分析，讨论《中欧全面投资协定》的开放程度、规制程度以及为中国投资保留的发展空间；第三部分探讨双边规则与欧盟近期单边措施之间的互动关系，旨在提醒欧盟单边措施可能导致中方对条约的部分诉求落空，脱钩风险仍然存在；第四部分总结《中欧全面投资协定》在战略与经济上的双重机遇与挑战，而构建“新发展格局”为如何处理好改革与开放关系指明了方向。

一 大变局下的《中欧全面投资协定》

自加入 WTO 以来，中国从市场开放与市场机制中获益，经济持续

---

① 参见黄世席《欧盟投资协定中的投资者—国家争端解决机制——兼论中欧双边投资协定中的相关问题》，载《环球法律评论》2015 年第 5 期；邓婷婷《中欧双边投资条约中的投资者—国家争端解决机制——以欧盟投资法庭制度为视角》，载《政治与法律》2017 年第 4 期；陶立峰《中欧 BIT 谈判中投资者与国家争端解决的模式选择》，载《法学》2017 年第 10 期；汪梅清、吴岚《欧盟主导的投资法庭上诉机制及其对中欧投资争端解决机制的借鉴意义》，载《国际商务研究》2019 年第 6 期；张皎、李传龙、郑淑琴《中欧投资协定投资者与国家争端解决条款设计——基于条款价值的考量》，载《欧洲研究》2020 年第 2 期。

② 邹磊、王优酉：《中欧投资协定：规则、影响与挑战》，载《国际贸易》2021 年第 4 期。

③ Jürgen Kurtz and Baihua Gong, “The EU-China Comprehensive Agreement on Investment: A Model for Investment Coverage in the World Trade Organization?,” RSC Working Paper 2021/58, Robert Schuman Centre for Advanced Studies, European University Institute, June 2021.

④ 石静霞、陈晓霞：《〈中欧全面投资协定〉：我国商签经贸条约的新范式》，载《国际法研究》2021 年第 5 期。

快速增长。随着中国经济实力提升与“走出去”政策和“一带一路”倡议的推进，中欧投资关系在2012年前后发生实质性变化，中国从单向投资目的国转变为双向投资国。2016年中国已成为全球第二大对外投资国[①]，2020年成为全球最大的投资目的国。[②] 就中国对欧投资而言，传统的双边投资协定保护不足的问题逐渐显现，中国在欧投资迫切需要统一和更加平衡的投资保护协定。对于中国经济而言，由于经济增长高度依赖于全球化，随着在全球价值链中位次的提升，中国需要更开放、更完善和更可持续的市场机制，不仅避免逆全球化或被动脱钩的不利影响，而且促进国内经济的高质量发展。

从2013年中国与欧盟启动投资协定谈判，到2020年底原则上达成《中欧全面投资协定》，这期间国际格局发生了巨大变化。中欧投资协定谈判在双方贸易谈判议程中的重要性明显上升，中国与欧盟对协定谈判的战略考量与诉求也随之有所调整。

（一）中美欧三方博弈

在中美贸易战之前，中欧投资协定在中国与欧盟各自的贸易谈判议程中都居于次优先地位。无论是谈判的重要性，还是规则的设定，在中美双边投资协定谈判和《跨大西洋贸易与投资伙伴协定》（TTIP）谈判中，双方都将与美国的经贸谈判放在最优先位次。例如，中国关于准入前国民待遇和负面清单管理机制的承诺就是在对美谈判中首先作出的。

但自美国特朗普政府上台之后，中美双边投资协定谈判事实上被搁置了。特朗普政府采取“美国优先”政策，不仅发动中美贸易战，而且对欧盟部分产品加征关税，阻挠WTO上诉机构成员的遴选，导致中美关系和欧美关系都严重受挫。中美欧三方关系的变化，以及美国不断“退群”导致全球化的领导力真空，使中欧投资协定谈判的战略意义上升，成为中美欧三方博弈的杠杆。

① UNCTAD, *World Investment Report* 2017, UNCTAD/WIR/2017, p. 14.

② UNCTAD, *World Investment Report* 2021, UNCTAD/WIR/2021, p. 5.

（二）中方诉求：构建新发展格局与防止被动脱钩

《中欧全面投资协定》的核心承诺是开放市场、提供公平竞争环境与纳入可持续发展目标。对中方而言，这些承诺意味着高水平的制度性开放与改革，其本质是重塑政府与市场的关系，其重心是对政府权力施加进一步约束，引入更公平、更透明、更法治化的市场运行规则。

要解释中方为什么在市场开放、国有企业、补贴和可持续发展等重大议题上作出承诺，关键在于理解《中欧全面投资协定》与构建新发展格局的关系——准确把握新发展阶段，深入贯彻新发展理念，加快构建新发展格局。

习近平指出："构建新发展格局，实行高水平对外开放，既要持续深化商品、服务、资金、人才等要素流动型开放，又要稳步拓展规则、规制、管理、标准等制度型开放。"[①] 中国与欧盟达成《中欧全面投资协定》正反映了中国政府在推进"高水平对外开放"和拓展"制度型开放"上的决心和雄心。深化改革，加大吸引外资的力度，将有助于提高对外开放的水平，增强外商在华投资的信心。[②]《中欧全面投资协定》不仅深化经济要素的自由流动，而且在市场规则与政府监管上作出新承诺，将助力中国构建新发展格局。

在拜登政府上台之前，中国与欧盟原则上达成《中欧全面投资协定》，是在中美欧三方博弈之下中国与欧盟取得的重要战略成果。对于中国而言，在逆全球化与"脱钩"声浪此起彼伏的背景下，《中欧全面投资协定》以开放、开明和改革的势态突破美方反华势力的围堵，打开中欧合作的新局面，为全球投资自由化和可持续发展注入新的活力。

（三）欧方诉求：开拓市场、维持竞争优势与战略自主

2019 年 3 月欧盟发表《欧中关系展望》，把中国定位为与欧盟具有

---

① 习近平：《把握新发展阶段，贯彻新发展理念，构建新发展格局》，载《求是》2021 年第 9 期。

② 陈新：《大变局下中欧全面投资协定的多重意义》，载《人民论坛》2021 年第 20 期。

紧密一致目标的合作伙伴、欧盟需要寻找的利益平衡的谈判伙伴、在追求技术领导力上的经济竞争者，以及在推动治理模式上的制度性对手。[①] 中欧原则上达成《中欧全面投资协定》，表明尽管中欧在经济发展上的竞争性增强，中欧在制度上存在根本差异，但是仍具有巨大的合作空间。

与中欧之间的庞大贸易量相比，中欧之间的投资比重相对较低。欧盟开拓中国市场，不仅有助于欧盟内部经济增长与就业，而且可通过中欧投资协定解决中欧贸易关系与投资关系之间的不平衡。[②]

有欧盟文件指出，中国未提供对等的市场准入以及缺乏公平竞争环境对近年来的中欧投资关系构成主要挑战，中欧投资协定谈判是解决这一问题的关键。[③] 根据 2013 年欧盟委员会影响评估报告，欧盟对中欧投资协定的核心目标是逐渐废除对外国直接投资的限制，促进经济增长，创造就业和福利，并且维持欧盟的竞争力。[④] 为此，欧盟对中欧投资协定提出 12 点具体诉求，主要涉及准入前非歧视待遇、监管透明度、知识产权保护、国有企业、补贴、环境与劳工等方面。[⑤] 自 2015 年欧盟贸易政策文件之后，欧盟的具体目标又加入了支持可持续发展。

从目前公布的文本来看，欧盟对中欧投资协定的核心诉求是扩大市场准入、建立公平竞争环境和可持续发展。尤其是在建立公平竞争环境方面，该协定纳入禁止业绩要求条款以减少政府对企业运营的干预，融入竞争中性原则以对国有企业施加约束，并且承诺服务业补贴的透明度。究其本质，是通过开拓中国市场，降低投资壁垒，维持欧盟在全球价值链中的竞争优势。

---

① European Commission and HR/VP, *Joint Communication*: *EU-China*; *A Strategic Outlook*, 12 March 2019.

② Commission Staff Working Document, *Executive Summary of the Impact Assessment Report on the EU-China Investment Relations*, SWD (2013) 184 final, Brussels, 23 May 2013.

③ Gisela Grieger, *Briefing-EU-China Comprehensive Agreement on Investment*: *Levelling the Playing Field with China*, European Parliamentary Research Service, PE 679. 103, March 2021.

④ Commission Staff Working Document, *Impact Assessment Report on the EU-China Investment Relations*, SWD (2013) 185 final, Brussels, 23 May 2013, Annex 2.

⑤ Commission Staff Working Document, *Impact Assessment Report on the EU-China Investment Relations*, SWD (2013) 185 final, Brussels, 23 May 2013, pp. 20 – 21.

对于欧盟来讲，《中欧全面投资协定》为欧洲企业早于美国企业进入中国市场赢得战略先机，而且向世界展示了欧盟战略自主的一面，即欧盟在经贸领域有自身考量和战略利益，并不全然追随美国或者对中美关系选边站。当然，欧盟能否如期批准《中欧全面投资协定》将考验欧盟的战略自主。

二 《中欧全面投资协定》的核心承诺与监管权

《中欧全面投资协定》的核心承诺在于提供高水平的市场开放和公平竞争环境，并且融入可持续发展目标。在市场开放方面，《中欧全面投资协定》不仅作出开放大部分服务业和制造业的承诺，而且对与市场准入有关的政府权力施加严格约束。在公平竞争方面，《中欧全面投资协定》引入竞争中性原则的某些因素，在国有企业待遇、政府补贴、投资监管机制的透明度等方面作出承诺。在可持续发展方面，《中欧全面投资协定》纳入劳工、环境保护和企业社会责任等条款，将价值观嵌入缔约方投资监管体制里，要求缔约方通过加入和批准相关公约来承担更多的国际责任。《中欧全面投资协定》暂未纳入投资保护问题和投资者诉国家争端解决机制（ISDS），双方约定在未来两年内完成最终谈判。《中欧全面投资协定》的核心承诺为完善市场机制带来新的机遇，但是不可避免地涉及监管权问题，对政府如何规范权力运行，以及相关企业如何参与市场竞争带来新的课题。

（一）市场开放

《中欧全面投资协定》作出开放大部分行业和解除大量限制性措施的承诺。一方面，该协定将中国与欧盟各自原先已经作出的单方面承诺转化为双边法律义务，例如2019年通过并于2020年生效的《中国外商投资法》所引入的准入前国民待遇和负面清单模式，中国为改革外资监管制度而实施的一系列举措，以及被《欧洲联盟运行条约》奉为圭臬的资本自由流动原则，欧盟法和成员国法原先承诺开放的行业等。另一方面，中欧双方在现行单方面开放的基础上作出新的互惠承诺，例如取消某些数量限制、合资形式要求、业绩要求、高管要求以及对国有企业施加非歧视待遇与商业考虑要求。此外，中国在服务业方面作出超过《服务贸易总协定》（GATS）的承诺，这些服务业的开放承诺不仅有利于欧盟投资者，而且因 WTO 最惠国待遇规则而惠及其他国家。

1. 行业开放：正面清单与负面清单

在市场准入方面，《中欧全面投资协定》采取以负面清单加正面清单的混合方式列举行业和措施。该协定首先明确将视听服务、涉及航权的航运服务①以及在行使政府权力方面提供的服务这三类明确排除在协定适用范围之外（第 2.2 条），然后规定允许的不符措施与例外（第 2.7 条），即在附件中以负面清单（附件一和附件二）和正面清单（附件三）列举中国与欧盟各自保留的行业和措施。在非服务业开放方面，中国向欧盟几乎全面开放制造业，包括电动汽车、化工、电信设备以及医疗设备。在服务业开放方面，中国承诺开放云服务、金融服务、私人医疗、环保服务、国际海运和空运相关服务。

与其他经贸协定相比，在投资自由化方面，中国在《中欧全面投资协定》中对欧盟的开放承诺不仅高于 GATS，而且开放程度远高于《区域全面经济伙伴关系协定》（RCEP）和《中美第一阶段经贸协定》。与 GATS 仅适用于与贸易有关的服务相比，《中欧全面投资协定》适用于服务与服务之外的行业，适用范围更广。虽然在 RCEP 和《中美第一阶段经贸协定》之下中国也承诺开放金融业，但是在《中欧全面投资协定》之下承诺开放的行业数量更多，施加的限制更少。总的来说，对于制造业、汽车、医疗、电信与云服务、计算机服务、航空运输相关服务方面，中国在《中欧全面投资协定》下的开放度都高于 RCEP。不仅如此，欧洲企业还将在《中欧全面投资协定》之下获得额外的市场准入，包括电动汽车、一线城市的私营医院、云服务、航空计算机预订系统等。

2. 禁止市场准入的数量限制：开放与平衡

欧盟常常抱怨中国不仅在行业开放上不对等，而且，即使允许外资进入的某些行业，也存在诸多的限制，例如限制企业的数量、产值，要

---

① 《中欧全面投资协定》第 2.2 条明确将航空器维修与维护服务、航空运输服务的销售与市场推广、计算机分销系统（CRS）服务以及地面服务纳入适用范围。

求合资经营，等等。①《中欧全面投资协定》第2.2条对市场准入的限制性措施作出承诺，要求不得以配额或经济需求测试要求等形式对另一缔约方投资者的企业经营施加四种数量限制，也不得要求企业采取特定的法律类型或者要求合资，除非附件减让表另有规定。

表1 **中国在《中欧全面投资协定》中市场开放度与其他协定的比较**

	《服务贸易总协定》（GATS）	《区域全面经济伙伴关系协定》（RCEP）	《中美第一阶段经贸协定》	欧洲企业是否获得额外市场准入
制造业	不涵盖	低于CAI	—	否
汽车/电动汽车	不涵盖	低于CAI	—	是，电动汽车
金融服务	低于CAI	与CAI一样	与CAI一样	否
医疗	低于CAI	低于CAI	—	是，一线城市私营医院
电信/云服务	低于CAI	低于CAI	—	是，云服务
计算机服务	低于CAI	低于CAI	—	否
国际海运	低于CAI	与CAI一样	—	否
航空运输相关服务	低于CAI（不负有义务unbound）	低于CAI	—	是，计算机预订系统
研发（生物资源研发）	不作承诺（Not committed）	不作承诺（Not committed）	—	否，对未来自由化有约束力

资料来源：DG Trade of European Commission, *EU-China Comprehensive Agreement on Investment (CAI): Memo*, 21 January 2021, p. 16, https://trade.ec.europa.eu/doclib/docs/2021/march/tradoc_159480.pdf.

对于禁止采取的数量限制措施，《中欧全面投资协定》特别列入了四种，即对企业数量的限制、对交易或财产总额的限制、对企业产值的总额限制，以及雇员人数限制。《中国和加拿大关于促进和相互保护投

① Commission Staff Working Document, *Executive Summary of the Impact Assessment Report on the EU-China Investment Relations*, SWD (2013) 184 final, Brussels, 23 May 2013, p. 3.

资的协定》以及 RCEP 均未作出这类市场准入承诺。就此而言，这意味着与加拿大和 RCEP 缔约方投资者相比，欧盟投资者面临的准入限制更少。

值得一提的是，GATS 第 16 条禁止采取的市场准入数量限制措施为五种，除上述四项措施之外，还包括限制外国持股的最高比例或外国投资总额的措施。《欧盟—韩国自由贸易协定》（以下称“欧韩 FTA”）第 7.11 条、《欧盟—加拿大全面经济贸易协定》（CETA）第 8.4 条、《欧盟—越南自由贸易协定》（以下称“欧越 FTA”）第 8.4 条以及“欧日 EPA”第 8.7 条也有措辞几乎一致的规定。因为《中欧全面投资协定》第 2.2 条采用正式清单方式，所以缔约方仍有权对 GATS 适用之外的投资领域采取或维持该条未明确禁止的其他限制。由此，尽管《中欧全面投资协定》的中国减让表“有关市场准入的具体承诺和限制的附件三”对清单中的行业很少施加持股最高限制，但是协定正文本身并没有放弃这种限制。这表明协定谈判者对于是否应该全面禁止持股限制或总额限制这个问题存在不同看法，由此推断，中方谈判代表试图兼顾市场开放与外资监管限制之间的平衡。

《中欧全面投资协定》在市场准入上既作出大量开放承诺，同时也兼顾平衡。开放主要表现在该协定承诺将放开大多数行业，并且禁止某些限制性措施。平衡则主要表现在缔约方在行业开放、非歧视待遇以及限制性措施上作出不同程度的保留。在附件一中，该协定允许缔约方保留一定的现行措施。在附件二中，该协定允许保留未来的政策空间，即使当前并未采取准入限制。

中方作出开放市场和减少限制的重要承诺，同时也考虑到必要的平衡，对某些行业的开放施加了一定的限制。例如，就保险业开放而言，国内保险公司的持股比例不得低于 75%。就金融业开放而言，投资信贷公司的外国投资者必须为外国金融机构；投资金融租赁公司的外国投资者必须为外国金融机构或金融租赁公司，外国投资者如果是金融机构，其财产总额不得低于 10 亿美元，如果是金融租赁公司，则不得低于 100 亿元人民币。

中欧双方同时也作出不少重要的保留。譬如，欧盟在负面清单中明确作出有关国民待遇的保留，对于根据欧盟法或成员国法成立并且在欧盟境内设有注册办公地、中心管理地或主要营业地的国内法人在《欧洲联盟运行条约》（TFEU）下享受的待遇，既不给予在欧盟境外设立的法人，也不给予其分支机构或代表处，例如中国法人在欧盟境内的分支机构或代表处。[①]

3. 禁止的业绩要求

所谓业绩要求（Performance Requirements），通常指投资东道国对投资者提出的满足特定经营目标的要求。[②] 东道国对投资提出业绩要求或条件，是行使监管权的一种方式。业绩要求不仅被发展中国家使用，不少发达国家也常用于实现经济与非经济的广泛目标，包括加强工业基础和提升本国附加值，提高本国专业技术，建立上下游产业的经济联系，确保技术转让，取得更好的环境或社会收益，减少失业，避免限制性的贸易习惯，维护关键产业中本国企业的分量，或者保障产业安全，等等。但是，业绩要求对经济要素施加特定要求或条件，例如出口比例要求、本国成分要求、本地采购要求、强制转让技术等等。业绩要求被认为对国际贸易与投资具有扭曲效应。

《中欧全面投资协定》禁止的业绩要求多达十种情形，在当前各投资协定中规制的严格程度仅次于“欧日 EPA”。《欧盟—加拿大全面经济贸易协定》和《欧盟—越南自由贸易协定》禁止的业绩要求为七种，常见于新一代投资协定中。这七种业绩要求也被全部纳入《中欧全面投资协定》第 I. 3 条第 1 款，即（a）出口比例要求、（b）本国成分要求、（c）境内采购要求、（d）将进口额与出口额或外汇流入量相挂钩要求、（e）为出口创汇而限制对境内销售的要求、（f）技术转让要求，以及（g）向特定区域或世界市场专供的要求。除了这七种常见的业绩要求外，《中欧全面投资协定》额外增加了三种禁止的业绩要求：（h）境内设立地区或全球总部要求、（i）境内研发比例要求、（j）偏好本国技术要求。

对于禁止强制技术转让，《中欧全面投资协定》不仅在第 I. 3 条第

---

① 见《中欧全面投资协定》欧盟减让表第 1 项。

② 参见 UNCTAD，*Foreign Direct Investment and Performance Requirements*：*New Evidence from Selected Countries*，UNCTAD/ITE/IIA/2003/7，p. 2；韩立余：《国际经贸投资规则对履行要求的规制》，载《法学家》2017 年第 6 期。

1 款（f）项禁止“缔约方要求其境内所有企业向其境内自然人或企业转让技术、生产工艺或其他专有知识”，而且额外增加独有的第 3 款——“缔约方不得直接或间接地采取要求、强制、施压等方式干预一缔约方的自然人和企业与另一缔约方自然人和企业之间的技术转让或许可。这种技术转让或许可必须建立在市场条件上，基于自愿并且反映双方合意”。新增的这一款与前面（f）项存在一定的重合，显然意在更加明确地禁止缔约方之间的强制技术转让。

“欧日 EPA”第 8.11 条禁止的业绩要求有十二种之多，但不禁止偏好本国技术要求，而是作出额外禁止：（f）限制出口销售要求、（i）本国雇员比例要求、（l）压低特许权使用费或限制许可合同时限要求。CPTPP 第 9.10 条和《美国—墨西哥—加拿大协定》（USMCA）第 14.10 条禁止的业绩要求相同，都为九种，不禁止总部要求和境内研发比例要求，而是禁止压低特许权使用费或限制许可合同时限要求，并且在禁止偏好本国技术之下增加禁止妨碍在其境内使用某技术的要求。

比较这些协定可以发现，《中欧全面投资协定》一方面扩大禁止的业绩要求，将设立总部要求、研发比例要求和偏好本国技术要求纳入禁止的范围，以限制缔约方监管权的使用；另一方面也保留一定的政策空间，出口销售限制、雇员本地化和压低特许权使用费或限制许可合同时限这三种业绩要求并不在禁止之列。

需要指出的是，《中欧全面投资协定》与上述协定一样，禁止业绩要求条款适用于缔约方境内的“所有”企业，即包括缔约方本身、另一缔约方和非缔约方在其境内投资的企业。但是，RCEP 的禁止业绩要求条款仅适用于其境内任何其他缔约方的投资者，也就是说，不适用于非缔约方投资者，也不适用于本国投资者。在禁止业绩要求方面，《中欧全面投资协定》不仅给予非缔约方投资者非歧视待遇，而且排除了超国民待遇现象。从这个意义上说，《中欧全面投资协定》不仅减少外资监管的壁垒，而且有利于市场主体公平竞争。

此外，在禁止高管国籍要求方面，《中欧全面投资协定》比美式投资协定更为严格，不仅禁止对企业高管的国籍要求，也禁止对董事会成员施加国籍要求。CPTPP、USMCA、RCEP 以及《2012 年美国双边投资协定范本》则区别对待高管与董事会成员，仅禁止对高管施加国籍要求，但允许缔约方要求董事会多数人员具有特定国籍或拥有本国居所，条件是这种要求不会实质性地损害投资者控制其投资的能力。与 CETA（第 8.8 条）和“欧日 EPA”（第 8.10 条）措辞接近，《中欧全面投资协定》承诺“缔约方不得对另一缔约方涵盖企业的高级管理人员或者董事会成员要求任何特定国籍”。“欧越 FTA”则没有直接纳入禁止高管国籍要求。

（二）公平竞争环境

为了建立公平竞争环境，《中欧全面投资协定》在国有企业、政府监管机制和国有补贴透明度这三个方面作出承诺。首先，该协定在投资自由化章节的涵盖实体条款之下对国有企业施加约束，规则接近“欧日 EPA”，在整体上接受“竞争中性原则”，但是在商业考虑的空间适用上借鉴 CETA，为中国国有企业走出去保留必要空间。其次，《中欧全面投资协定》设立监管框架章节，不仅对政府的监管机制施加约束，而且要求对政府补贴的透明度作出承诺。从整体上看，《中欧全面投资协定》一方面引入竞争中性原则，约束政府权力，限制国有企业行为，提升补贴的透明度；另一方面在规则上为中国国有企业争取必要的发展空间。

1. 涵盖实体：竞争中性

（1）范围：最广泛的国有企业条款（涵盖实体）

对于国有企业条款，《中欧全面投资协定》将欧式协定和美式协定所定义的相关企业形式都一一囊括在内，在“涵盖实体”（covered entities）这个措辞之下，形成当前投资协定中范围最广泛的国有企业条款。[①]《中欧全面投资协定》的“涵盖实体”包括七种形式的企业，不仅包括“欧日 EPA”定义的四种国有企业，以及指定垄断和特权经营企业，而且以更宽泛的定义涵盖 CPTPP 中由主权财富基金对企业实施控制的企业类型。与这些协定一样，《中欧全面投资协定》涵盖实体条

① 由于《中欧全面投资协定》没有采用国有企业术语，而“欧越 FTA”与“欧日 EPA”对国有企业的定义不统一，为避免混淆，除非特指，本文在一般意义上使用国有企业一词。

款适用于年营业收入2亿特别提款权（当前约合18.4亿元人民币）以上的企业。

与新近欧盟或美国投资协定不同，《中欧全面投资协定》既没有使用“国有企业”（state-owned enterprises）术语，也没有采取“国有企业、特权经营企业和指定垄断”（State-owned enterprises, enterprises granted special rights or privileges, and designated monopolies）[①] 这类混合的说法，而是借用CETA第18.1条“涵盖实体”这个含糊的、不具有实质意义的名称。[②]《中欧全面投资协定》在“涵盖实体”名义之下以清单方式列明由国家以所有权利益行使控制的企业（四种），以及受政府法律指导或控制的企业、指定垄断和特权经营企业（三种）。

《中欧全面投资协定》首先在涵盖实体条款第一款a项下规定国家凭借“所有权利益”行使控制的企业类型，分为四种，不仅囊括中国语境的国有全资企业、国有控股企业和国有实际控制企业[③]，也涵盖凭借其他所有权利益发挥控制的企业，例如凭借主权财富基金（SWF）、黄金股（golden shares，或称“特权优先股”）施加控制的企业。这四种凭借“所有权利益”行使控制的企业分别是：（1）缔约方直接或间接拥有其50%以上股份；（2）由缔约方凭借所有权利益对其50%以上投票权的行使施加直接或间接控制；（3）缔约方有权直接或间接任命其董事会多数成员或者任何其他同等管理机构；（4）缔约方凭借任何其他所有权利益，包括少数所有权在内，有权直接或间接控制企业的决定。前三种企业在“欧越FTA”“欧日EPA”以及CPTPP中均明确被做为国有企业。第四种企业比较特殊，“欧越FTA”和“欧日EPA”都未明确涵盖，而仅部分地出现在CPTPP中。CPTPP在国有企业条款中将缔约方的主权财富基金（SWF）以所有权利益对企业实施控制的企业类型纳入条约监管范围。[④] 因为《中欧全面投资协定》将凭借“所有

---

① 例如“欧日EPA”第13章、“欧越FTA”第11章。

② 但CETA第18.1条只列举了四种形式：垄断（monopoly）、专供、特权企业和国家企业（state enterprise），并且没有对垄断和国家企业进行定义。

③ 参见2016年国务院国有资产监督管理委员会和财政部《企业国有资产交易监督管理办法》第4条。

④ 参见CPTPP第17章对主权财富基金（SWF）的定义。

权利益”行使控制的所有企业都纳入在内，包括少数所有权在内，所以明确涵盖以黄金股施加控制的企业，使其适用范围最广，也最为明确。

《中欧全面投资协定》又在涵盖实体条款第一款 b、c、d 项分别囊括三种形式的企业，即受国家法律上指导（direct）或控制的企业、指定垄断和特权经营企业。[①] 其中最值得关注的是 b 项，即“缔约方有权根据法律法规在法律上指导（legally direct）其行动或者以其他方式对其行使同等水平的控制的企业”[②]。这种企业在“欧日 EPA”中被作为国有企业的一种类型，其措辞与《中欧全面投资协定》几乎完全一样。“欧越 FTA”也将这种类型作为国有企业的一种，但是采用极为模糊的措辞，即“缔约方可以对企业的战略决定行使直接或间接控制”。与“欧越 FTA”的定义相比，《中欧全面投资协定》一方面明确国家对企业的“法律上指导”，强调这种指导来自法律授权，似乎旨在排除政策性指导，或者排除企业自愿接受指导；但另一方面又规定“以其他方式对其行使同等水平的控制”，这又使国家政策性指导达到控制程度的企业被列入其中。可见该条款仍然非常宽泛，其重点在于如何解释“法律上指导”以及“控制”的含义。

总的来说，与“欧越 FTA”“欧日 EPA”、USMCA 和 CPTPP 中国有企业条款的范围相比，《中欧全面投资协定》所谓“涵盖实体”内容更广泛，不仅囊括一般意义上的国有企业、指定垄断、专营或专卖企业，而且纳入在法律上受国家指导或控制的企业。尤其是后一类型企业，类似于兜底条款，将受国家控制的企业都涵盖在内。当然，《中欧全面投资协定》并不绝对妨碍国家对企业的控制，而是要求企业行为出于市场力量的逻辑，这就意味着需要约束政府对企业的干预。

（2）企业行为中性：商业考虑与非歧视待遇

对于“涵盖实体”或者国有企业等受国家控制的企业，《中欧全面

---

① 授权专营企业和特权企业是“欧日 EPA”等协定通用的术语，《中欧全面投资协定》未加采用，为了简洁起见，本文沿用该术语。

② Article 1. 3bis 1 (b) of CAI: “Enterprises in which a Party has the power to legally direct the actions or otherwise exercise an equivalent level of control in accordance with its laws and regulations”.

投资协定》接受“竞争中性原则”，即纳入核心规则——企业行为中性、企业透明度以及政府监管中性。在对国有企业的规制程度上，《中欧全面投资协定》与“欧日 EPA”接近。在企业行为中性的适用范围上，《中欧全面投资协定》为中国国有企业“走出去”保留了必要的国际空间。

就企业行为中性而言，《中欧全面投资协定》与 CETA 一样，要求缔约方确保涵盖实体“在本国境内”根据“商业考虑”（commercial considerations）从事商业行为时，并且在销售和购买产品或服务中给予“另一缔约方”投资者和涵盖企业的产品或服务以不更低（no less favourable）的“非歧视待遇”。对于“商业考虑”，除了包括价格、质量、可获性、适销性、运输和其他购买或销售条款和条件外，CPTPP 将其定义为私有企业通常考虑的其他因素，“欧日 EPA”和“欧越 FTA”在 CPTPP 定义基础上增加限定条件——根据“市场经济原则”（market economy principles）运营的私有企业通常考虑的因素。但是，对于何为市场经济原则，不同的市场经济体对其有不同的理解，仍然存在歧义。《中欧全面投资协定》将其更明确地限定为“基于利润并且受市场力量约束”（profit-bases, and disciplined by market forces），这个术语强调企业决策以营利为目的并且受市场力量支配，从而排除非营利目的和受政府力量控制。由此可见，《中欧全面投资协定》对商业考虑的定义更为明确和清晰。

更重要的一点是，《中欧全面投资协定》和 CETA 一样，仅将关于商业考虑的承诺限定于涵盖实体在本国境内的行为[①]，并不承诺涵盖实体在对方境内以及非缔约方境内的行为。而“欧越 FTA”“欧日 EPA”和 CPTPP 在此并没有提及这项承诺的地理适用空间，这意味着这三个协定对涵盖企业的跨国行为也施加商业考虑的约束。由此，《中欧全面投资协定》为中国涵盖实体“走出去”争取了空间，中国国有企业在境外的行为仍可以基于商业考虑之外的其他因素。此外，对于涵盖企业给予其他企业的非歧视待遇，《中欧全面投资协定》与 CETA、“欧越

① 《中欧全面投资协定》使用的措辞是“in the territory of the Party”，CETA 使用的措辞为“in its territory”。

FTA”“欧日 EPA”一样都只给予缔约方企业，并不像 CPTPP 那样要求惠及非缔约方企业。综合以上两点，《中欧全面投资协定》在国有企业行为中性的承诺方面具有明确的地域性，是严格互惠的，并不惠及非缔约方企业。

（3）涵盖实体的透明度

就涵盖实体的透明度而言，《中欧全面投资协定》要求建立相当于“欧日 EPA”的信息交换方式。① 如果一方认为另一缔约方涵盖实体的商业活动使其利益受损，可以对该缔约方要求该实体的运营信息，包括企业股份和投票权比例以及所有权和投票权结构、特殊股份或特别投票权的描述、企业组织架构、年度营收或总资产、从国家获得的任何豁免或同等措施，以及对负责行使政府所有权职能或监管职能的描述等。各缔约方还承诺试图确保其涵盖实体尊重企业治理和透明度的国际成熟经验。

除了包括信息交换外，CPTPP 还要求缔约方公布本国国有企业名单，通报指定垄断的条件和范围，在国有企业规制方面进行技术合作，并且建立关于国有企业和指定垄断的专门委员会。与 CPTPP 对国有企业透明度要求的主动性和机制性相比，《中欧全面投资协定》和“欧日 EPA”的信息交换是一种相对被动、非机制化的信息披露方式。在可披露的信息方面，《中欧全面投资协定》没有提及年度财报或第三方审计报告。

（4）政府监管中性

就政府监管中性而言，《中欧全面投资协定》要求，缔约方应确保其任何监管机构对包括涵盖实体在内的所有企业都不偏不倚，在执法上确保采取一致和非歧视的方式，以及在法律上与被监管企业保持独立。与 CPTPP 相比，《中欧全面投资协定》与“欧日 EPA”更进一步，强调监管机构与国有企业之间的相互独立性，排除监管机构与国有企业在治理结构上的双重身份，即既当裁判员又当运动员的情形。

综上所述，就国有企业中性而言，与“欧日 EPA”和 CPTPP 相比，

---

① “欧日 EPA”在国有企业章节规定信息交换条款，《中欧全面投资协定》则放在涵盖实体的透明度规则之下，两条款基本一致。

《中欧全面投资协定》涵盖实体的类型最多，适用范围最广，定义更为精确，囊括与国有企业或国家控制企业有关的各种形式。在对国有企业的规制上，《中欧全面投资协定》全面融入竞争中性原则，要求国有企业行为中性、国有企业的透明度和监管机构中性，规制程度与“欧日EPA”相当，略微低于CPTPP。更为重要的是，《中欧全面投资协定》吸收了CETA对国有企业行为中性的地域限制，不要求国有企业境外行为也必须出于商业考虑，这一微妙规则为中国国有企业走出去保留了国际空间。

2. 政府监管框架：合理原则和透明度

《中欧全面投资协定》还设有“监管框架”章节，不仅纳入“欧越FTA”和“欧日EPA”投资章节“国内监管”条款①，而且整合新近贸易协定中常见的“透明度”章节②，并设置有关“金融服务”的专门小节。在适用对象上，《中欧全面投资协定》“监管框架”章节适用于企业准入前的设立和准入后的运营，从而排除不采取设业方式的跨境提供服务。而“欧越FTA”或“欧日EPA”投资国内监管条款还适用于跨境提供服务。在适用的地理范围上，《中欧全面投资协定》的监管框架是对等适用的，适用于涵盖企业在任一缔约方境内（in the territory of one of the Parties）的运营，这明显不同于前述涵盖实体商业考虑仅适用于本国境内行为的地域限制。

在第一节（国内监管）中，《中欧全面投资协定》对投资项目许可程序施加合理和透明度义务。在第二节（透明度）中，《中欧全面投资协定》不仅纳入有关法律公布、联络点和信息提供、行政诉讼、审查和上诉的条款，而且新增“标准制定”条款和“补贴的透明度”条款。该协定还设有“一般透明度义务”条款，要求缔约方确保与条约涵盖事项有关的法律、规章、行政指南、程序以及一般适用的司法决定和行政裁决都及时公布或使公众可以获取，使利益相关者和缔约方知晓。这些条款看上去纷繁复杂，其实质是将合理原则和透明度要求广泛适用于缔约方的立法程序、行政程序、司法或准司法程序、标准制定和补贴，

---

① 参见“欧越FTA”第8.18—8.20条，“欧日EPA”第8.29—9.31条。

② 参见“欧越FTA”第14章、“欧日EPA”第17章、CPTPP第26章。

几乎涵盖国家权力运行的各个方面。

（1）立法程序、行政程序、司法或准司法程序、标准制定

就立法程序而言，《中欧全面投资协定》要求缔约方在制定法律法规时应提前公布立法草案，解释立法目的和原因，给予利益相关方和另一缔约方发表评论的机会，并考虑公众意见；在法律通过后，应在官网或公开发行的官方杂志上颁布，并确保法律公布与生效之间具有合理的时间。这些规则旨在使立法程序充分透明，增强合理性和科学性，增加公众和外国投资者的参与度，避免就与投资有关的重大议题关门立法、突击立法、法律秘密发布或者即时生效。

就行政程序而言，《中欧全面投资协定》从许可与资格条件、许可与资格程序、行政调查程序三方面融入合理原则和透明度要求。其核心规则是：①许可与资格条件明确、客观透明、事先制定并可使公众提前获知；②许可与资格程序明确、公开、透明、给予充分时间和附具理由；③行政调查程序应以合理方式通知涵盖企业或投资者，给予陈述事实和辩护的合理机会，有权选择代理律师，程序应依据国内法，对竞争调查罚款或矫正措施的实施仅依据竞争主管机关的正式决定，并且要求保护商业秘密等。

对于司法或准司法程序，《中欧全面投资协定》要求缔约方对协定涵盖事项的行政行为建立司法、准司法或行政复查机制，包括对竞争调查决定中的实质或程序错误建立复查机制。缔约方应确保诉讼当事人有权获得支持或为自身立场抗辩的合理机会，以及决定应基于证据和记录材料。缔约方应确保上诉或复审决定得到相关行政机关的执行。这些规则旨在为涵盖企业或投资者提供救济，无论是司法救济还是行政救济，提高对诉讼当事方的抗辩权保护，确保审查结果的执行力。

在标准制定条款中，《中欧全面投资协定》首次允许对方的涵盖企业参与本国中央政府层面的标准制定，而且建议地方或非政府的标准化组织允许对方涵盖企业参与这些组织的标准发展和相关评估程序。“欧日 EPA”仅要求缔约方以公开、透明的方式推动标准制定，并未承诺涵盖企业可以参与本国的标准制定。由此可见，在国家技术标准制定方面，《中欧全面投资协定》承诺给予涵盖企业以国民待遇。值得肯定的是，协定特别提到涵盖实体，这意味着中国国有企业在欧设立的企业也

有权参与欧洲国家的标准制定。

(2) 补贴的透明度

对于补贴,《中欧全面投资协定》的核心承诺是将 WTO 对补贴的透明度承诺从货物贸易扩大到适用于服务与非服务部门,其一是承诺有对附件清单中服务业补贴的公布义务,其二是建立关于补贴负面影响的磋商机制,承诺缔约方应尽力寻求解决方案,但解决方案不适用国家间争端解决机制。

与 CPTPP 自主定义"非商业援助"(non-commercial assistance)不同,《中欧全面投资协定》直接援引《补贴与反补贴措施协定》第 2 款对补贴的定义。CPTPP 的非商业援助只适用于国有企业获得的援助,而包括《中欧全面投资协定》在内的欧盟协定都不限补贴的对象,无论国有企业还是非国有企业。因此,CPTPP 的非商业援助定义相对狭窄。

《中欧全面投资协定》适用的补贴门槛为三年内累计 45 万特别提款权,与"欧日 EPA"一样,"欧越 FTA"的门槛则为 30 万特别提款权。《中欧全面投资协定》特别排除农业和渔业补贴、视听服务业补贴以及中国减让表中的服务业补贴。

对于补贴的透明度,《中欧全面投资协定》无论在补贴的公布方式还是公布时间上,都比"欧日 EPA"和"欧越 FTA"的承诺水平要高。《中欧全面投资协定》承诺在提供补贴的当年就在公众可进入的网站上公布补贴的目的、法律依据、形式、金额或预算金额以及受援者。而"欧日 EPA"仅承诺每两年向对方通报一次,"欧越 FTA"则为每四年通报一次。与"欧日 EPA"或"欧越 FTA"的数年向对方通报一次相比,《中欧全面投资协定》实际上承诺及时对外公告。

在补贴的规制方面,《中欧全面投资协定》既没有像"欧日 EPA"那样规定两种被禁止的补贴,或者像"欧越 FTA"那样规定两种须施加条件的补贴,也没有像 CPTPP 那样对"非商业性援助"的不利影响和损害认定进行规制。因此,《中欧全面投资协定》从本质上讲并不限制服务业补贴,而只是承诺提供最大限度的透明度和有关服务业补贴的磋商机制。对于补贴的负面影响,《中欧全面投资协定》并不加以规制,而是交由缔约方在磋商机制下寻求解决方案。由于磋商解决方案不适用国家间争端解决机制，可视为一种友好解决方式。

（三）可持续发展条款

国际社会意识到，跨国投资活动对实现可持续发展目标至关重要，迫切需要应对跨国投资行为对可持续发展的挑战。① 近年来，越来越多的发达国家和新兴经济体将可持续发展条款纳入新一代的国际投资条约中。②《中欧全面投资协定》也将纳入可持续发展章节里，涵盖企业社会责任、环境保护和劳工保护，通过投资促进绿色发展和体面工作，其核心是通过援引包括气候变化在内的国际环境公约、国际劳工组织（ILO）公约和跨国公司行为指南等国际文件，督促缔约方履行现行的多边承诺，推进批准国际劳工组织基本公约，提升国内相关措施的透明度，承诺不得为了鼓励投资而降低环境和劳工保护的水平，就与投资有关的环境和劳工议题进行对话与合作，并且建立专门的争端解决机制，即磋商和专家组机制。

1. 保护的水平

对于环境和劳工保护的水平，《中欧全面投资协定》要求缔约方致力于确保其法律和政策提供并鼓励高水平的劳工和环境保护，持续完善其法律和政策，以提高保护水平。缔约方承诺不得通过减损适用其环境法或劳动法来鼓励外国投资，不得通过以变相限制或不当歧视的方式适用其本国环境法或劳工法，不得将违反劳工基本权利作为合法的比较优势或者将劳工标准作为保护主义目的。这些承诺的本质是要求缔约方的立法机构、行政机构和执法机构从不同层面落实多边承诺，包括制定新法、修订旧法和改进执法。

---

① Manjiao Chi, "Sustainable Development Provisions in Investment Treaties," Prepared for ARTNeT, United Nations ESCAP, 2018, p. 13, https://www.unescap.org/sites/default/files/Sustainable%20Development%20Provisions%20in%20Investment%20Treaties.pdf.

② UNCTAD, "Recent Developments in the International Investment Regime," *IIA Issue Note*, Issue 1, 2018, p. 5, http://unctad.org/en/PublicationsLibrary/diaepcbinf2018d1_en.pdf. 也可参见王彦志《后危机时代的欧盟国际投资条约政策与实践——演进、创新与启示》，载《厦门大学学报》（哲学社会科学版）2016 年第 6 期；黄琳琳《论国际投资条约的可持续发展转变及其困境》，载《上海对外经贸大学学报》2019 年第 4 期。

2. 关于劳工公约的批准

对于劳工权利保护，不同于“欧韩 FTA”“欧越 FTA”“欧日 EPA”和 CPTPP 直接提及国际劳工组织的四项基本原则，即结社自主和集体谈判权、消除各种形式的强制劳动、有效废除童工以及消除就业歧视，《中欧全面投资协定》则提及根据其作为国际劳工组织成员国的义务和在《国际劳工组织关于工作中基本原则和权利宣言》之下的承诺，“将善意地尊重、促进和落实国际劳工组织基本原则”。

更重要的是，《中欧全面投资协定》承诺有效执行已承诺的国际组织劳工公约[①]，并“争取”（work towards）批准国际劳工组织基本公约，特别是各缔约方“应主动继续和持续地努力寻求批准国际劳工组织第 29 号和第 105 号基本公约”。国际劳工组织基本公约有 8 部，第 29 号为 1930 年《强迫和强制劳动公约》，第 105 号为 1957 年《废除强迫劳动公约》。[②] 美国和中国未批准第 29 号公约，中国、日本和韩国未批准第 105 号公约，而 CPTPP 并未对缔约方批准国际劳工组织基本公约施加要求。由此，《中欧全面投资协定》以间接方式引入劳工权利保护，承诺善意尊重国际劳工标准，承诺主动批准有关强迫劳动的国际公约，接受了比 CPTPP 更严格的劳工保护承诺。

对于批准国际劳工组织基本公约的这类承诺，以往常常被认为是软性承诺，但是根据 2021 年 1 月“欧韩 FTA”争端解决专家组报告，这类条款取得了具有硬性约束力的先例。对于韩国是否履行批准劳工组织基本公约的条约义务，专家组考虑了“欧韩 FTA”中“将继续和持续努力争取批准”（will make continued and sustained efforts towards ratifying）

---

① 截至 2021 年 8 月底，中国已批准 26 部国际劳动组织公约，包括废除童工和消除就业歧视的 4 部基本公约，参见 *Ratifications for China*，https：//www. ilo. org/dyn/normlex/en/f? p =1000：11200：0：：NO：11200：P11200_ COUNTRY_ ID：103404。

② 根据国际劳工组织的统计，截至 2021 年 4 月底，1930 年《强迫和强制劳动公约》（第 29 号）已被 179 个国家批准，包括 2021 年 4 月 20 日最新批准的韩国，未批准该公约的为阿富汗、文莱、美国、中国等 8 个成员国；1957 年《废除强迫劳动公约》（第 105 号）被 176 个国家批准（马来西亚和新加坡宣布退出），包括 2020 年完成批准的越南，未批准该公约的为文莱、中国、日本、老挝、缅甸、韩国等 11 个成员国。欧盟 27 国都已批准 8 部国际劳工组织核心公约。参见 *Ratification Comparative Data*，https：//www. ilo. org/dyn/normlex/en/f? p = 1000：10001。

的含义，既反对韩国有关简单维持现状或尽最小努力的观点，也未接受欧盟有关在任何时候都以类似方式和强度探讨和动员所有可用措施以便批准国际劳工组织核心公约的观点，而是认为这是一项具有法律约束力的义务，即为批准国际劳工组织核心公约而“继续和持续地努力”。专家组指出，这是“尽最大努力”的义务，衡量标准介于韩国观点与欧盟观点之间。专家组最终认定韩国未履行批准义务。由此推论，《中欧全面投资协定》更明确地规定“应主动继续和持续努力”寻求批准两项基本公约，使该承诺更具约束力。但是，对于这两项公约以外的其他基本公约，也就是尚未批准的结社自由和集体谈判权公约，“争取”（work towards）一词明显低于“尽最大努力”，但是否等同于或接近于简单维持现状或尽最小努力，可能存在不同理解。

3. 磋商与专家组机制

在与投资有关的环境与劳工保护方面，《中欧全面投资协定》在国家间争端解决机制之外建立专门的争端解决机制，即磋商与专家组机制。《中欧全面投资协定》为专家组机制规定了明确的组成架构、专家组名册、时间框架、资格条件、管辖权范围、程序等事项，并且规定了专家组报告的透明度以及允许非政府机构可提交书面材料的法庭之友（amicus curiae）机制。

另外，《中欧全面投资协定》还对与可持续发展有关的措施施加了透明度要求，承诺投资委员会将就相关措施的适用或执行进行定期讨论和交流，同时承诺向非国家的利益相关方（non-state stakeholder）征询意见。由于该协定强调非政府组织的参与，实际上是对《中欧全面投资协定》的执行程序提出要求。尽管该协定不要求缔约方在本国环境法和劳动法的执行中也允许非政府组织提交意见，但该协定的执行必然涉及本国法的执行。由此，非政府组织的参与将对国内环境法和劳动法的实施带来间接影响。

由此可见，《中欧全面投资协定》在将可持续发展纳入投资议题方面迈出了重要一步。不仅承诺提升环境和劳工保护的水平，而且承诺就环境和劳动议题开展对话，推进多边环境公约、劳工公约的落实或批准。此外，还设置专门的磋商与专家组机制，以加强相关承诺的约束力。在可持续发展议题的整体框架上，《中欧全面投资协定》的承诺水平超过CPTPP，与“欧韩FTA”和“欧日EPA”接近。但是就批准国际劳工组织基本公约的承诺范围和承诺程度而言，《中欧全面投资协定》的承诺水平低于“欧日EPA”“欧越FTA”和“欧韩FTA”，只明确承诺批准两部有关强迫劳动公约，对涉及结社自由和集体谈判权的两部基本公约仅承诺“争取”批准。

《中欧全面投资协定》可持续发展章节在本质上对监管权提出更高要求，要求缔约方建立更强、更全面的规制框架，根据缔约方在劳工和环境领域的多边承诺，以立法、修法等方式实现本国劳工和环境的高水平保护。

（四）小结:《中欧全面投资协定》保留的监管空间

在分析和比较《中欧全面投资协定》的核心承诺之后，可以发现作为新一代的国际投资协定，《中欧全面投资协定》在监管议题的广泛性、监管程度和规则明确性方面都与CPTPP、“欧日EPA”等协定持平，甚至在某些方面超过这些协定，例如涵盖实体的范围。这些核心承诺旨在重塑政府与市场的关系，增强监管的透明度与非政府组织的参与，既约束缔约方立法、行政、司法行为，也对国有企业运营提出限制，不可避免地对如何平稳地履行协定、如何降低违约风险以及中国企业如何参与竞争带来新的课题。

在《中欧全面投资协定》之下，中方并非全盘接受欧盟方面提出的条款，而是在作出新承诺的同时，在承诺的内容和细节上努力保留一定空间:

第一，在市场开放方面，《中欧全面投资协定》的市场开放承诺与国内改革开放的步调一致，在开放市场的同时也注重保护拥有核心利益和敏感的行业，并且在减让表中对某些领域的未来监管保留政策空间。

第二，在禁止的业绩要求方面，出口销售限制、雇员本地化和压低特许权使用费或限制许可合同时限这三种业绩要求并不在禁止之列。

第三，对于涵盖实体或国有企业条款，《中欧全面投资协定》对企业商业考虑的承诺在其本国境内，从而为中国投资走出去保留了国际空间。对于涵盖实体给予其他企业的非歧视待遇，《中欧全面投资协定》仅承诺给予缔约方企业，并不惠及非缔约方企业。

第四，对于服务业补贴，《中欧全面投资协定》仅提出透明度要求和有关服务业补贴的磋商机制，并未承诺禁止或限制服务业补贴。

第五，在标准制定方面，《中欧全面投资协定》承诺开放，意味着中国涵盖实体也可以参与欧盟国家标准的制定。

第六，在国际劳工组织基本公约的批准问题上，《中欧全面投资协定》走在 CPTPP 前列，承诺的重点在于努力批准两项禁止强迫劳动公约；对于结社自由和集体谈判权公约，中方仍可按自己的时间表来考虑批准。

第七，对于政府监管权，《中欧全面投资协定》既施加某些约束，也肯定缔约方政府在公共事务上的权力，尤其是在可持续发展方面。

三 欧盟新近单边监管立法：脱钩风险

国际投资协定的核心之一是约束监管权，但是监管权作为国家主权权利的一部分，国际投资协定必然要为其留下适当空间。正如《中欧全面投资协定》第 1 章第 1 条所称，为了实现合法政策目标，诸如保护公共健康、社会服务、公共教育、安全、环境（包括抗击气候变化）、公共道德、社会安全，或消费者保护、隐私和数据保护，或促进和保护文化多样性，缔约方重申在其领土内的监管权。由此，对于《中欧全面投资协定》的评估，除了考虑协定承诺本身外，还需要进一步考察欧盟及其成员国新近引入的与外资有关的单边监管措施，是否以及在多大程度上限制中国对欧盟投资，进而影响中方对《中欧全面投资协定》的期待。

由于中国对欧投资近年来快速增长，不仅引发欧洲对中国资本大举收购其战略行业的安全疑虑，而且担心中国企业对欧战略投资与非商业行为扭曲欧盟内部市场。[①] 为此，欧盟加快外资监管的立法进程，针对中国在欧投资和经营的特点，融合欧盟贸易政策、竞争政策和产业政策

① European Court of Audit, "The EU's Response to China's State-Driven Investment Strategy," 2020.

的多重目标[①]，不仅引入外资安全审查机制，而且建立针对外国补贴对欧盟内部市场影响的全新工具。此外，欧盟还在讨论旨在拓展欧盟第三国政策采购市场的国际公共采购工具，并且欧盟及其成员国正在酝酿适用于所有行业的企业供应链尽责义务立法，将价值观融入贸易工具中，通过寒蝉效应间接影响外商在欧经营。

（一）欧盟层面的安全审查工具：《欧盟外资安全审查条例》

《欧盟外资安全审查条例》于2019年4月10日生效，并于2020年10月11日实施，其立法目的是在欧盟层面建立以安全或公共秩序为由审查外资的新框架，赋予欧盟委员会对外资安全审查的咨询权力，并且协调成员国外资安全审查机制。[②]《欧盟外资安全审查条例》特别授权成员国与欧盟委员会在审查时考虑外国直接投资对关键基础设施、关键技术、防务投入品、敏感信息和媒体多样性的可能影响，同时考虑外国投资者是否被外国政府直接或间接控制。这些考虑因素超出传统的安全概念，将经济安全与技术安全纳入其考虑因素里。由于《欧盟—新加坡自由贸易协定》（以下称“欧新FTA”）要求“只有在对社会的某项根本利益构成真正和足够的严重威胁的情况下，才可援引该公共秩序例外”[③]，《欧盟外资安全审查条例》的扩大考虑因素存在违反“欧新FTA”的法律风险。

《中欧全面投资协定》并未像“欧新FTA”那样在国民待遇条款之

---

① Communication from the Commission, *A New Industrial Strategy for Europe*, COM (2020) 102 final, Brussels, 10 March 2020. See also the Communication from the Commission, *The European Economic and Financial System: Fostering Openness, Strength and Resilience*, COM (2021) 32, Brussels, 19 January 2021.

② Regulation (EU) 2019/452 of the European Parliament and of the Council of 19 March 2019 Establishing a Framework for the Screening of Foreign Direct Investments into the Union, OJ L 79, 21 March 2019, pp. 1-14. 可参见石岩《欧盟外资监管改革：动力、阻力及困局》，载《欧洲研究》2018年第1期；叶斌《欧盟外资安全审查立法草案及其法律基础的适当性》，载《欧洲研究》2018年第5期；廖凡《欧盟外资安全审查制度的新发展及我国的应对》，载《法商研究》2019年第4期。

③ “欧新FTA”投资章节第2.3条在国民待遇之下规定安全例外，并在其脚注中称：“只有在对社会的某项根本利益构成真正和足够的严重威胁的情况下，才可援引该公共秩序例外。”

下规定安全例外，也未规定“只有在对社会的某项根本利益构成真正和足够的严重威胁的情况下，才可援引该公共秩序例外”，而是在第1.1条中明确将安全作为缔约方行使监管权的合法政策目标之一。从双边法律义务的角度来看，该条款与《欧盟外资安全审查条例》在形式上是一致的。

与只有部分欧盟成员国设有外资安全审查机制相比[①]，《欧盟外资安全审查条例》在全欧范围内以安全为理由加强对欧盟市场准入的监管，对《中欧全面投资协定》的市场开放与市场准入空间具有实质性的影响。由于《欧盟外资安全审查条例》允许广泛的安全考虑因素，存在被滥用或者作为贸易保护工具的可能性，使中国对欧投资面临法律监管上的风险。

（二）新的竞争政策工具：《欧盟外国补贴条例草案》

2021年5月5日，欧盟委员会公布《关于扭曲内部市场的外国补贴条例草案》正式启动立法进程。[②] 在此之前，欧盟曾发布《外国补贴白皮书》，就立法动议进行公开咨询。[③] 该条例草案不同于欧盟贸易防御工具仅针对货物贸易中的补贴问题，而是针对外国企业在欧经营中存在的外国政府补贴问题，以外国补贴扭曲欧盟内部市场为由，全方位地审查外国企业在欧经营、并购、参与政府采购等市场经营行为。被认定扭曲欧盟市场的在欧外国企业，将面临拆分、限制经营、排除出公共采购市场等法律风险。

根据该草案，欧盟委员会将有权调查外国公共机构对欧盟境内企业的财政资助是否对欧盟内部市场造成扭曲。该草案建议引入三个工具，分别为企业集中调查工具、公共采购调查工具和一般调查工具。（1）

---

① See “List of screening mechanisms notified by Member States,” last update: 14 July 2021, https: //trade. ec. europa. eu/doclib/docs/2019/june/tradoc_ 157946. pdf.

② European Commission, *Proposal for a Regulation of the European Parliament and of the Council on Foreign Subsidies Distorting the Internal Market*, 2021/0114 (COD), COM (2021) 223 final, Brussels, 5 May 2021.

③ European Commission, *White Paper on Levelling the Playing Field as Regards Foreign Subsidies*, COM (2020) 253 final, Brussels, 17 June 2020. 可参见叶斌《〈欧盟外国补贴白皮书〉的投资保护问题刍议》，载《国际法研究》2020年第6期。

企业集中调查工具以企业通报为基础，针对跨国并购中外国补贴对市场的扭曲问题，审查门槛为被收购的欧盟企业营业额超过5亿欧元，以及相关企业在报道前三年内收到的外国财政资助超过5000万欧元。(2)公共采购调查工具也以企业通报为基础，针对跨国政府采购中外国补贴对采购的扭曲问题，审查门槛为预计采购额超过2.5亿欧元。(3)一般调查工具针对所有市场情形，审查门槛为三年内收到的外国补贴超过500万欧元，欧盟委员会依职权主动调查，可以要求企业临时通报相关信息。如果欧盟委员会在调查后认定存在外国补贴并且构成扭曲，有权禁止并购交易或者授予公共采购合同，也可以要求采取矫正措施或者接受整改承诺，例如剥离某些资产或提供基础设施使用权。

《欧盟外国补贴条例草案》引入的三个工具以保护欧盟内部市场公平竞争环境为由，对外国投资在欧盟的经济行为实施竞争审查，既有事前审查，也有事后审查；既有投资前的准入审查，也有投资后的经济行为审查。与《欧盟并购条例》以及2020年10月实施的《欧盟外资安全审查条例》一起，《欧盟外国补贴条例草案》实际上是计划打造一个全方位、立体的外资审查制度。

《欧盟外国补贴条例草案》系统性地指向中国在欧盟内的所有经济活动。针对中国对欧投资的国家驱动特征或中欧之间的制度性差异，进行有针对性的立法设计。《欧盟外国补贴条例草案》增加中国投资进入欧盟内部市场的难度，将事实上降低中国对欧投资的可能性，进而使《中欧全面投资协定》促进中国对欧投资的目的部分落空。

除了上述两部与外国投资直接相关的欧盟内部立法之外，欧盟还在酝酿国际采购工具（International Procurement Instrument）① 和公司尽责

---

① European Commission, "Amended Proposal for a Regulation of the European Parliament and of the Council on the Access of Third - Country Goods and Services to the Union's Internal Market in Public Procurement and Procedures Supporting Negotiations on Access of Union Goods and Services to the Public Procurement Markets of Third Countries," 2012/0060 (COD), COM (2016) 34 final, Brussels, 29 January 2016. 欧盟国际采购工具旨在通过价格调整机制促使中国等国对等开放政府采购市场，为欧盟提供国际谈判的杠杆，参见叶斌、张琨《欧盟国际采购工具及对华潜在影响》，载吴白乙、周弘、陈新主编《欧洲发展报告（2019—2020）》，社会科学文献出版社2020年版，第172—184页。

义务法（Due Diligence Act）[1] 等新的贸易保护工具，而德国已通过《企业供应链尽责义务法》。[2] 这些新的单边立法融入了欧盟价值观和新的产业政策目标，寻求市场对等开放，或者维持欧盟竞争优势。由于这些欧洲立法具有涉外性质或者会产生域外效力，在很大程度上针对中国市场，一方面可能导致政府采购或者相关供应链的实质脱钩风险，另一方面可能提高未来中欧自由贸易协定的谈判难度。

四 结论：战略与经济上的双重机遇与挑战

（一）推动国际经贸治理：以国际法为基础的全球化与防止脱钩

中国与欧盟原则上达成《中欧全面投资协定》，是在当前国际形势“高度不确定”和新冠肺炎疫情导致国际直接投资流严重下滑的背景之下[3]，中欧合作推进国际经贸治理的重大战略成果。《中欧全面投资协定》不仅表明中国有意愿接受新一代国际经贸规则，进一步约束政府监管权，而且有能力在协定谈判中为本国发展保留适当的政策空间与监管余地。在《中欧全面投资协定》之下，中国承诺开放投资市场并且接受高水平的现代国际投资规则，使国际经贸关系重新回到“以国际法为基础”的全球化轨道，而非“以实力为基础”的丛林世界。

《中欧全面投资协定》进一步打开了中国加入 CPTPP 等新一代多边经贸规则的大门，为中国的 WTO 改革方案提供方向性的指引。《中欧全面投资协定》在国有企业与可持续发展条款等难点议题上达成一致，为中欧未来启动自由贸易协定谈判奠定规则上的基础。

《中欧全面投资协定》将防止中国被动脱钩，并使中国经济更深度地与世界融合。但是与此同时，欧盟新近的经贸监管立法动议系统性地

---

① 2021 年 3 月，欧洲议会罕见地使用其立法动议权，建议欧盟委员会就公司尽责义务与公司责任进行立法，并有了提案，参见 European Parliament Resolution of 10 March 2021 with Recommendations to the Commission on Corporate Due Diligence and Corporate Accountability，2020/2129（INL）.

② 参见 Lieferkettensorgfaltspflichtengesetz vom 16. Juli 2021（BGBl. I S. 2959）。该法将于 2023 年和 2024 年分步实施。

③ UNCTAD，*World Investment Report* 2021，UNCTAD/WIR/2021，p. 2.

指向中国经济制度或经济发展模式，尤其是《欧盟外国补贴条例草案》实质上限制中国企业对欧投资的可能性，将导致《中欧全面投资协定》促进中国对欧投资的目的部分落空。

(二) 推动国际经贸规则向更公平、更绿色、更可持续的方向发展

就国际经贸规则的趋势而言，《中欧全面投资协定》反映了中国在推动国际经贸规则向更公平、更绿色和可持续方向发展的坚强决心。吸引外资以实现经济增长，不得以牺牲劳工保护和环境等可持续发展目标为代价。

中国在《中欧全面投资协定》之下对推动包括气候变化公约在内的国际环境协定的实施作出承诺，体现了中国作为发展中国家的重大让步。中国在《中欧全面投资协定》中承诺批准国际劳工组织基础条约，意味着中国在推动相关领域法治化上的改革意志。

(三) 新的“入世”：处理好改革与开放的关系

《中欧全面投资协定》不仅作出了开放市场的承诺，而且承诺约束政府干涉市场或企业的权力，将竞争中性全面纳入国有企业与补贴议题中，要求政府监管中性和透明度，这意味着中国与新一轮的国际规则接轨或者新的“入世”。如何落实《中欧全面投资协定》之下的法律义务，其重点在于处理好制度性改革与新一轮开放的关系。就此而言，《中欧全面投资协定》本身既带来了机遇，也伴随着风险。

如何利用新的机遇并化解可能的风险，根本在于如何理解中国进入新发展阶段，必须深入贯彻新发展理念，加快构建新发展格局。通过落实《中欧全面投资协定》的相关承诺，欧盟资本及其技术进一步进入中国市场，使市场竞争环境更加有序、公平、透明和法治化，劳工权益与环境保护水平进一步提升，将助力于中国经济和社会的全面高质量发展。

(四) 后续谈判与批准的法律与政治风险

然而，《中欧全面投资协定》的后续谈判以及批准生效仍存在法律和政治上的风险。目前原则上达成的《中欧全面投资协定》从原来计

划的混合协定转变为“瘦身”后的单一协定，因减少成员国批准环节而降低欧盟内部批准的难度。但是，暂时剔除投资保护和投资者诉国家争端解决机制这两个重要部分，使得协定本身的法律价值削弱，尤其是缺少了违约赔偿机制。鉴于中欧在投资者诉国家争端解决机制是否保留仲裁形式的问题上存在较大分歧，未来两年内能否完成谈判尚存在不确定性。

更大的障碍在于欧盟批准《中欧全面投资协定》程序中来自欧盟外部与内部的政治风险。《中欧全面投资协定》是中欧合作的战略成果，并非美国所乐见，而且激起了欧洲内外反华势力的反弹。欧洲议会近期在涉港、涉疆等议题上频频通过反华决议并在政治上暂时冻结审议《中欧全面投资协定》，给该协定的通过带来阴影。某些欧盟成员国在中美关系上选边站，也可能影响欧盟理事会的内部决策。当前国际形势风起云涌，《中欧全面投资协定》成为大国博弈中的重要一环。欧盟能否批准《中欧全面投资协定》，正考验着欧盟在实现战略自主上的真正决心与能力。

欧盟《外国补贴条例(草案)》
——比较视角
EU Draft Regulation on Foreign Subsidies: Comparative Perspective

胡建国　陈禹锦*
HU Jianguo　CHEN Yujin

摘要：2021 年 5 月欧委会公布的《外国补贴条例（草案）》旨在授权欧盟采取措施应对扭曲欧盟内部市场的外国补贴。相比 2020 年发布的《外国补贴白皮书》，草案拟建立内容更加完整和严格的外国补贴制度。虽然目前 WTO 和其他国家立法都没有针对包括外国补贴在内的跨国补贴的具体纪律，但是 CPTPP/USMCA 非商业援助规则对货物和服务领域的跨国补贴/非商业援助进行了规制。在适用范围、规制前提和救济措施等方面二者存在较大差异，反映出竞争法与贸易法的方法论分野。针对外国补贴/非商业援助的贸易法方法相对温和，体现了贸易与投资的国家间性质。中国应明确反对基于竞争法方法的跨国补贴规制方法，支持 CPTPP/USMCA 非商业援助规则或基于贸易法方法的跨国补贴规制方法。

关键词：外国补贴；非商业援助；投资补贴；服务补贴

Abstract: The Draft Regulation on Foreign Subsidies (DRFS),

* 胡建国，南开大学法学院副教授；陈禹锦，南开大学法学院 2021 级国际法硕士研究生。

published by the European Commission in May 2021, aims to empower the EU to take measures against foreign subsidies that distort the internal market. Compared with the White Paper as Regards Foreign Subsidies published in 2020, the DRFS intends to establish a more complete and stringent foreign subsidies regime. At present, WTO and other national legislation lack specific disciplines on transnational subsidies, but the non-commercial assistance rules under CPTPP/USMCA regulate transnational subsidies/non-commercial assistance in the field of goods and services. There are significant differences in their scope of application, regulatory preconditions and remedies, etc., reflecting the methodological divide between competition law and trade law. The trade law approaches to foreign subsidies/non-commercial assistance are relatively moderate, reflecting the inter-state nature of trade and investment. China should explicitly oppose transnational subsidy regulation approaches based on competition law approaches and support the non-commercial assistance rules stipulated by CPTPP/USMCA or transnational subsidy regulation approaches based on trade law approaches.

Key Words: Foreign Subsidies; Non-commercial Assistance; Investment Subsidies; Service Subsidies

一 欧盟《外国补贴条例（草案)》立法进展情况

2021年5月5日，欧盟委员会（European Commission，以下简称“欧委会”）发布了《针对扭曲内部市场的外国政府补贴的条例建议稿》（以下简称“《外国补贴条例（草案)》或草案”)①，以应对外国政府补贴可能对欧盟内部市场造成的扭曲。欧盟立法机构目前正在普通立法程

① European Commision, *Proposal for a Regulation of the European Parliament and of the Council on Foreign Subsidies Distorting the Internal Market*, 5 May 2021 (hereinafter referred to as “European Commission, Proposal for a Regulation on Foreign Subsidies”), https: //eur - lex. europa. eu/LexUriServ/LexUriServ. do? uri = SWD: 2021: 0099: FIN: EN: PDF.

序中讨论该草案，以期通过条例的最终文本。① 该草案是在2020年6月17日公布的《关于在外国补贴方面营造公平环境的白皮书》（以下简称《外国补贴白皮书》）② 基础上广泛征询各方意见后拟定的。早在2019年3月22日，欧洲理事会在会议结论中就要求欧委会采取新的政策工具来解决外国补贴对单一市场所造成的扭曲影响。③ 欧洲议会在2020年2月25日公布的《2019年竞争政策年度报告》中也强调要加强对外国补贴的规制。④

欧委会认为WTO中的《补贴与反补贴措施协定》仅适用于货物贸易领域的补贴问题；《服务贸易总协定》也只是包含了进一步谈判服务补贴纪律的内置权限，但至今仍未制定服务补贴规则。⑤ 目前，WTO的确没有具体纪律来约束包括外国补贴在内的跨国补贴或跨境补贴。美欧现有立法对跨国补贴的规制也非常有限。但是，以《全面与进步跨太平洋伙伴关系协定》（The Comprehensive and Progressive Agreement for Trans-Pacific Partnership，CPTPP）和《美墨加协定》（United States-Mexico-Canada Agreement，USMCA）为代表的新一代自由贸易协定在其"国有企业和指定垄断"一章中规定了非商业援助制度，对于涉及国有企业的跨国补贴进行了规制。为了深入研究欧盟外国补贴制度，本文将首先比较《外国补贴条例（草案)》和《外国补贴白皮书》，然后进一步分析比较《外国补贴条例（草案)》与CPTPP/USMCA相关规则的异同。

---

① European Commission, "Commission Proposes New Regulation to Address Distortions Caused by Foreign Subsidies in the Single Market," 5 May 2021, https://ec.europa.eu/commission/presscorner/detail/en/ip_21_1982.

② European Commision, *White Paper on Levelling the Playing Field as Regards Foreign Subsidies*, 17 June 2020, https://ec.europa.eu/competition/international/overview/foreign_subsidies_white_paper.pdf.

③ European Commission, "Commission proposes new Regulation to address distortions caused by foreign subsidies in the Single Market," 5 May 2021, https://ec.europa.eu/commission/presscorner/detail/en/ip_21_1982.

④ European Commission, "Commission proposes new Regulation to address distortions caused by foreign subsidies in the Single Market," 5 May 2021, https://ec.europa.eu/commission/presscorner/detail/en/ip_21_1982.

⑤ European Commission, *White Paper as Regards Foreign Subsidies*, p. 10.

二 欧盟《外国补贴条例（草案）》与《外国补贴白皮书》之比较

《外国补贴条例（草案）》和《外国补贴白皮书》框架及内容大体一致——都提出了三种针对外国补贴的审查机制：（1）解决内部市场扭曲问题的一般制度（制度一）；（2）经营者集中的强制申报和审查制度（制度二）；（3）公共采购的强制申报和审查制度（制度三）。其中，“解决市场扭曲问题的一般制度”具有兜底性，适用范围广泛，包括在欧盟内部市场设立公司的被补贴经营者或者未设立公司但在欧盟市场上有业务经营活动的被补贴经营者的所有市场行为，包括但不限于贸易和投资行为；制度二和制度三则分别针对经营者集中和公共采购领域获得外国补贴的在欧经营者制定了更加具体的规定。相较于《外国补贴白皮书》，《外国补贴条例（草案）》设计了更具体的制度和程序，并且新增了部分规范内容，整体趋于精细和严格化。

（一）适用范围

《外国补贴条例（草案）》适用于调查扭曲内部市场的外国补贴并且规定了应对此类扭曲的规则和程序。[①] 内部市场扭曲可能产生于任何经济活动，特别是经营者集中和公共采购程序。[②] “任何经济活动”可以包括第三国企业在欧盟境内的投资、生产、销售等活动，例如跨国公司在欧盟境内设立分支机构销售其在第三国生产并出口至欧盟的货物，或者在欧盟境内设立企业生产货物并进行销售或提供服务。这意味着《外国补贴条例（草案）》与调整货物贸易和服务贸易的 WTO 规则可能存在千丝万缕的联系。

适用《外国补贴条例（草案）》，必须满足两大条件：外国补贴及其可能造成的内部市场扭曲。

---

① Commission, *Proposal for a Regulation on Foreign Subsidies*, art. 1. 1.

② Commission, *Proposal for a Regulation on Foreign Subsidies*, art. 1. 1.

1. 关于“外国补贴”的定义

《外国补贴条例（草案)》第2.1条对外国补贴进行了定义：“为了本条例之目的，如果第三国提供资助，授予在内部市场上从事经济活动的企业利益，并且该项财政资助在法律上或事实上限于单个企业或产业或者几个企业或产业，则应视为存在外国补贴。”① 据此，外国补贴包括三大构成要件：（1）第三国提供财政资助；（2）财政资助授予在内部市场上从事经济活动的企业利益；（3）财政资助在法律上或事实上仅限于单个企业或产业，或几个企业或产业，也就是具有“专向性”。《外国补贴白皮书》对外国补贴的定义与之类似，并且列出了该定义所涵盖的几类具体情形：（1）直接给予在欧盟设立的企业以外国补贴；（2）给予在第三国设立的企业以外国补贴，且该项补贴由在欧盟设立的关联方使用；（3）给予在第三国设立的企业以外国补贴，且该项补贴被用于促进其收购欧盟企业或参与公共采购程序。

《外国补贴条例（草案)》第2.2条分别对要件一中的“第三国”和“财政资助”进行了解释。②“第三国”不仅包括第三国中央和地方各级政府，还包括实施了可归因于第三国行为的外国公共实体以及实施了可归因于第三国行为的私人实体。“财政资助”主要涵盖以下三类行为：（1）政府资金或债务转移；（2）对本应征收的收入的豁免；（3）政府提供货物、服务或采购货物。“第三国”和“财政资助”的含义在《外国补贴白皮书》和《外国补贴条例（草案)》中基本相同。关于要件二中“被补贴经营者获得利益”的判断标准，《外国补贴白皮书》规定，在确定一项财政资助是否为企业或产业带来利益时，应根据财政资助的形式，考虑以下因素：私人投资者的通常投资做法、可从市场上获得的融资利率、特定产品或服务的适当报酬。如果没有直接可比的基准，则有可能对现有基准进行调整，或可根据普遍接受的评估方法确定市场条件。③《外国补贴条例（草案)》在这个问题上更加明确，规定应将第三国的资助行为和市场通常行为进行比较，如果资助行为符合市

① Commission, *Proposal for a Regulation on Foreign Subsidies*, art. 2. 1.

② Commission, *Proposal for a Regulation on Foreign Subsidies*, art. 2. 2.

③ Commission, *White Paper as Regards Foreign Subsidies*, p. 46.

场规律，与相同条件下私营投资者的行为相吻合，则该财政资助不属于外国补贴。[①] 关于外国补贴的构成要件三，《外国补贴白皮书》和《外国补贴条例（草案）》都未进一步作出解释说明。

2. 关于“内部市场扭曲”的定义

《外国补贴条例（草案）》和《外国补贴白皮书》都明确规定，只有产生了“内部市场扭曲”效果的外国补贴才属于被规制的对象。“内部市场扭曲”是指一项外国补贴可能改善相关企业在内部市场上的竞争地位并据此实际或潜在地对内部市场竞争产生不利影响。[②] 在公共采购背景下，造成或威胁造成公共采购程序扭曲的外国补贴是指，能使一家企业提交的标书相对于相关工程、物资或服务具有不适当优势的外国补贴。[③] 对于经营者集中和公共采购背景下的内部市场扭曲，《外国补贴条例（草案）》规定相关评估应当限于争议经营者集中或者公共采购程序。[④]

关于“内部市场扭曲”的认定，《外国补贴条例（草案）》要求依据各种指标，具体包括：（1）补贴的金额；（2）补贴的性质；（3）被补贴企业与相关市场的状况；（4）相关企业在内部市场上的经济活动水平；（5）外国补贴的目的、所附条件及其在内部市场上的使用情况。[⑤] 关于外国补贴扭曲内部市场的可能性，《外国补贴条例（草案）》第3.2条规定，如果任何三个连续财年里的外国补贴总额低于500万欧元，该项外国补贴就不太可能扭曲内部市场。[⑥] 较之《外国补贴白皮书》，这一门槛金额有显著提高——《外国补贴白皮书》规定的是20万欧元。[⑦]《外国补贴条例（草案）》第4条还规定了最有可能扭曲内部市场的几类外国补贴：（1）救助在中短期内濒临破产企业的补贴；（2）无限额度或无限期的担保；（3）直接促成经营者集中的补贴；

① Commission, *Proposal for a Regulation on Foreign Subsidies*, p. 16.

② Commission, *Proposal for a Regulation on Foreign Subsidies*, art. 3. 1.

③ Commission, *Proposal for a Regulation on Foreign Subsidies*, art. 26.

④ Commission, *Proposal for a Regulation on Foreign Subsidies*, art. 17, 26

⑤ Commission, *Proposal for a Regulation on Foreign Subsidies*, art. 3. 1.

⑥ Commission, *Proposal for a Regulation on Foreign Subsidies*, art. 3. 2.

⑦ Commission, *White Paper as Regards Foreign Subsidies*, p. 46.

（4）针对公共采购，使企业获得不正当投标优势的补贴。[①]

（二）利益平衡测试；承诺和纠正措施

利益平衡测试又称“欧盟利益测试”。在认定一项外国补贴可能扭曲内部市场后，如有正当理由，欧委会在作出相关决定时应当平衡外国补贴的负面影响（内部市场扭曲）与积极影响（发展相关经济活动）。[②] 相关决定主要是指欧委会在深入调查后作出的决定，包括决定是否施加纠正措施或接受承诺，纠正措施或承诺的性质和水平，无异议决定。[③] 根据《外国补贴白皮书》，在这种平衡中，将会考虑欧盟的公共政策目标，例如创造就业机会、保护环境、公共秩序和公共安全等因素。[④]《外国补贴条例（草案）》第5条则将可以考虑的积极影响限缩至“经济活动”的领域内。[⑤]

（三）承诺和纠正措施

根据《外国补贴条例（草案）》第6条，救济措施包括承诺和纠正措施：欧委会有权针对已经或可能造成内部市场扭曲的外国补贴实施纠正措施，有关企业也可以作出承诺。[⑥] 承诺或纠正措施必须充分有效地救济外国补贴在内部市场上所造成的扭曲[⑦]，这表明了整个外国补贴制度的救济性质。关于承诺和纠正措施的种类，《外国补贴条例（草案）》和《外国补贴白皮书》的规定基本一致，包括结构性和行为性的救济。结构性救济包括拆分特定资产、撤销已完成的并购等；行为性救济包括减少产能或缩小市场规模、禁止特定市场行为、公布研究与开发成果、返还第三国政府补贴及相应利息等。[⑧] 欧委会还可以施加报告和透明度

---

① Commission, *Proposal for a Regulation on Foreign Subsidies*, art. 4.

② Commission, *Proposal for a Regulation on Foreign Subsidies*, art. 5. 1.

③ Commission, *Proposal for a Regulation on Foreign Subsidies*, art. 5. 2.

④ Commission, *White Paper as Regards Foreign Subsidies*, p. 17.

⑤ Commission, *Proposal for a Regulation on Foreign Subsidies*, art. 5. 1.

⑥ Commission, *Proposal for a Regulation on Foreign Subsidies*, art. 6. 1.

⑦ Commission, *Proposal for a Regulation on Foreign Subsidies*, art. 6. 2.

⑧ Commission, *Proposal for a Regulation on Foreign Subsidies*, art. 6. 3.

要求。[①]

关于承诺，如果一家企业主动提出充分有效的救济内部市场扭曲的承诺，欧委会可以接受并作出决定使之具有约束力。[②] 当然欧委会也可以拒绝接受承诺。但是，如果相关企业提出返还外国补贴（包括适当利息），并且返还措施透明有效，在考虑规避风险的前提下，欧委会应当接受此类提议。[③]

《外国补贴白皮书》和《外国补贴条例（草案）》都规定了为期10年的追诉时效[④]，也就是说，自补贴授予相关企业之日起10年后，欧委会就无权针对该项外国补贴采取救济措施。对于经营者集中和公共采购，草案规定欧委会在评估内部市场扭曲时只应考虑过去3年里授予的外国补贴。[⑤] 这意味着对于经营者集中和公共采购，追诉时效只有3年。

（四）制度一：解决内部市场扭曲问题的一般制度

根据制度一，欧委会可以主动审查任何来源的关于扭曲性外国补贴的信息。[⑥] 制度一因此可以适用于任何类型的扭曲性外国补贴。《外国补贴白皮书》和《外国补贴条例（草案）》都确立了“两步走”的审查机制，即初步审查（Preliminary Review）和深入调查（In-depth Investigation）。《外国补贴条例（草案）》没有规定初步审查和深入调查程序的时间限制。

1. 初步审查

欧委会无须作出启动初步审查的决定并予以公布。为了初步评估受审查财政资助是否构成外国补贴，及其是否扭曲了内部市场，那么，欧委会应当搜寻其认为必要的所有信息。[⑦] 为此欧委会可以请求相关企

---

① Commission, *Proposal for a Regulation on Foreign Subsidies*, art. 6. 4.

② Commission, *Proposal for a Regulation on Foreign Subsidies*, art. 6. 5.

③ Commission, *Proposal for a Regulation on Foreign Subsidies*, art. 6. 6.

④ Commission, *Proposal for a Regulation on Foreign Subsidies*, art. 35; Commission, *White Paper as Regards Foreign Subsidies*, p. 20.

⑤ Commission, *Proposal for a Regulation on Foreign Subsidies*, art. 17, 26.

⑥ Commission, *Proposal for a Regulation on Foreign Subsidies*, art. 7.

⑦ Commission, *Proposal for a Regulation on Foreign Subsidies*, art. 8. 1.

业、欧盟成员国和相关第三国提供相关信息，并可在欧盟和相关第三国境内对相关企业实施检查。[①] 若欧委会在初步评估后认定不存在外国补贴或者没有迹象表明存在实际的或潜在的内部市场扭曲，则应当结束初步审查并通知相关企业；若欧委会基于初步审查认为有充分迹象表明相关经营者已获得扭曲内部市场的外国补贴，则应当作出启动深入调查的决定，通知相关经营者并在《欧盟公报》上公布。[②]

2. 深入调查

在深入调查阶段，欧委会应当进一步评估启动深入调查的决定所指出的扭曲内部市场的外国补贴，并应搜寻其认为必要的所有信息。[③] 欧委会可以根据调查结果作出三种决定：（1）如果认定外国补贴扭曲了内部市场，欧委会可以作出施加纠正措施的决定。[④]（2）如果认定外国补贴扭曲了内部市场并且相关企业提供的承诺充分有效，因而救济了扭曲行为，那么，欧委会可以作出用相关承诺约束企业的决定。[⑤] 接受返还外国补贴（包括适当利息）应被视为此类决定。[⑥]（3）如果没有确认启动深入调查的决定包含初步评估，或者外国补贴的积极影响超过了内部市场扭曲，那么，欧委会应当作出无异议决定。[⑦] 根据《外国补贴条例（草案)》第16条，如果相关企业违反自己的承诺或对其所施加的纠正措施，或者原决定基于不完整、不正确或误导性的信息，那么，欧委会可以撤销原决定并作出新的决定。[⑧]

3. 信息请求

关于上述两个审查阶段所涉及的信息请求，《外国补贴条例（草案)》比《外国补贴白皮书》作出了更细致的规定。首先，《外国补贴条例（草案)》规定四类主体有义务提供所有必要信息：（1）被补贴企

① Commission, *Proposal for a Regulation on Foreign Subsidies*, art. 8. 1.

② Commission, *Proposal for a Regulation on Foreign Subsidies*, art. 8. 2, 8. 3.

③ Commission, *Proposal for a Regulation on Foreign Subsidies*, art. 9. 1.

④ Commission, *Proposal for a Regulation on Foreign Subsidies*, art. 9. 2.

⑤ Commission, *Proposal for a Regulation on Foreign Subsidies*, art. 9. 3.

⑥ Commission, *Proposal for a Regulation on Foreign Subsidies*, art. 9. 3.

⑦ Commission, *Proposal for a Regulation on Foreign Subsidies*, art. 9. 4.

⑧ Commission, *Proposal for a Regulation on Foreign Subsidies*, art. 16.

业；（2）其他企业或者企业协会；（3）欧盟成员国；（4）相关第三国。① 其次，《外国补贴条例（草案）》规定了欧委会的信息请求应当包含的内容：（1）陈述信息请求的法律依据和目的，列明需要何种信息并规定提供信息的时限；（2）声明如果所提供信息不正确、不完整或具有误导性，会被施加一次性罚款或每日罚款；（3）声明相关企业的不合作将会允许欧委会基于可获得事实作出决定。② 再次，《外国补贴条例（草案）》第 14 条规定了不合作及其法律后果。如果相关企业或第三国不合作（提供不完整、不正确或误导性信息，未能在规定时限内提供所请求信息，拒绝同意欧委会检查，以其他方式妨碍初步审查或深入调查），那么，欧委会可以依据可获得的事实作出相关决定。③ 欧委会还应当忽略前述四类主体所提供的不正确或误导性信息。④ 最后，《外国补贴条例（草案）》第 14.3 条还针对利益认定问题规定了不利推定制度：若相关企业未能提供必要信息以便认定一项财政资助是否赋予其利益，该企业可被视为已经获得此项利益。⑤ 《外国补贴条例（草案）》第 14.4 条也暗含了一种不利推定：如适用可获得事实，程序之结果可能不如相关企业合作的情况。⑥ 为了确保审查的顺利进行以及文件资料的真实准确，《外国补贴条例（草案）》第 15 条还规定，若相关经营者故意或有过失地提供不正确或误导性的信息或不配合审查，可能被处以一次性罚款或每日罚款。⑦

4. 检查（Inspection）制度与临时措施

《外国补贴条例（草案）》新增了检查制度和临时措施两项内容。关于检查制度，根据《外国补贴条例（草案）》第 8 条、第 9 条、第 12 条和第 13 条，在初步审查和深入调查阶段，为了搜寻所有必要信息，

---

① Commission, *Proposal for a Regulation on Foreign Subsidies*, art. 11. 1, 11. 2, 11. 4, 11. 5.

② Commission, *Proposal for a Regulation on Foreign Subsidies*, art. 11. 3.

③ Commission, *Proposal for a Regulation on Foreign Subsidies*, art. 14. 1.

④ Commission, *Proposal for a Regulation on Foreign Subsidies*, art. 14. 2.

⑤ Commission, *Proposal for a Regulation on Foreign Subsidies*, art. 14. 3.

⑥ Commission, *Proposal for a Regulation on Foreign Subsidies*, art. 14. 4.

⑦ Commission, *Proposal for a Regulation on Foreign Subsidies*, art. 14. 5.

欧委会可以在欧盟和相关第三国境内对企业进行必要检查。[①] 在第三国领土上进行检查须经相关企业同意，正式通报第三国政府并获其同意。[②] 现场检查的措施包括：进入相关企业的经营场所和土地、审查账簿和其他业务记录并索取副本、要求企业代表或员工就有关事实或文件作出解释、查封相关经营者的营业场所或封存其账簿记录。[③]

关于临时措施，《外国补贴条例（草案)》第 10 条规定了欧委会采取临时措施必须同时满足的两项条件：（1）有迹象表明一项财政资助构成外国补贴并且扭曲了内部市场；（2）存在对内部市场竞争造成实质性和不可弥补损害的严重风险。[④] 根据《外国补贴条例（草案)》第 24. 7 条，若相关企业未履行申报义务就实施了经营者集中或者相关企业违反承诺实施经营者集中，欧委会可能会决定施加临时措施。[⑤] 但是，若《外国补贴条例（草案)》没有规定临时措施的具体类型，则可比照适用《外国补贴条例（草案)》关于承诺和纠正措施的规定。

（五）制度二：经营者集中的强制申报和审查制度

《外国补贴条例（草案)》第三章规定了经营者集中领域的外国补贴强制申报与审查制度。如果参与经营者集中的企业获得外国补贴并且扭曲了内部市场，将会被禁止实施经营者集中。关于在经营者集中背景下如何评估内部市场扭曲，《外国补贴条例（草案)》仅规定内部市场扭曲评估限于相关经营者集中。[⑥] 套用内部市场扭曲的定义，在经营者集中背景下，应考虑外国补贴是否改善了相关企业（获得外国补贴且参与经营者集中的企业）的竞争条件，以及是否据此对内部市场上的竞争实际或威胁造成了不利影响。这里的内部市场，至少包括经营者集中市场。如此一来，一旦外国补贴使参与经营者集中的企业获得优势，就会排挤其他企业参与经营者集中，从而影响到内部市场上的竞争。尚

---

① Commission, *Proposal for a Regulation on Foreign Subsidies*, art. 8, 9, 12, 13.

② Commission, *Proposal for a Regulation on Foreign Subsidies*, art. 13.

③ Commission, *Proposal for a Regulation on Foreign Subsidies*, art. 12. 2.

④ Commission, *Proposal for a Regulation on Foreign Subsidies*, art. 10.

⑤ Commission, *Proposal for a Regulation on Foreign Subsidies*, art. 24. 7.

⑥ Commission, *Proposal for a Regulation on Foreign Subsidies*, art. 17.

不清楚的是，经营者集中背景下的内部市场扭曲审查是否延伸到经营者集中实施后所形成的企业（例如合并后企业、被收购企业、合资企业），例如，是否由于参与经营者集中的企业所获外国补贴而使其在市场竞争中获得优势并扭曲内部市场。经营者集中实施后可能造成的垄断问题，应不受外国补贴制度的约束，而是由欧盟反垄断法进行规制。《外国补贴条例（草案）》规定仅应考虑过去 3 年里授予的外国补贴，并不要求外国补贴与经营者集中之间存在直接关系。[①] 但是，如果一项外国补贴被认定为直接促成了经营者集中，那么欧委会倾向于认定该项补贴产生了扭曲效果。[②] 根据《外国补贴白皮书》，事实上加强了并购方财力的外国补贴也可能扭曲市场，但是必须更详细地审查被补贴的经营者集中行为。[③]

1. 关于经营者集中的定义

首先，《外国补贴条例（草案）》和《外国补贴白皮书》都认为，企业控制权发生持久性变化就可被视为经营者集中，具体包括合并和收购两种形式：（1）两个或更多先前独立企业或者企业的一部分的合并；（2）已经控制至少一家企业的一人或多人，或者一家或多家企业，通过购买证券或资产、合同或者任何其他手段，收购一家或多家其他企业之整体或其部分的直接或间接控制权。[④] 关于"控制"，《外国补贴条例（草案）》采用了"决定性影响"标准。"控制"是指通过权益、合同或其他任何手段包括单独或一起对一家企业施加决定性影响，特别是通过：（1）所有权或者使用一家企业全部或部分资产的权利；（2）赋予决定性影响一家企业组织机构的组成、投票或决策的权利或合同。[⑤] 如果个人或企业是权利持有人或者有权根据相关合同行使权利，或者拥有行使前述权利的衍生权利，则它们应当获得了控制权。[⑥] 其次，《外国补贴条例（草案）》还规定设立合资企业并在持久基础上履行独立经济

---

① Commission, *Proposal for a Regulation on Foreign Subsidies*, art. 17.

② Commission, *Proposal for a Regulation on Foreign Subsidies*, art. 4.

③ Commission, *White Paper as Regards Foreign Subsidies*, p. 26.

④ Commission, *Proposal for a Regulation on Foreign Subsidies*, art. 18. 1.

⑤ Commission, *Proposal for a Regulation on Foreign Subsidies*, art. 20.

⑥ Commission, *Proposal for a Regulation on Foreign Subsidies*, art. 20.

实体的所有功能，也被视为经营者集中。[①]

2. 事前强制申报义务

事前申报义务是指经营者集中达到法定申报门槛或者应欧委会请求，经营者应当向欧委会进行申报，未经申报不得实施经营者集中。[②]

第一，申报门槛。《外国补贴白皮书》提出用被收购企业的总营业额以及收购企业获得的外国资助总额来共同确立申报标准。《外国补贴条例（草案）》第 18 条规定了“5 亿欧元 + 5000 万欧元”的双重门槛金额。对于控制权改变或者说并购，门槛金额是指：（1）被收购企业或者至少一家合并企业设在欧盟内，并且在欧盟内的总营业额不少于 5 亿欧元；（2）相关企业在申报之前的三个年度里从第三国获得的财政资助总额超过 5000 万欧元。[③] 对于设立合资企业，门槛金额是指：（1）合资企业本身或其母企业之一设在欧盟内，并且欧盟内的总营业额不少于 5 亿欧元；（2）合资企业本身及其母企业在申报之前的三个年度里从第三国获得的财政资助总额超过 5000 万欧元。[④]《外国补贴条例（草案）》第 21 条和第 22 条细化了营业额和财政资助总额的计算问题。需要指出的是，《外国补贴条例（草案）》使用了“财政资助总额”而不是“补贴总额”，这意味着在申报阶段无须考虑“利益”和“专向性”问题，避免了关于特定财政资助是否由于满足其他两项条件而构成补贴的争议。[⑤]

对于没有达到申报门槛的经营者集中，如果欧委会怀疑相关企业在经营者集中之前的三年里可能得益于外国补贴，欧委会可在经营者集中实施之前的任何时候请求申报该项经营者集中。[⑥] 一旦欧委会提出申报请求，相关企业就有义务进行申报。[⑦]《外国补贴条例（草案）》将前述两类经营者集中视为“应申报经营者集中”（Notifiable Concentration）。

---

① Commission, *Proposal for a Regulation on Foreign Subsidies*, art. 18. 2.

② Commission, *Proposal for a Regulation on Foreign Subsidies*, art. 23. 1.

③ Commission, *Proposal for a Regulation on Foreign Subsidies*, art. 18. 3.

④ Commission, *Proposal for a Regulation on Foreign Subsidies*, art. 18. 4.

⑤ Commission, *Proposal for a Regulation on Foreign Subsidies*, art. 21, 22.

⑥ Commission, *Proposal for a Regulation on Foreign Subsidies*, art. 19. 5.

⑦ Commission, *Proposal for a Regulation on Foreign Subsidies*, art. 19. 5.

如果相关企业在申报或补充申报中故意或有过失地提供不正确或误导性信息，欧委会可以作出决定，对相关企业课以罚款，数额不超过上一营业年度总营业额的1%。[①]

第二，申报时间。《外国补贴条例（草案）》第19条在《外国补贴白皮书》的基础上进行了细化，规定在实施经营者集中之前并且在缔结协议、宣布公开招标之后，或者在获得控制性权益之前，企业应当向欧委会申报前述两类应申报经营者集中。[②] 企业为了向欧委会表明其缔结协议之善意，也可以在缔结协议、宣布公开招标之前，就向欧委会申报满足门槛条件的经营者集中。[③]

第三，申报主体。《外国补贴条例（草案）》第19.3条对《外国补贴白皮书》中的"收购方"，也就是履行申报义务的主体，进行了细化。对于合并或获得共同控制权形式的经营者集中，应由合并当事方或者获得共同控制权的当事方向欧委会进行申报。对于其他类型的经营者集中，应由获得控制权的个人或企业进行申报。[④]

第四，法律责任。对于达到法定申报门槛的经营者集中，如果相关企业未能履行申报义务，那么，欧委会可以请求相关企业申报经营者集中并对其进行审查，并且欧委会的审查时限将不再受到限制。[⑤] 除非得到欧委会的授权，否则，如果相关企业故意或有过失地在实施经营者集中之前没有申报达到门槛标准的经营者集中，那么，欧委会可以作出决定，对相关企业课以罚款，数额不超过上一营业年度总营业额的10%。[⑥]

3. 审查程序与深入调查决定

经营者集中背景下的外国补贴审查程序与制度一大致相同，适用"两步走"的审查机制。《外国补贴条例（草案）》规定了初步审查和深入调查的时限。初步审查时限为25个工作日，从欧委会收到完整申

---

① Commission, *Proposal for a Regulation on Foreign Subsidies*, art. 25. 2.

② Commission, *Proposal for a Regulation on Foreign Subsidies*, art. 19. 1.

③ Commission, *Proposal for a Regulation on Foreign Subsidies*, art. 19. 1, 19. 2.

④ Commission, *Proposal for a Regulation on Foreign Subsidies*, art. 19. 3.

⑤ Commission, *Proposal for a Regulation on Foreign Subsidies*, art. 19. 4.

⑥ Commission, *Proposal for a Regulation on Foreign Subsidies*, art. 25. 3 (a).

报材料之日起算。欧委会可以在 25 个工作日内启动深入调查。[1] 深入调查时限为 90 个工作日，从启动深入调查之日起算。[2] 在两种情况下可以延长深入调查的时限：（1）若相关企业提出旨在救济内部市场扭曲的承诺，则前述时限可延长 15 个工作日。[3] 这是给予欧委会足够时间的审查承诺。（2）相关企业在启动深入调查后的 15 个工作日内请求延长或者启动深入调查后欧委会与相关企业协议延长，深入调查时限单独或累计可以延长最多 20 个工作日。相关企业只能提出一次延期请求。[4]《外国补贴条例（草案）》还规定了时限中止制度：若相关企业没有提供欧委会请求的完整信息或者拒绝同意欧委会作出的检查决定，在例外情况下可以中止《外国补贴条例（草案）》规定的初步审查时限和深入调查时限。[5] 欧委会在对企业提出信息请求时应当说明，如果企业未在规定时限内提供完整信息，是否会中止相关时限。[6]

如果欧委会认定相关企业违反承诺实施了经营者集中，并且如果承诺经营者集中不会扭曲内部市场，或者撤销了一项决定（由于违背承诺或者欧委会决定基于不完整、不正确或误导性信息），那么，欧委会在作出禁止经营者集中的决定时不受深入调查时限（包括延长）的限制。[7]

欧委会应在规定时限内作出决定，否则应当允许相关企业实施经营者集中。[8] 在深入调查之后，欧委会可以作出三类决定：（1）接受承诺并使之具有约束力的决定；（2）无异议决定；（3）禁止经营者集中的决定（欧委会认定外国补贴扭曲了内部市场）。[9] 如相关企业故意或有过失地实施根据欧委会决定受到禁止的已申报经营者集中，欧委会可以课以不超过相关企业上一营业年度营业总额 10% 的罚款。[10]

---

① Commission, *Proposal for a Regulation on Foreign Subsidies*, art. 23. 1, 24. 2.
② Commission, *Proposal for a Regulation on Foreign Subsidies*, art. 23. 1.
③ Commission, *Proposal for a Regulation on Foreign Subsidies*, art. 23. 1.
④ Commission, *Proposal for a Regulation on Foreign Subsidies*, art. 23. 4.
⑤ Commission, *Proposal for a Regulation on Foreign Subsidies*, art. 23. 5.
⑥ Commission, *Proposal for a Regulation on Foreign Subsidies*, art. 24. 5.
⑦ Commission, *Proposal for a Regulation on Foreign Subsidies*, art. 23. 6.
⑧ Commission, *Proposal for a Regulation on Foreign Subsidies*, art. 24. 4.
⑨ Commission, *Proposal for a Regulation on Foreign Subsidies*, art. 24. 3.
⑩ Commission, *Proposal for a Regulation on Foreign Subsidies*, art. 25. 3 (c).

4. 外国补贴审查程序与经营者集中实施的关系

《外国补贴条例（草案）》规定了中止制度，也就是外国补贴调查期间暂停实施经营者集中。首先，对于达到法定门槛的经营者集中，未经申报不得实施。其次，如果欧委会收到完整申报，在初步审查程序的法定时限到期之前不得实施经营者集中。如果欧委会启动深入调查，在深入调查程序的法定时限到期之前不得实施经营者集中。但是，如果欧委会未在规定时限内作出决定，相关企业可以实施经营者集中。① 最后，如果欧委会根据无异议决定或者接受承诺的决定宣布经营者集中不会扭曲内部市场，那么，可以实施经营者集中。② 如相关企业故意或有过失地违反中止制度实施已申报的经营者集中，欧委会可以课以不超过相关企业上一营业年度营业总额 10% 的罚款。③

违反中止制度的任何交易，仅在欧委会作出深入调查决定之后才被认为有效。④ 证券交易的有效性不受外国补贴审查的影响，除非买卖双方意识到或者应当意识到交易的实施违反了中止制度。⑤

但是，前述中止制度并不适用于从各类出售方获得控制权。此项除外规定适用于实施一项公开招标或者一系列证券（包括可转换为其他证券的证券）交易，但需满足两项条件：（1）已经毫不迟延地向欧委会申报了相关经营者集中；（2）收购方尚未行使附着于相关证券的投票权或者仅仅基于欧委会根据第 23.3 条准许的偏离行使投票权以便维持其投资的全部价值。⑥ 因此，对于特定类型的收购交易，相关企业可在向欧委会申报之后实施经营者集中，无须等待初步审查或深入调查结果，但其投票权受到了限制。

欧委会还可以因申请而准许偏离（Derogation）前述中止制度。申请偏离应当陈述偏离理由。欧委会在对申请作出决定时应当特别考虑中止经营者集中对一个或多个相关企业或者第三方的影响以及经营者集中

---

① Commission, *Proposal for a Regulation on Foreign Subsidies*, art. 23. 1, 24. 4.

② Commission, *Proposal for a Regulation on Foreign Subsidies*, art. 23. 1.

③ Commission, *Proposal for a Regulation on Foreign Subsidies*, art. 25. 3 (b).

④ Commission, *Proposal for a Regulation on Foreign Subsidies*, art. 23. 7.

⑤ Commission, *Proposal for a Regulation on Foreign Subsidies*, art. 23. 8.

⑥ Commission, *Proposal for a Regulation on Foreign Subsidies*, art. 23. 2.

造成内部市场扭曲的风险。欧委会准许偏离时可以附加某些条件和义务，确保不存在内部市场扭曲。可在任何时候申请并准许偏离，包括申报之前或交易之后。[①]

5. 特殊措施

如果欧委会认定经营者集中已经实施并且该项经营者集中扭曲了内部市场，欧委会可以采取下列特殊措施：（1）要求相关企业解除经营者集中，特别是通过解散合并或者处置所收购的所有股份或资产，以便恢复到经营者集中实施之前的通行状况；如果通过解散经营者集中无法恢复到经营者集中实施之前的通行状况，那么，欧委会可以采取任何其他适当措施尽可能实现此类恢复。（2）命令采取任何其他适当措施，确保相关企业解除经营者集中或者采取其决定要求的其他恢复性措施。欧委会可以通过作出禁止经营者集中的决定或者一项独立决定施加前述两类措施。[②] 如果欧委会认定经营者集中的实施违反了承诺，并且如果没有承诺的话，经营者集中将会达到作出禁止经营者集中的决定的标准，则欧委会可以采用前述两类特殊措施之一。[③]

（六）制度三：公共采购的强制申报和审查制度

《外国补贴条例（草案）》第四章在欧盟公共采购程序中嵌入了外国补贴强制申报与审查程序。《外国补贴条例（草案）》并没有明确给出关于公共采购的定义，根据通常的理解，公共采购是指政府部门组织的有关工程、产品、服务招投标过程。制度三项下的外国补贴调查旨在审查外国补贴是否造成或威胁造成公共采购程序中的扭曲，即是否使一家企业提交的标书相对于相关工程、物资或服务具有不适当优势。[④] 制度三仅适用于提交申报之前3年里授予的外国补贴，但不要求外国补贴的授予必须与特定公共采购程序存在直接联系。[⑤] 如果一项外国补贴使企业获得投标优势并在此基础上获得了公共合同，那么，欧委会倾向于

---

① Commission, *Proposal for a Regulation on Foreign Subsidies*, art. 23. 3.

② Commission, *Proposal for a Regulation on Foreign Subsidies*, art. 24. 6.

③ Commission, *Proposal for a Regulation on Foreign Subsidies*, art. 24. 6.

④ Commission, *Proposal for a Regulation on Foreign Subsidies*, art. 26.

⑤ Commission, *Proposal for a Regulation on Foreign Subsidies*, art. 26.

认定该补贴产生了扭曲效果。[①] 根据《外国补贴白皮书》，事实上加强了投标人财力的外国补贴也可能扭曲市场。

1. 事前强制申报义务

第一，申报门槛。若预估的公共采购价值不低于2.5亿欧元[②]，那么企业在提交标书或请求参与公共采购程序时应当向合同机构或合同实体（Contracting Authority or Contracting Entity，以下统称“招标机构”）申报其在过去3年里获得的所有外国财政资助，或者声明确认其在过去3年里未获得任何外国财政资助。[③] 《外国补贴白皮书》原本规定只有在外国财政资助超过某一数值时才需要履行申报义务，以避免涵盖过多且相关性较低的公共采购参与企业。[④] 但是《外国补贴条例（草案）》最终并没有设置公共采购领域中外国财政资助的门槛金额。

对于公共采购价值未达到申报门槛的公共采购程序，或者达到申报门槛但未提交或转呈申报的公共采购程序，如果欧委会怀疑一家企业在提交标书或者请求参与公共采购程序之前的3年里得益于外国补贴，那么，欧委会可以在授予合同之前的任何时候请求该企业申报其获得的外国财政资助。[⑤] 一旦欧委会请求申报此类财政资助，就被视为达到门槛的外国财政资助。[⑥]

第二，申报主体。申报或声明义务不仅适用于直接参与公共采购程序的企业，而且适用于相关欧盟指令所指的经济经营者、经济经营者集团以及主要分包商和主要供应商。[⑦] 如一家企业的参与确保了合同履行的核心要素并且其贡献的经济份额超过预估合同价值的30%，该家企业就应被视为是主要分包商或供应商。[⑧] 对于经济经营者集团、主要分包商和主要供应商，领头的经济经营者应当确保申报。[⑨]

---

① Commission, *Proposal for a Regulation on Foreign Subsidies*, art.4.

② Commission, *Proposal for a Regulation on Foreign Subsidies*, art.27.2.

③ Commission, *Proposal for a Regulation on Foreign Subsidies*, art.28.2

④ Commission, *White Paper as Regards Foreign Subsidies*, p.31.

⑤ Commission, *Proposal for a Regulation on Foreign Subsidies*, art.28.6.

⑥ Commission, *Proposal for a Regulation on Foreign Subsidies*, art.27, 28.

⑦ Commission, *Proposal for a Regulation on Foreign Subsidies*, art.28.2.

⑧ Commission, *Proposal for a Regulation on Foreign Subsidies*, art.28.2

⑨ Commission, *Proposal for a Regulation on Foreign Subsidies*, art.28.3.

第三，申报程序。被补贴企业将申报材料递交招标机构后，由招标机构转呈欧委会，欧委会在收到申报后开始进行初步审查。[①] 如果相关企业或经营者没有申报外国财政资助或者此类申报没有转呈给欧委会，那么，欧委会可以主动进行初步审查。[②]

第四，法律责任。如果相关企业在申报或补充申报中故意或有过失地提供不正确或误导性信息，欧委会可以作出决定，对相关企业课以罚款，数额不超过上一营业年度总营业额的1%。[③] 若相关企业故意或有过失地在公共采购程序中未申报一项外国补贴，那么，欧委会有权处以罚款，最高限额为上一营业年度企业营业总额的10%。[④]

2. 审查程序与深入调查决定

公共采购背景下的外国补贴审查程序与制度一大致相同，适用“两步走”的审查机制。《外国补贴条例（草案）》规定了初步审查和深入调查的时限。初步审查时限为60天，从欧委会收到通报之日起计算。[⑤] 欧委会应在60天内决定是否启动深入调查并立即通知利害关系方。[⑥] 欧委会可在收到通报后200天内决定结束深入调查；在例外情况下，欧委会可在与招标机构磋商后延长前述时限。[⑦]

与制度一类似，欧委会在公共采购程序中可作出三类深入调查决定：（1）如果欧委会在深入调查后认定一家企业得益于扭曲了内部市场的外国补贴，并且相关企业提供的承诺充分有效地消除了内部市场扭曲，那么，欧委会应当作出接受承诺的决定。（2）如果相关企业没有主动提出承诺或者欧委会认为所提承诺不适当或者不足以充分有效地消除内部市场扭曲，欧委会应当作出禁止向相关企业授予合同的决定。（3）如果欧委会在深入调查后没有认定一家企业得益于扭曲了内部市场的外国补贴，那么，欧委会应当作出无异议决定。[⑧]

---

① Commission, *Proposal for a Regulation on Foreign Subsidies*, art. 28. 4.
② Commission, *Proposal for a Regulation on Foreign Subsidies*, art. 28. 5.
③ Commission, *Proposal for a Regulation on Foreign Subsidies*, art. 32. 2.
④ Commission, *Proposal for a Regulation on Foreign Subsidies*, art. 32. 3.
⑤ Commission, *Proposal for a Regulation on Foreign Subsidies*, art. 29. 2.
⑥ Commission, *Proposal for a Regulation on Foreign Subsidies*, art. 29. 3.
⑦ Commission, *Proposal for a Regulation on Foreign Subsidies*, art. 29.
⑧ Commission, *Proposal for a Regulation on Foreign Subsidies*, art. 30.

3. 外国补贴审查程序与公共采购程序的关系

首先，初步审查和深入调查程序不影响公共采购程序中的评标。[①] 但是，初步审查时限（60 天）到期之前不得授予合同；如果决定开启深入调查，则作出深入调查决定或者深入调查时限（200 天 + 例外情况下的延长）到期之前不得将合同授予提交外国补贴通报的企业。[②] 如果欧委会未在规定时限内作出决定，那么合同可以授予包括提交外国补贴申报企业在内的任何企业。[③] 其次，如果企业提交了确认过去 3 年里没有获得任何外国财政资助的声明，那么在欧委会作出深入调查决定或者在深入调查时限到期之前可以将合同授予该家企业，条件是该家企业提出了经济上最具优势的标书。[④] 最后，如果欧委会针对提交外国补贴申报的企业发布了禁止授予合同的决定，那么合同可以授予提出了次佳投标的企业。[⑤] 如果欧委会针对提交外国补贴申报的企业作出了接受承诺或者无异议决定，那么合同可以授予提交了经济上最具优势的标书的任何企业，包括提交了外国补贴申报的企业。[⑥] 在所有情况下，招标机构应当向欧委会通报与公共采购程序结果有关的任何决定。[⑦] 对于公共采购程序涉及的所有企业，应当遵守调整公共采购的原则，包括比例性、非歧视性、平等待遇和透明度。[⑧] 外国补贴调查不得导致合同当局或合同实体以违背前述原则的方式对待提交了外国补贴申报的企业。[⑨]

三　欧盟《外国补贴条例（草案）》与 CPTPP/USMCA 相关规则之比较

目前，WTO 并无具体纪律约束包括外国补贴在内的跨国补贴或跨

---

① Commission, *Proposal for a Regulation on Foreign Subsidies*, art. 31. 1.

② Commission, *Proposal for a Regulation on Foreign Subsidies*, art. 31. 1, 31. 2.

③ Commission, *Proposal for a Regulation on Foreign Subsidies*, art. 31. 2.

④ Commission, *Proposal for a Regulation on Foreign Subsidies*, art. 31. 3.

⑤ Commission, *Proposal for a Regulation on Foreign Subsidies*, art. 31. 4.

⑥ Commission, *Proposal for a Regulation on Foreign Subsidies*, art. 31. 5.

⑦ Commission, *Proposal for a Regulation on Foreign Subsidies*, art. 31. 6.

⑧ Commission, *Proposal for a Regulation on Foreign Subsidies*, art. 31. 7.

⑨ Commission, *Proposal for a Regulation on Foreign Subsidies*, art. 31.

境补贴。美欧现有立法对跨国补贴的规制也非常有限。但是，以 CPTPP/USMCA 为代表的新一代自由贸易协定在其“国有企业和指定垄断”一章规定了非商业援助制度，对于涉及国有企业的跨国补贴进行了规制。

(一) WTO 补贴纪律适用的地理范围受到限制

目前，除禁止性补贴外，WTO 并无具体纪律约束包括外国补贴在内的跨国补贴或跨境补贴[①]，但这并不妨碍 WTO 非歧视义务、透明度义务适用于此类措施。[②] 就货物领域来说，WTO《补贴与反补贴措施协定》(SCM 协定) 的补贴纪律[③]适用的地理范围受到了较大限制。除禁止性补贴外，SCM 协定补贴纪律仅适用于授予当局向其管辖范围内/领土内[④]的企业或产业提供的补贴，排除了向境外企业或产业提供的跨国补贴。就服务领域来说，服务补贴纪律仍在制定过程中。

(二) 美欧现有立法对跨国补贴的有限规制

从美欧现有立法来看，对包括外国补贴在内的跨国补贴的规制非常有限或没有规制。总体来说，美欧反补贴立法针对进口产品，并不规制向其领土内的经济活动提供的外国补贴。

---

① See Gary Horlick and Peggy A. Clarke, “Rethinking Subsidy Disciplines for the Future: Policy Options for Reform,” *20 Journal of International Economic Law 3*, 2017, p. 695.

② 参见胡建国、陈禹锦《欧盟〈外国补贴条例（草案）〉及其 WTO 合规性分析》，载《欧洲研究》2021 年第 5 期；Lorand Bartels, “Does WTO Law Really Not Regulate ‘Foreign Subsidies’?” available at, https: //www. linklaters. com/en/insights/blogs/tradelinks/2020/june/does – wto – law – really – not – regulate – foreign – subsidies, last visited on 30 November 2021.

③ SCM 协定第 3 条禁止 WTO 成员提供出口补贴和进口替代补贴；第 5 条虽然允许各成员提供可诉补贴，但要求不得对其他成员的利益造成不利影响。

④ 有学者主张管辖范围（jurisdiction）就是指领土内。See Victor Crochet and Vineet Hegde, “China's ‘Going Global’ Policy: Transnational Production Subsidies under the WTO SCM Agreement,” *23 Journal of International Economic Law 4*, 2020, pp. 851 –852. 相反观点认为，授予当局的管辖范围并不限于地域管辖，也会延伸到基于国籍的属人管辖。See Lorand Bartels, “Does WTO Law Really Not Regulate ‘Foreign Subsidies’?” available at , https: //www. linklaters. com/en/insights/blogs/tradelinks/2020/june/does – wto – law – really – not – regulate – foreign – subsidies, last visited on 30 November 2021.

1. 美国反补贴立法

除了“国际财团”和“上游补贴”外，美国反补贴法也不适用于跨国补贴。[①] 美国《1998 年反补贴税条例》第 351.527 节规定了跨国补贴问题：除非法案第 701（d）节（提供给国际财团的补贴）和第 771A 节（上游补贴）另有规定，如果商务部长认定补贴的资助根据并作为受到下列主体资助的计划或项目的一部分提供，就不存在补贴：（a）接受公司所在国之外的一个国家政府；或者（b）一个国际贷款或开发机构。

美国《1930 年关税法》第 701（d）节将国际财团背景下提供的补贴纳入了反补贴调查范围：国际财团的处理。就本小节而言，如果从事目标商品生产的一个国际财团的成员（或者其他参与实体）从各自母国获得了可反补贴，以便协助、允许或者以其他方式促使它们能够通过各自母国的生产或制造业参与那一财团，那么行政当局在针对此种商品确定任何反补贴税时，应当累计所有此类可反补贴以及向国际财团直接提供的可反补贴。

《1930 年关税法》第 701（e）节规定了上游补贴问题。行政当局不论何时有合理理由相信或怀疑，正在支付或授予第 771A（a）（1）节所定义的一项上游补贴，那么行政当局应当调查是否事实上支付或授予了一项上游补贴；如果确实如此，应当包括进第 771A（a）（3）节规定的上游补贴数额中。“上游补贴”是指出口补贴之外的任何可反补贴，条件是：（1）一个当局针对一种投入品支付或授予，该投入品被用于在与该当局相同的国家内制造或生产作为反补贴税调查对象的商品；（2）根据行政当局的判断，赋予商品竞争性利益；（3）对商品的制造或生产成本具有显著影响。但是，如果可反补贴由关税同盟提供，在美国之外组建关税同盟的两个或更多外国、政治分区、附属领土或者

---

① See Gary Horlick and Peggy A. Clarke, “Rethinking Subsidy Disciplines for the Future: Policy Options for Reform,” *20 Journal of International Economic Law 3*, 2017, p. 695; Victor Crochet and Vineet Hegde, “China's ‘Going Global’ Policy: Transnational Production Subsidies under the WTO SCM Agreement,” *23 Journal of International Economic Law 4*, 2020, pp. 858 – 859.

外国属地的联合，应被视为一个国家。[①]

在乌拉圭回合谈判期间，美国是海外援助的最大捐赠者，谈判者并不打算捅“马蜂窝”[②]。这部分解释了美国反补贴法为什么不打算规制跨国补贴。

2. 欧盟反补贴立法

欧盟《反补贴基本条例》第2条规定，补贴由进口产品的原产国政府授予或者由从其出口至欧盟的中间国家（出口国）政府提供。政府是指原产国或出口国领土内的政府或任何公共机构。根据第3条，如果政府在原产国或出口国提供财政资助……视为存在补贴。因此，根据欧盟《反补贴基本条例》，并非出口国的一国政府的资金转移不是补贴，政府或公共机构以及财政资助都需要位于原产国或出口国领土之内。[③] 正因如此，欧盟在对埃及出口的玻璃纤维织物、玻璃纤维制品两项反补贴调查中未将来自中国的所谓补贴视为中国政府提供，而是鉴于中国政府与埃及政府之间的密切合作关系，援引国家责任法中的归因规则，将来自中国的所谓补贴视为埃及政府提供的补贴。[④]

（三）CPTPP/USMCA 对跨国补贴的规制

CPTPP第17章和USMCA第22章针对国有企业和指定垄断企业制定了国际纪律，其非商业援助条款对于涉及国有企业的某些类型非商业援助/跨国补贴进行了规制。下文以CPTPP为例进行分析，如USMCA有不同或额外规定，将予以说明。

---

① 美国《1930年关税法》第771A（a）节。

② Gary Horlick, “An Annotated Explanation of Articles 1 and 2 of the WTO Agreement on Subsidies and Countervailing Measures,” 8（9）*Global Trade and Customs Journal 297*, 278 (2013).

③ See Victor Crochet and Vineet Hegde, “China's ‘Going Global’ Policy: Transnational Production Subsidies under the WTO SCM Agreement,” *23 Journal of International Economic Law 4*, 2020, p. 859.

④ See Simon J. Evenett, Juhi Dion Sud & Edwin Vermulst, “The European Union's New Move against China: Countervailing Chinese outward Foreign Direct Investment,” *15 Global Trade and Customs Journal 9*, 2020, pp. 412 – 422.

1. 货物领域——不利影响规则

根据 CPTPP 第 17. 6. 1 条（a）项，就国有企业生产和销售一种货物而言，任何缔约方不得通过使用其直接或间接[①]向其任何国有企业提供的非商业援助而对另一缔约方的利益造成[②]不利影响。根据第 17. 6. 2 条（a）项，就国有企业生产和销售一种货物而言，每一缔约方应当确保，其国家企业和国有企业不会通过使用向其任何国有企业提供的非商业援助而对另一成员的利益造成不利影响。前述规定有如下特点：

第一，提供者包括三种情形。一是缔约方直接提供。二是国家企业和国有企业提供。条文没有区分直接和间接提供，是否包括此类企业委托或指示其他主体提供？三是缔约方委托或指示非国有企业提供。由于缔约方需要确保国家企业和国有企业遵守相关义务，第 17. 6. 2 条（a）项自然能够涵盖缔约方委托或指示此类企业提供非商业援助。

第二，非商业援助的接受者是一个缔约方的国有企业，但第 17. 6. 1 条（a）项和第 17. 6. 2 条（a）项均未限制国有企业的地理位置，因此这两款都涵盖缔约方向位于其领土之内和之外的国有企业提供的非商业援助。[③] 这就将非商业援助义务适用于跨国补贴。

第三，从义务主体来看，缔约方根据国际法承担两类义务：一是自己不得通过向其国有企业提供非商业援助而对另一成员的利益造成不利影响，二是应确保其国家企业或国有企业不得通过向其国有企业提供非商业援助而对另一成员的利益造成不利影响。

第四，要求证明非商业援助与不利影响之间的因果关系，并且应该考虑其他因素造成的影响。CPTPP 第 17. 7 条规定了“不利影响”认定问题。

---

① 根据 CPTPP 第 17 章脚注 18，间接提供包括一个缔约方委托或指示一个并非国有企业的企业提供非商业援助。

② 根据 CPTPP 第 17 章脚注 17，必须证明声称的不利影响是由非商业援助造成的。因此必须在其他可能的因果关系因素背景下审查非商业援助，以便确保适当的因果关系归因。

③ See Jan Yves Remy and Iain Sandford, Rules for State-Owned Enterprises in Chapter 17 of the Trans-Pacific Partnership Agreement: Balancing Market-Oriented Discipline and Policy Flexibility for States, in Jorge A. Huerta-Goldman Edited, *The Comprehensive and Progressive Trans-Pacific Partnership: Analysis and Commentary*, Cambridge University Press, 2021, pp. 535 – 536.

2. 货物领域——国内产业损害规则

根据 CPTPP 第 17.6.3 条，任何缔约方不得通过直接或间接使用向其作为另一缔约方领土内的一项涵盖投资的任何国有企业提供的非商业援助而对另一缔约方的国内产业[①]造成损害，条件是：（a）非商业援助针对该国有企业在另一缔约方领土内生产和销售一种货物提供，并且（b）另一缔约方的国内产业在另一领土内生产和销售一种同类货物。[②]

与第 17.6.1 条和第 17.6.2 条相比，第 17.6.3 条没有定义“间接”一词，也没有规定缔约方要确保国家企业和国有企业遵守相关义务。参照 CPTPP 第 17 章脚注 18，缔约方间接提供包括一个缔约方委托或指示企业提供。这里存在两个问题：一是间接提供的方式可能不限于“委托”或“指示”；二是作为中间主体的企业可能包括国家企业、国有企业或私营企业。无论如何，间接提供至少必须意味着缔约方与中间主体存在一定关系。鉴于缔约方没有义务确保国家企业和国有企业遵守非商业援助义务，此类主体提供的非商业援助不受第 17.6.3 条约束。对中国来说，一家企业的定性十分关键。如被认定为政府或公共机构，将受第 17.6.3 条约束；如果被认定为国有企业，则其提供贷款、销售货物等行为不受第 17.6.3 条约束。

第 17.6.3 条禁止缔约方向位于另一缔约方领土内的涵盖投资/国有企业提供生产性补贴。这里存在两个关键问题：一是海外投资阶段提供的非商业援助是否受到第 17.6.3 条的约束？从条文来看，“作为另一缔约方领土内的涵盖投资的任何国有企业”似乎暗含了一种假定，投资已经完成，企业已经设立，这才有了涵盖投资。第 17.6.3 条（a）项要求非商业援助针对该国有企业在另一缔约方领土内生产和销售一种货物提供，似乎也印证了前述看法。但是，第 17.7.6 条表明，投资阶段

① 根据 CPTPP 第 17 章脚注 19，“国内产业”一词是指同类货物的国内生产商全体，或者是指其集体产量占到同类货物国内总产量主要部分的国内生产商，但不包括第 3 款所指的已经获得非商业援助的涵盖投资/国有企业。

② 根据 CPTPP 脚注 20，就实质性阻碍一个国内产业建立的情形而言，国内产业可能仍未生产和销售同类货物。然而，在此种情况下，必须有证据证明，未来的国内生产商已对开始生产和销售同类货物做出了实质性承诺。

的非商业援助，也受 CPTPP 管辖。[①] 二是何谓“针对”（with respect to）该国有企业在另一缔约方领土内生产和销售一种货物提供？例如投资阶段针对固定资产的补贴？

第 17.6.3 条仅涵盖一个缔约方非商业援助在另一缔约方领土内造成的不利影响，即损害另一缔约方国内产业。此类非商业援助在另一缔约方领土之外造成的不利影响，受到第 17.6.1 条的约束。第 17.8 条定义了“损害”，与 SCM 协定的国内产业损害定义基本相同。

3. 服务领域——跨境提供（不利影响）

根据 CPTPP 第 17.6.1 条（b）项，就国有企业从一缔约方领土向另一缔约方领土提供一项服务而言，任何缔约方都不得通过直接或间接使用向其任何国有企业提供的非商业援助而对另一缔约方的利益造成不利影响。根据第 17.6.2 条（b）项，就国有企业从一缔约方领土向另一缔约方领土提供一项服务而言，每一缔约方都应当确保，其国家企业和国有企业不会通过使用向其任何国有企业提供的非商业援助而对另一成员的利益造成不利影响。前述规定适用于跨境服务提供，即一缔约方领土内的国有企业跨境向另一缔约方领土内的国有企业提供服务。非商业援助接受者的地理位置受到了限定，“国有企业从一缔约方领土内提供……服务”，意味着接受者位于提供非商业援助的缔约方领土之内。

根据 CPTPP 第 17.7.6 条，就缔约方国有企业跨境提供服务而言，一缔约方新设国有企业或通过收购将一家企业改制为国有企业阶段的非商业援助，如主要在该缔约方领土内提供服务，应当视为不会造成不利影响。这一规定表明：第一，非商业援助原则上适用于国有企业成立阶段。第二，就跨境提供方式而言，CPTPP 旨在规制缔约方通过非商业援助成立以服务出口为导向的国有企业。根据规定，如主要在缔约方领土内提供服务，国有企业成立阶段的非商业援助被视为不会造成不利影响。换言之，如果不是主要在缔约方领土内提供服务，国有企业成立阶

① CPTPP 第 17.7.6 条规定：就第 17.6.1 条（b）项和第 17.6.2 条（b）项（非商业援助）而言，国有企业的初始资本化或者一缔约方收购一家企业的控制性权益，如主要在该缔约方领土内从事服务提供，应被视为不会造成不利影响。该条表明，新设国有企业或者通过收购将企业改制为国有企业阶段的非商业援助，原则上受到 CPTPP 的约束。

段的非商业援助应受 CPTPP 不利影响规则的约束。[①] 需要指出的是，已经设立的国有企业，不论是否主要在缔约方领土内提供服务，对其跨境提供服务授予非商业援助都受到 CPTPP 不利影响规则的约束。第三，“应当视为不会造成不利影响”意味着不受约束，而不是确立了可反驳推定。[②]

4. 服务领域——涵盖投资（不利影响）

根据 CPTPP 第 17.6.1 条（c）项，就通过作为另一缔约方或第三缔约方（third Party）领土内的一项涵盖投资的企业在另一缔约方领土内提供服务而言，任何缔约方不得通过直接或间接使用向其任何国有企业提供的非商业援助而对另一缔约方的利益造成不利影响。根据第 17.6.2 条（c）项，就通过作为另一缔约方或第三缔约方领土内的一项涵盖投资的企业在另一缔约方领土内提供服务而言，每一缔约方应当确保，其国家企业和国有企业不会通过使用向其任何国有企业提供的非商业援助而对另一成员的利益造成不利影响。这两款规定适用于国有企业通过位于另一缔约方或第三缔约方领土内的涵盖投资/企业向另一缔约方领土提供一项服务，具体有如下特点：

第一，位于另一缔约方或第三缔约方的企业不一定是国企，这与第 17.6.3 条明确要求位于另一缔约方领土内的涵盖投资的是国企不同。这一差异可能是由于货物和服务的差异而造成的。

第二，非商业援助的接受者是一缔约方的国企，与作为涵盖投资的企业的关系并不清楚。相比之下，第 17.6.3 条规定非商业援助的接受者是作为另一缔约方领土内的涵盖投资的一缔约方的国有企业，二者是同一的。

第三，国有企业可通过位于另一缔约方或第三缔约方领土内的企业提供服务，这包括两种情形：（1）国有企业通过位于另一缔约方领土

---

① 在这方面，CPTPP 第 17.2.9 条规定，第 17 章不应被解释为阻止一缔约方设立或者维持国家企业或国有企业，或者指定一家垄断企业。该项义务并不是绝对的，提供非商业援助设立或维持国有企业，仍需受到 CPTPP 相关规则的约束，例如第 17.7.6 条的约束。

② 对比 WTO《关于争端解决规则和程序的谅解》（DSU）第 3.8 条的规定：如违反了根据涵盖协定承担的义务，该行为就被视为初步构成了丧失或减损案件。这通常意味着一种推定，即违反规则对那一涵盖协定的其他成员方造成不利影响；在此种情况下，应由被诉成员反驳此项指控。

内的企业向另一缔约方领土提供服务，例如中国国有企业通过位于美国的企业向美国领土提供服务；（2）国有企业通过位于第三缔约方领土内的企业向另一缔约方领土提供服务，例如中国国有企业通过位于日本的企业向美国领土提供服务，其实质是从欧盟到美国跨境提供服务。需要指出的是，这里的第三缔约方仅限于 CPTPP 缔约方，前述中国、美国都是假设的例子。

第四，限于向另一缔约方领土提供服务，不包括向非 CPTPP 缔约方领土或一缔约方领土提供服务。与第 17. 6. 1 条（b）项和第 17. 6. 2 条（b）项一起理解，CPTPP 要求在缔约方领土范围内，一缔约方不得通过向位于其领土内的该方国有企业提供非商业援助，使其通过跨境提供方式对其他缔约方造成不利影响（如中国国企跨境向美国企业提供服务，企业受害者可能是美国企业也可能是其他缔约方企业，美国或其他缔约方都可根据 CPTPP 享有诉权)；也不得向其国有企业提供非商业援助，使其通过位于其他成员领土内的企业对其他缔约方造成不利影响。但是，CPTPP 第 17. 6 条并不规制向国有企业提供的非商业援助在一缔约方领土内提供服务所造成的影响。第 17. 6. 4 条明确规定，一缔约方国有企业在该缔约方领土内提供的服务应被视为不会造成不利影响。CPTPP 第 17 章脚注 21 表明，这一规定不得被解释为适用于本身就是一种非商业援助形式的服务。这一规定表明，即使一缔约方给予国有企业补贴以替代外国服务，也不受 CPTPP 的规制。

总体来看，CPTPP 非商业援助规则主要旨在规制一缔约方国有企业和指定垄断企业“影响自由贸易区内缔约方之间贸易或投资”的活动。对于货物领域而言，规制范围非常广泛。就国有企业生产和销售货物而言，非商业援助规则要求不得通过提供非商业援助对其他缔约方的利益造成影响或对作为东道国的其他缔约方国内产业造成损害。对于服务贸易而言，规制范围相对有限，主要目的是限制通过向国有企业提供非商业援助以服务出口扩张①，并不适用于国有企业在其所属缔约方领

① 第一，限制提供非商业援助的主要对象是跨境提供服务的国有企业；第二，不得向国有企业提供非商业援助，使其通过跨境提供服务而对其他 CPTPP 缔约方的利益造成不利影响；第三，不得向国有企业提供非商业援助，使其通过另一缔约方领土内的企业对另一缔约方（商业存在）或其他 CPTPP 缔约方（商业存在 + 跨境提供）的利益造成不利影响。

土内所造成的不利影响。从某种意义上讲，服务领域的非商业援助原则主要规制服务出口，但并未引入货物领域的禁止出口补贴硬性规则，而是设置了相对温和的不利影响制度。

USCMA 除在货物领域（未作地理位置限定）引入了三类禁止性非商业援助外，其他内容与 CPTPP 基本相同。

（四）跨国补贴的法律规制：《外国补贴条例（草案）》与 CPTPP/USMCA 之比较

1. 适用范围

第一，《外国补贴条例（草案）》适用于任何类型的企业所获外国补贴，CPTPP 第 17 章仅适用于向国有企业提供的非商业援助。外国补贴与非商业援助的定义基本相同。

第二，《外国补贴条例（草案）》适用于任何类型的经济活动，CPTPP 第 17 章非商业援助规则适用的国有企业活动类型较为有限。在货物领域，CPTPP 第 17 章不利影响规则适用于一缔约方国有企业在任何地域范围生产和销售货物，国内产业损害规则仅适用于一缔约方的国有企业在作为东道国的其他 CPTPP 缔约方领土内生产和销售货物。在服务领域，CPTPP 第 17 章不利影响规则适用于一缔约方国有企业在其领土内跨境向 CPTPP 其他缔约方提供服务，以及一缔约方国有企业通过位于另一缔约方领土内的企业向 CPTPP 其他缔约方提供服务。

CPTPP 第 17.6 条意义上的部分非商业援助可以构成《外国补贴条例（草案）》意义上的外国补贴（假定欧盟加入 CPTPP）。就一缔约方国有企业在海外生产和销售货物而言，如国有企业所获非商业援助对东道国产生不利影响或国内产业损害，可构成外国补贴。就国有企业跨境提供服务而言，其所获非商业援助原则上不会构成外国补贴；但是，如果以跨境提供方式参与欧盟涉及服务的公共采购，则也会落入外国补贴的范围。就国有企业通过其所属缔约方领土之外的企业提供服务而言，如在东道国产生不利影响，其所获非商业援助可构成外国补贴。

第三，从企业活动阶段来看，虽然《外国补贴条例（草案）》的制度二（经营者集中）和制度三（公共采购）侧重于准入阶段，但也并未排除外国补贴对企业运营阶段所造成的影响。制度一（一般性制度）不仅适用于准入阶段，也适用于企业成立后的运营阶段。从 CPTPP 第 17 章规定来看，其适用于国有企业成立阶段。对于跨境提供服务而言，对于国有企业成立阶段的非商业援助做了一定的适用排除（主要在缔约方领土内提供服务）。

2. 规制前提

从规制前提来看，欧盟《外国补贴条例（草案）》要求外国补贴造成欧盟内部市场扭曲，即外国补贴可能改善相关企业在内部市场上的竞争地位，并据此实际或潜在地对内部市场竞争产生负面影响。

就 CPTPP 而言，对于国有企业生产和销售货物、国有企业在其所属缔约方领土内跨境向其他缔约方领土提供服务、国有企业通过位于其他缔约方领土内的企业向 CPTPP 其他缔约方领土提供服务，要求不得通过非商业援助对其他缔约方的利益造成不利影响。对于通过海外投资/国有企业在其他缔约方领土内生产和销售货物，要求不得对该其他缔约方国内产业造成损害。

“内部市场扭曲”概念原则上能够涵盖 CPTPP 第 17 章意义上的不利影响或国内产业损害。

3. 救济措施

《外国补贴条例（草案）》规定了行为性和结构性救济措施，在法律形式上分为承诺与纠正措施两类。

CPTPP 第 17 章仅规定了针对国有企业的非商业援助原则，但未明确规定法律救济。第 17. 12 条（国有企业和指定垄断企业委员会）具有一定相关性，其所规定的委员会的职责之一是，应一缔约方请求，就本章产生的任何事项（any matter）进行磋商。“任何事项”可能包括缔约方之间的非商业援助争议。

在货物领域，能否基于 CPTPP 第 17 章特别是其非商业援助条款采用反补贴措施？答案是否定的。CPTPP 第 6 章（贸易救济）B 节（反倾销和反补贴税）明确规定：（1）每一缔约方保留 GATT 1994 第 6 条、《反倾销协定》和 SCM 协定项下的权利义务；（2）就根据 GATT 1994 第 6 条、《反倾销协定》或 SCM 协定所采取的程序或措施而言，本协定任何内容不得授予缔约方任何权利或施加任何义务。

CPTPP 并不允许针对国有企业非商业援助采取单边措施，缔约方只能诉诸第 28 章国家与国家争端解决机制。如果争端双方经磋商而未能解决争议，可请求设立一个专家组进行审查。根据第 28.19 条第 2 款，如果专家组最终报告确定：（a）争议措施与一缔约方的 CPTPP 义务不符，（b）一缔约方以其他方式未能履行 CPTPP 义务，（c）争议措施正在造成非违反丧失或减损，那么，被诉方应当消除不符性或者利益丧失或减损。这一规定如何适用于第 17 章非商业援助争端并不清楚。如果认定一缔约方对国有企业提供的非商业援助造成了不利影响或者国内产业损害，该缔约方就违反了 CPTPP 第 17.6 条相关义务，因此需要消除不符性。参照 SCM 协定关于可诉补贴的规定，一种方式是撤销非商业援助措施，另一种方式是采取措施消除不利影响或国内产业损害，也可并用两种措施。是否需要返还非商业援助款项并不清楚。

4. 比较结论

从规制前提、救济程序和救济手段来看，《外国补贴条例（草案）》与 CPTPP 第 17 章非商业援助规则存在较大差异，体现了二者竞争法[①]与贸易法方法的差异。从规制前提来看，《外国补贴条例（草案）》的“内部市场扭曲”定义侧重于竞争法角度，CPTPP 则侧重于非商业援助的结果，即对另一缔约方利益造成的不利影响或国内产业损害。无论如何，“内部市场扭曲”概念能够涵盖“不利影响”和“国内产业损害”。从救济程序来看，草案规定欧委会经调查后可以采取承诺和纠正措施，属于单边救济；CPTPP 则不允许针对非商业援助采取单边行动，只能采用 CPTPP 第 28 章国家间争端解决程序。从救济手段来看，草案主要规定了竞争法上的手段，例如禁止实施经营者集中、禁止授予公共采购合同、拆分、返还补贴等。而 CPTPP 仅一般性地规定了“消除不符性或者丧失或减损”救济，如何适用于非商业援助争端并不清楚，但可参照适用 SCM 针对可诉补贴规定的救济措施。

---

① 有学者指出，《欧盟外国补贴白皮书》试图用竞争法的思路替代贸易救济法来规制补贴。参见何仁平《竞争法和贸易救济法功能定位之厘清——以〈欧盟外国补贴白皮书〉为核心》，载《国际经济法学刊》2021 年第 4 期。

总体来看，针对外国补贴/非商业援助的贸易法方法相对温和，体现了贸易与投资的国家间性质。中国应明确反对基于竞争法方法的跨国补贴规制方法，支持 CPTPP/USMCA 非商业援助规则或基于贸易法方法的跨国补贴规制方法。

欧盟外资审查机制的竞争性建构与中国对策*

Competitive Voice Construction on EU Foreign Investment Screening Mechanism and China's Choice

梁咏　谢鑫雨**

LIANG Yong　XIE Xinyu

摘要：近年来，中国对欧盟直接投资流量和存量的高速增长，以及中国企业大规模并购欧洲企业的浪潮引起了欧盟及其成员国对竞争优势下降的忧虑与再思考。欧债危机发酵、欧洲难民危机、英国脱欧等多重影响更让欧盟意识到被边缘化和被孤立的风险。因此，欧盟希望通过完善外资审查机制以部分回应其对产业、规则、制度、监管等方面的关切。2019 年《关于建立外商对欧盟直接投资审查框架的条例》是首次在欧盟层面制定的外资审查机制，标志着欧盟对外资政策可能趋于保守。该条例着重于对"安全或公共秩序"的审查，构建了"东道国—欧盟委员会—其他成员国"三方合作与协调的审查框架。在实践中，"安全或公共秩序"的威胁可能会被欧委会放大，对涉敏感产业、国有

* 本文系 2020 年度上海哲学社会科学一般项目"后疫情时代国际投资争端调解机制的中国创新研究"（2020BFX020）阶段性成果，并受国家社会科学基金资助。

** 梁咏，复旦大学法学院副教授，投资仲裁常设论坛副秘书长，主要研究方向：国际投资法、国际贸易法。谢鑫雨，复旦大学法学院 2021 级法律硕士研究生。

权益和政府补贴的中国投资产生深远影响。对此，中国企业和中国政府应做好长期准备，从资本输出角度出发，应强化对欧盟为维持其产业、规则和制度竞争优势建构一套新规则，进而对中国对欧盟的投资进行排挤的全面认知，增强对欧盟市场及其政策的全面认知；从吸收外国投资角度出发，应更好地平衡外商投资的自由开放与监管安全，提升中国产业、规则和制度的竞争力，同时还应积极参与新一代国际投资规则构建并提升话语权。

关键词：竞争；欧盟外资审查机制；安全；公共秩序

Abstract: In the recent years, China's high-speed growth of OFDI outflows and a wave of large scale mergers and acquisitions in the EU have led to great concerns of EU and its member states about the decline in competitive advantages. The European debt crisis fermentation, the European refugee crisis, and Brexit have also led to the multiple impacts concerning more awareness of EU's marginalization and the risk of isolation. Therefore, the EU hopes to partially respond to its concerns on industry, rules, systems and supervision by improving the foreign investment screening mechanism. The Regulation (EU) 2019/452 of the European Parliament and of the Council establishing a framework for the screening of foreign direct investments (FDI) into the EU (hereinafter it is referred to as "Regulations") is the first unified foreign investment screening mechanism established on the EU tier, indicating that the EU's foreign investment policy has shifted more conservative than before. The Regulation focuses on "security or public order", and has established a triparite cooperation system among "the host member state, the EU and other EU member states". In practice, threats to "security or public order" could be amplified by the EU Commission, with far-reaching implications especially for Chinese investment in sensitive industries, with state-owned interests or sponsored by Chinese government's subsidies. In this regard, Chinese enterprises and the Chinese government should make long-term preparations. From the perspective of capital-exporting country, they shall strengthen the comprehensive understanding of the EU's construction of a new set of rules to maintain its competitive advantages in industry, rules and systems and to exclude Chinese OFDI in the EU, as well as to develop a comprehensive understanding of the EU market and its policies. From the perspective of capital-importing country, it's necessary to better balance the freedom and openness of foreign investment with regulatory security, improve the competitiveness of China's industry, rules and systems, and actively participate in the construction of the new generation of international investment rules and enhance China's voice power.

Key Words: Competitiveness; EU's Foreign Investment Screening Mechanism; Security; Public Order

一 中国对欧盟投资概况分析

根据商务部发布的《2020 年度中国对外直接投资统计公报》，2020 年中国对外直接投资（outward foreign direct investment，OFDI）逆势增长，流量达 1537.1 亿美元，首次跃居世界第一位，占全球份额的 20.2%。[①] 中国已连续九年位列世界 OFDI 流量前三，2020 年流量是 2002 年的 57 倍，年均增速高达 25.2%。[②]

（一）中国对欧盟投资发展概况

随着 2003 年中欧全面战略伙伴关系的建立，中欧间经贸往来的规模日益扩大且质量不断提高，中欧经贸关系进入一个稳定发展期。相较于中欧之间年货物贸易额超 6000 亿欧元的规模[③]，2011 年至 2018 年，中国每年对欧盟 OFDI 流量年均仅约为 100 亿美元。特别是在 2020 年中国 OFDI 流量与存量双增的背景下，中国对欧盟 OFDI 流量和存量均显著缩减（如图 1）。

① 《2020 年度中国对外直接投资统计公报》，中国商务出版社 2021 年版，第 7 页。

② 《2020 年度中国对外直接投资统计公报》，第 8 页。

③ 2020 年，欧盟从中国进口货物额为 3838.89 亿欧元，向中国出口货物额为 2028.49 亿欧元。See European Union, "Trade in Goods with China," https://webgate.ec.europa.eu/isdb_results/factsheets/country/details_china_en.pdf. 最后访问日期：2021 年 11 月 20 日。

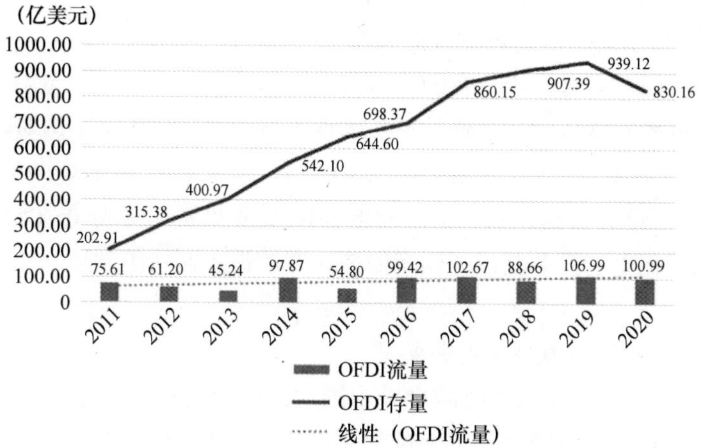

图 1　中国投资者对欧盟 OFDI 流量和存量趋势

图 1 显示，截至 2020 年末，中国对欧盟 OFDI 存量为 830.16 亿美元，仅占中国 OFDI 总存量的 3.2%，存量超过百亿美元的仅有荷兰、卢森堡、德国和瑞典①，与中欧间密切的经贸往来和稳步发展的经贸关系不相称。中国对欧盟投资在 2020 年骤然缩减虽然在一定程度上与 2020 年新冠肺炎疫情对投资的负面影响有关联，但在更大程度上应归因于欧盟及其部分成员国对外资审查力度的加大，主要体现为 2019 年《关于建立外商对欧盟直接投资审查框架的条例》（以下简称“《条例》”）、② 2020 年《欧盟第 2019/452 号条例（外国直接投资审查条例）实施前面向成员国针对外国直接投资和资本自由流动以及保障欧洲战略资产的指南》（以下简称“《指南》”）③ 的颁布和实施。

---

① 《2020 年度中国对外直接投资统计公报》，中国商务出版社 2021 年版，第 33 页。

② 英文全称为 Regulation (EU) 2019/452 of the European Parliament and of the Council Establishing a Framework for the Screening of Foreign Direct Investments (FDI) into the EU，《条例》于 2019 年 3 月 19 日通过，2019 年 4 月 11 日生效，于 2020 年 10 月 11 日正式实施。

③ 英文全称为 Guidance for Member States Concerning FDI and Free Movement of Capital from Third Countries, and the Protection of Europe's Strategic Assets, ahead of the Application of Regulation (EU) 2019/452，《指南》于 2020 年 3 月 25 日通过，自当日起生效。其中，欧委会强调，外国直接投资审查需将对欧盟作为整体的影响考虑在内，尤其是旨在保证欧盟产业的持续关键性生产力运行良好，不仅限于公共健康保护行业。

（二）中国对欧盟投资行业分布

从中国对欧盟投资行业的分布来看，制造业、采矿业和金融业正是中国投资者对欧盟直接投资的前三大重点行业[①]，2020 年中国对欧盟金融业和制造业投资呈现断崖式下跌，较上一年分别下降 44.3% 和 43.5%。[②] 统计数据显示，中国对欧盟制造业投资主要分布在计算机、通信及其他电子设备制造、汽车制造、专用设备制造等领域。[③]

（三）中国对欧盟重要并购案

在过去 10 年左右的时间中，中国对欧盟投资虽然带动了欧盟经济发展并为欧盟成员国提供了大量就业岗位[④]，但同时，中国对外投资能力的持续增长及中国企业对欧盟的一些重要投资案更是引起了欧盟及其成员国的关注与警惕，导致近年来中国企业在欧盟成员国投资的频频受阻。重要并购案包括：2011 年鑫茂集团以远高于欧洲竞争对手的报价收购荷兰特雷卡公司（Draka），但却以失败告终；2016 年美的集团收购德国机器人制造巨头库卡公司（Kuka）80% 的股权，尽管获得成功，但这一案件如同一个拐点，触发了欧盟及部分成员国对中国投资的反思并倾向于采取更加严格的审查标准；随后 2018 年中国烟台台海集团在收购德国莱费尔德公司（Leifeld）过程中，尽管已经撤回要约却仍被正式禁止该交易；2018 年中国国家电网公司两次收购德国最大的输电公司 50 赫兹公司（50 Hertz）20% 的股权，均告失败。

（四）欧盟对外资审查的基本立场发生变化

欧盟及主要成员国传统上对外资秉持基本开放的态度，但近年来，中国投资者在欧盟核心和关键产业领域的投资却频频“触及”欧盟及其成员国对国家安全保证这一警戒线，引发欧盟及主要成员国的担忧，

---

① 《2020 年度中国对外直接投资统计公报》，中国商务出版社 2021 年版，第 38 页。

② 《2020 年度中国对外直接投资统计公报》，第 37 页。

③ 《2020 年度中国对外直接投资统计公报》，第 26 页。

④ 参见沈伟、田弋滢《〈欧盟外商直接投资审查条例〉出台的背景、规则和应对》，《海关与经贸研究》2019 年第 6 期，第 55 页。

并引致欧盟及其主要成员国对外资威胁其安全或公共秩序的再思考。

2017 年 5 月，欧盟委员会（以下简称“欧委会”）发表《驾驭全球化的反思报告》白皮书，对外国投资者尤其是国有企业出于“战略原因”而收购拥有关键技术的欧洲公司表示关切，而欧盟投资者通常“在这个投资来源国进行的投资并不享有相同的权利”，建议对这些关切进行深入分析并采取适当行动。① 特别值得一提的是，“the country”“originates”等措辞均使用了单数形式，结合“国有企业”“战略原因”等关键字眼以及近年来中国对欧盟投资迅速增长等信息不难发现该报告对限制和约束中国投资的明确指向性。欧委会尽管承诺要维持欧盟作为最开放的 FDI 目的地的水平，但同时也强调现有工具（如欧盟并购审查工具等）不足以应对这种安全风险，希望欧盟有新的监管框架来评估和控制 FDI 对联盟的潜在安全风险。② 2019 年 3 月，欧委会在《中欧战略展望》报告中提出，中国的经济实力和政治影响力在过去 10 年中以前所未有的规模和速度增长，反映了中国欲成为全球领先大国的雄心，明确表示应防范中国投资者对欧盟的公共威胁并加强对中国企业在欧盟投资的监管力度，强调战略伙伴关系的公平、平衡和互利。③

再以欧盟经济火车头德国为例，从 2016 年中国美的集团收购德国库卡公司后，德国对外国投资的政策特别是中国投资已经发生根本性转折，趋于更加谨慎和保守。2017 年 12 月和 2018 年 12 月德国两次修订《外国贸易和支付法令》，对外资安全审查制度做出重大调整。《外国贸易和支付法令》规定，当外国投资者直接或间接掌握被投资的德国公司股权比例达到 25% 时，就会触发德国联邦经济和能源部（Bundeswirtschaftsministerium，BMWi）的审查，一旦认定构成公共安全

---

① See European Commission, Reflection Paper on Harnessing Globalisation, COM (2017) 240, 10 May 2017, p. 15. Source text: *EU Investors often Do Not Enjoy the Same Rights to Invest in the Country from Which the Investment Originates.*

② See European Commission, Reflection Paper on Harnessing Globalisation, COM (2017) 240, 10 May 2017, p. 18.

③ See European Commission, EU-China—A Strategic Outlook, JOIN (2019) 5 Final, 12 March 2019, p. 1.

和公共秩序的威胁，就可以禁止交易。如果投资构成“关键交易”,[①]股权比例达到10%即可触发外资安全审查[②]，但是欧盟其他成员国对德国投资不受此限。[③] 2018年，BMWi针对非欧盟投资者发起的外资安全审查案例共78起，其中，对中国投资者发起审查27起，占比高达34.6%。[④]

二 欧盟立场转向的根源

欧盟对外资审查的基本立场发生上述转变，究其根本原因是欧盟对其在多个国际经济竞争领域中竞争力的关切，其中尤以中国企业对欧盟关键产业的投资可能引致的竞争力挑战为核心。

(一) 对竞争力的关切提升

1. 对产业竞争力的关切

在2019年《中欧战略展望》报告中，欧委会强调5G技术等前沿科学技术需要由欧盟自主研发以保证绝对安全。该报告指出，5G网络技术在欧盟的未来发展中至关重要，是欧盟未来社会与经济发展的产业支柱，需要得到充分的安全保障。[⑤] 这种关切实际上根源于对华为等中国企业所掌握的5G网络技术可能对欧盟市场的忧虑。尽管相较于美国对中国科技实施直接打压[⑥]，欧盟并没有完全与美国保持一致，但也保持了相对协同。欧委会强调应维护欧盟在技术、产业方面的核心竞争力，着眼于未来高科技产业竞争，防止中国在关键领域弯道超车。

---

① 关键交易包括军事业务、云计算服务、能源、水、电信、金融、公共卫生及传媒等关键基础设施领域的业务，Foreign Trade and Payment Ordinance (AWV), Section 55a (1) - (3).

② Foreign Trade and Payment Ordinance (AWV), Section 56 (1).

③ Foreign Trade and Payment Ordinance (AWV), Section 55 (1a).

④ 参见王曼《希望欧盟重视中国企业投资诉求》,《中国贸易报》2019年4月25日第A7版。

⑤ See European Commission, EU-China—A Strategic Outlook, JOIN (2019) 5 Final, 12 March 2019, p. 9.

⑥ 2018年8月美国总统特朗普签署《国防授权法案》，禁止美国政府使用华为等公司的通信设备；2019年5月特朗普下达行政命令《确保信息和通信技术和服务供应链安全》，将华为列入美国商务部工业和安全局的实体名单中，禁止美国公司使用华为等企业的技术。

2. 对规则竞争力的关切

2009 年 12 月《里斯本条约》生效后，FDI 被纳入欧盟共同贸易政策中，为之后欧盟外商投资规则的完善和发展提供了一定的法律依据。但该条约并没有立即得到落实。2017 年 2 月，作为欧盟三巨头的德国、法国、意大利联名向欧盟委员会提交一份名为《确保改进贸易和投资的平等竞争环境》提案，提出在欧盟层面建立外资安全审查机制的必要性与重要性。[①] 2017 年 9 月，欧委会主席提交《建立欧盟外资审查新框架》的立法建议。经过较长时间的辩论与协商，2019 年 3 月 19 日，欧盟议会和欧洲理事会通过《条例》，使欧盟委员会的外资监管权从《里斯本条约》时单纯立法阶段递进到实际应用阶段。[②]

3. 对制度竞争力的关切

由于受欧债危机、欧洲难民危机等多重因素的影响，欧盟经济提振乏力。2016 年英国脱欧、2020 年初开始流行的新冠肺炎疫情反复波动放大了制度性差异，使欧盟未来发展不确定性加剧，更增加了欧盟内部的不稳定性并削弱了欧盟在全球的影响力。2021 年 9 月 3 日，波兰的宪法法院宣布波兰法高于欧盟法，更强化了欧盟被边缘化和甚至被孤立的可能。为了保证欧盟未来作为制度供给者和引领者的地位，欧盟有必要强化其制度的竞争优势。

（二）对于竞争相关规则的新解读

1. 对竞争中立规则的构建

在产业优势受到威胁的情况下，欧盟强化从意识形态角度解读经贸规则，譬如，欧盟在构建外资审查机制过程中多次提及中国国有企业的优势地位。2019 年 1 月，德国工业界联合会（BDI）发布《中国政策报告》，将中国定位为“体制竞争者”（systemic competitor）[③]，认为中

---

① Key Points for a Proposal for Investment Reviews at EU Level, Proposals for Ensuring an Improved Level Playing Field in Trade and Investment, Berlin, Paris, Rome, February 2017, p. 2.

② 参见李佳《欧盟外资审查机制改革及其对中国的影响》，《上海对外经贸大学学报》2021 年第 2 期，第 38 页。

③ BDI：Strengthen the European Union to Better Compete with China（bdi. eu）. 最后访问日期：2021 年 11 月 10 日。

国以国家控制为特征的经济模式与欧洲的自由市场经济模式之间属于不同体制的竞争，并要求来自非市场经济国家的企业必须遵守欧盟的自由市场经济法规，显著强化对中国国有企业在德国的投资约束。

2. 对新型补贴规则的构建

2017 年欧洲竞争委员玛格丽特·维斯塔格曾表示，必须限制那些获得母国政府补贴扶持的外国投资，以保证欧盟市场的公平竞争。[①] 2021 年 5 月，《外国补贴条例草案》（以下简称“《条例草案》”）[②] 更是将市场扰乱型补贴判定标准进行中国特征化塑造，使补贴规则与中国政府现行补贴政策更加贴合，具体表现为“第三国”概念延伸[③]，补贴扭曲性判断标准细化[④]，明确将授予不景气企业无限责任担保、直接收购最有可能扭曲欧盟内部市场的外国补贴，整体构建呈现出“中国特征化”的特点。

3. 对对等开放的强调

欧盟认为其自身市场的开放度非常高，而其他国家特别是新型经济体对欧盟投资者限制较多，例如美国、加拿大、中国、日本、澳大利亚等与欧盟经贸关系紧密的重要国家均建立了外资安全审查制度[⑤]，而且

---

① Sophie Meunier, “Divide and Conquer? China and the Cacophony of Foreign Investment Rules in the EU,” *Journal of European Public Policy*, 21 July, 2014, p. 996.

② Proposal for a Regulation of the European Parliament and of the Council on Foreign Subsidies Distorting the Internal Market, European Commission Official Website (5 May 2021), https://ec.europa.eu/competition/international/overview/proposal_ for_ regulation.pdf.

③ 《条例草案》提及的“第三国”包括中央和地方各级政府（部门）、行为可归因于第三国的公共实体（public entity）或任何私人实体（private entity）；在行为归因方面，《条例草案》要求考虑实体性质，以及实体所在国法律和经济的总体环境（包括政府在经济中的作用）。

④ 《条例草案》推定，任意连续三个财政年度的总额不超过 500 万欧元的外国补贴不具有扭曲性。在其他情况下，当一项外国补贴有可能提升相关企业的竞争地位，而且这样会对内部市场竞争产生实际或潜在影响时，将结合补贴的数额，补贴的性质，相关企业及其所在市场的状况，相关企业在欧盟内部市场上的经济活动水平，外国补贴的发放目的、条件及其在内部市场上的运用等因素进行综合考量。

⑤ See European Commission, the European Council, the Council, the European Economic and Social Committee and the Committee of the Regions on Welcoming Foreign Direct Investment while Protecting Essential Interests, 13.9.2017, COM (2017) 494 Final, p. 5.

近年来多予以强化。譬如，美国 2018 年通过的《外国投资风险审查现代化法案》（FIRRMA），扩大了对外资的管辖范围，强化了对外资特别是对关键基础设施的外资管控；澳大利亚《外资收购与接管法（2015 年修正案）》将所有对澳大利亚国有基础设施投资的外国投资者纳入监管审查范围。[①] 然而，在《条例》颁布前，欧盟内部也没有统一的审查框架，即便已建立起外资安全审查机制的成员国，对外资安全审查标准也不高，实践中也相对宽松。因此，中国与欧盟在双方市场准入程度上被视为存在严重的不对等关系，BDI 曾指出必须创造公平和平等的竞争条件和确立互惠原则，改变中国企业在欧盟市场上享有较高市场准入权利而欧洲公司在中国省级的公开招标方面仍面临很高的壁垒和严格的汇率政策限制的不公平现状。[②]

4. 对监管泄露的忧虑

在《条例》颁布前，28 个欧盟成员国中已有 15 个成员国[③]建立了全覆盖或针对具体产业的外资审查机制。在《条例》颁布后，斯洛文尼亚（2020 年）、捷克（2021 年）、斯洛伐克（2021 年）相继建立相关审查机制，由于英国 2020 年底正式脱欧，因此欧盟 27 个成员国中已有 17 个成员国建立了外资审查机制。[④] 欧盟层面计划通过逐渐建立各国外资审查机制这一“栏板”，摆脱以往的监管漏洞，避免出现外国投资者先通过没有审查机制的欧盟成员国进入欧盟内部市场，然后通过欧盟内部市场“绕道”进入其他欧盟成员国投资的规避行为。

---

① 参见梁咏、叶戈《澳大利亚对外资的国家安全审查机制研究——以中国企业投资为视角》，《国际贸易法论丛》2017 年第 7 期，第 191 页。

② BDI，“China—a partner and competitor,” https：//english. bdi. eu/article/news/china - a - partner - and - competitor/#：~：text = China% 20% E2% 80% 93% 20a% 20partner% 20and% 20competitor% 20For% 20many，marked% 20by% 20the% 20push - and - pull% 20of% 20partnership %20and% 20competition. 最后访问日期：2021 年 11 月 7 日。

③ 2019 年 4 月前，欧盟已有丹麦、德国、西班牙、法国、意大利、拉脱维亚、立陶宛、匈牙利、荷兰、奥地利、波兰、葡萄牙、罗马尼亚、芬兰和英国 15 个国家建立了外资安全审查机制。

④ “List of Screening Mechanisms Notified by Member States,” https：//trade. ec. europa. eu/doclib/docs/2019/june/tradoc_ 157946. pdf. 最后访问日期：2021 年 11 月 7 日。

三　欧盟外资审查机制关键条款的竞争性构建

2019年4月10日，《条例》正式生效，原定经过18个月的过渡期后，于2020年10月11日全面实施。因2020年新冠肺炎疫情暴发，为防止欧盟成员国的公共健康产业被外资收购，因此在部分成员国倡议下，2020年3月25日，欧盟颁布该条例的《指南》，这相当于使《条例》提前实施。

《条例》首次在欧盟层面建构起基于安全或公共秩序（security or public disorder）的外资审查框架，加强了成员国在外资安全审查方面的协同，并在欧盟范围内增强了安全审查机制的透明度和确定性，标志着欧盟外资政策和规则趋于保守和对等。特别是该条例看似针对所有非欧盟国家，但实际上“剑指中国”，对中国企业未来在欧盟的投资造成潜在而深刻的影响，其特点主要表现在如下方面。

（一）关于受审查投资的定义扩张

《条例》规定，外国直接投资（FDI）涵盖了外国投资者以任何形式进行的投资，是包含国家实体在内的第三国投资者和在欧盟成员国进行经济活动的企业之间建立或者保持持久且直接联系的广泛投资。① 相较于传统上所采用的“一个经济体的居民在另一个经济体获得企业的控制权或经营管理权、以获取长期利益为目的的投资”② 的标准，《条例》将非控制性投资纳入审查标准，因此非欧盟投资者无法通过控制股权比例而绕开投资审查，任何比例的投资都可能被欧盟认定为符合该标准并被要求审查。

（二）对触发审查的因素作了非穷尽式列举

《条例》第4条对可能被欧盟及其成员国纳入审查的因素进行类型

① See The European Parliament and the Council, Regulations, Article 2 (1), *Official Journal of the European Union*, 19 March 2019.

② 参见余劲松《国际投资法》，法律出版社2003年版，第1页。

化表达，并作了非穷尽式列举：

第一，投资是否对《条例》规定的五个关键领域（有形或无形的关键基础设施、关键技术和军民两用技术、关键物资供应、敏感信息、媒体自由和多元性）造成潜在影响。[①] 第二，投资来源地及所有权属性是否对国家安全或公共秩序带来风险，具体包括外国投资者是否直接或间接被其政府（包括国家机关、武装力量、第三国通过所有权结构或重要资助）所控制，外国投资者是否已经参与影响某一成员国的安全或公共秩序的活动，外国投资者是否有从事违法或犯罪行为的严重风险等情形。[②] 其中，对外国投资者“被政府控制以及所有权结构”[③] 的规定，偏离了“所有权中性”的通行原则，带有浓厚的“所有制歧视”色彩，从这个角度出发，未来中国企业特别是国有企业对欧盟投资显然会面临更多的审查与限制。第三，《条例》附件中还列举了与欧盟整体利益相关的欧洲全球导航卫星系统项目（Galileo & EGNOS）、哥白尼项目（Copernicus）、地平线 2020 项目（Horizon 2020）、跨欧洲运输网络（TEN - T）、跨欧洲能源网络（TEN - E）、跨欧洲电信网络、欧洲国防工业发展项目和永久结构性合作（PESCO）八个项目。[④] 针对这八个项目的外国投资，不仅其他成员国可以发表意见，而且欧委会有“准”审查权，可以“安全或公共秩序免受威胁”为名，行排挤中国竞争性投资之实。

（三）审查机制中多行为体、去中心化的合作

《条例》未构建“欧盟—成员国”双层安全审查机制，而是构建了一个涵盖“东道国—欧委会—其他成员国”的三方合作审查框架[⑤]，任何计划中和已完成的“有可能影响安全或公共秩序”（likely to affect security or public order）的投资项目均可被纳入审查。在此种三方合作机制下，尽管《条例》强调国家安全是每个成员国“独一无二的责任”

---

① The European Parliament and the Council, Regulations, Article 4 (1).

② The European Parliament and the Council, Regulations, Article 4 (2).

③ The European Parliament and the Council, Regulations, Article 4 (2) (a).

④ The European Parliament and the Council, Regulations, ANNEX.

⑤ The European Parliament and the Council, Regulations, Article 4 (1).

(sole responsibility)[①]，成员国掌握最终决定权[②]，欧委会无权直接否决交易，然而在《条例》实施后，成员国对投资项目的决定权事实上被显著“压缩”了。《条例》分别针对可能对成员国安全或公共秩序构成风险的 FDI 和对与欧盟利益相关的项目构成影响的 FDI 设置了两种差异化的审查机制。

1. 一般情形下的审查机制

在一般情形下，成员国在依据本国外资安全审查机制中的安全或公共秩序标准对外资进行审查后，应基于三方合作机制，尽早将信息上报给欧委会和其他成员国。如果其他成员国认为被报告的外资项目可能与其本国安全或公共秩序有关，可以发表评论（comment）并将评论报送欧委会。欧委会可以自行决定是否出具意见，但当 1/3 以上的成员国发表评论时，欧委会则必须出具意见。欧委会应将所收集到的其他成员国评论和所出具的意见（如有）通知其他成员国。对外资进行安全审查的成员国尽管享有最终决定权，但应适当考虑（duly considers）所收到的其他成员国的评论和欧委会意见。

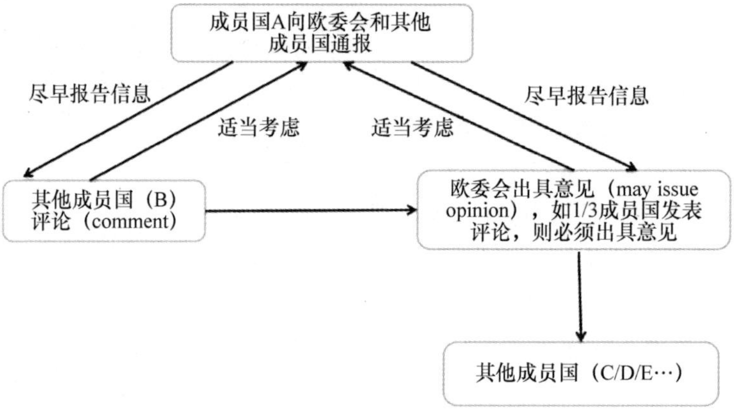

图 2　一般情形下的审查机制运行程序

① The European Parliament and the Council, Regulations, Article 1 (2).
② The European Parliament and the Council, Regulations, Article 1 (3).

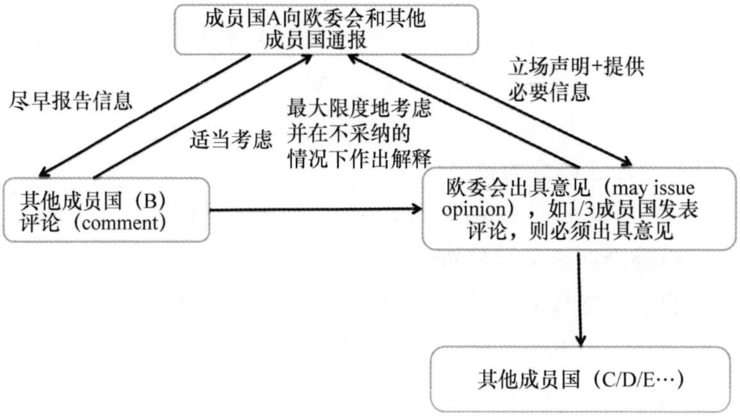

图 3　特殊情形下的审查机制运行程序

2. 特殊情形下的审查机制

特殊情形下的审查机制主要针对可能与欧盟利益相关的项目产生影响的 FDI，特别是涉及由欧盟大量或大比例资助的项目、欧盟立法所涉及的关键基本设施、关键技术以及关键投入中的项目或计划。在此类情形下，欧委会可以接受此项 FDI 的成员国发布“立场声明”并且要求该计划中或已完成的 FDI 所在的成员国提供必需的信息，成员国应当确保及时向欧委会提供其所请求的信息，具体包括：（1）外国投资者以及计划中或已完成的 FDI 针对的目标企业的所有权结构，包括其最终的控制人或者股东；（2）FDI 的标的；（3）外国投资者以及目标企业的产品、服务和商业运营；（4）外国投资者以及目标企业开展经营的成员国；（5）相关 FDI 的资金来源等。[①] 针对特殊情形的外资审查，成员国可以就 FDI 审查相关系统性问题向欧委会外资审查专家组征求意见，尽管欧委会评论意见不具有法律约束力，FDI 所在成员国依然对计划中或已完成的投资项目享有最终决定权，但该成员国应“尽可能考虑”(take utmost account of)[②] 欧委会意见，如成员国最终不采纳欧委会评

① The European Parliament and the Council, Regulations, Article 8 (2) (c).

② “Provide an Explanation to the Commission if Its Opinion Is Not Followed,” See the European Parliament and the Council, Regulations, Article 9 (2).

论意见，则须向欧委会作出相应解释。因此，欧委会实际上相当于拥有“准”审查权，使个别成员国作出对欧盟整体利益不利决定的可行性显著下降，有利于保证欧盟整体利益的一致。

(四) 增加欧委会的新权利

《条例》构建的“东道国—欧委会—其他成员国”三方合作审查框架赋予了欧委会在成员国外资并购审查方面的三项新权利。具体包括：第一，信息获取的权利。通过对成员国规定提供必要信息的义务，欧委会获取信息更加便利，有助于提升其对欧盟内部各种利益和立场的把握和控制能力，也使FDI审查更加透明化。第二，意见发表权。针对一般情形，欧委会可以通过出具意见对成员国的FDI审查进行软约束，要求成员国适当考虑是否采纳该意见。针对特殊情形，欧委会拥有更高的意见引导权，可以提出立场声明以对该成员国实施近乎“硬”约束，该成员国应尽可能考虑该意见。如果不采纳欧委会意见则应作出解释，欧委会的立场声明和意见对成员国构成“事实上”的有效约束，进而保障欧盟的整体利益。第三，委托立法权。在各方同意的情况下，欧委会有权不断完善和补充各项条例，以加强对各成员国的外资监管。欧盟正面临着被边缘化和被孤立的风险，欧委会持续关注如何巩固欧盟内部的稳定。《条例》的公布和实施事实上强化了欧委会的主导地位与话语权，防止欧盟进一步崩塌，也在事实上提升了欧盟的制度竞争力。

(五) 针对安全审查决定可能的救济途径

《条例》对安全审查作出决定后，外国投资者应该如何就个案启动救济途径在《条例》中并没有作出具体规定。① 结合成员国对外资安全审查结果有最终决定权，统一救济内容的缺位间接说明当交易被决定禁止后，外国投资者有权依据作出交易决定的成员国国内法所规定的救济途径寻求帮助。以德国的外资安全审查机制为例，BMWi在启动审查程序后，并购方必须向其递交并购交易的完整资料，在取得交易的完整资

① The European Parliament and the Council, Regulations, Article 3 (5).

料后，BMWi 应在 4 个月内决定对所审查的并购交易作出同意、附加条件的同意或禁止的行政命令。[①] 交易双方可以就交易决定向德国法院起诉。此外，如果交易双方对国内法法院的判决仍有异议，还可以成员国国内法违反欧盟条约的基本自由等义务为由向欧洲法院提起上诉。

从总体上而言，欧盟外资审查框架的建立根源于政治和国际关系的整体辩护。伴随着欧盟在全球格局中的相对衰落，欧盟希望通过《条例》继续保持其核心竞争优势，对安全或安全秩序的审查具有高度的政治正确性，欧盟将其转化为《条例》的关键考虑因素，作为限制乃至抵制 FDI 决定的正当化依据。

四　对中国在欧盟投资竞争的潜在影响

《条例》的颁布和实施标志着欧盟对 FDI 政策和规则的重大调整，对欧盟内外两方面都会产生较大的影响。其中，被明确指向的中国更是首当其冲。《欧盟的中国直接投资》报告围绕欧盟外资审查框架的考虑因素，对可能涉及的中国投资进行了统计（见图 4）。[②] 统计结果显示，80% 在欧盟的中国直接投资“至少符合一个条件”，会受《条例》项下欧盟外资审查机制的影响，具体而言，中国投资所受影响可能体现在以下三个方面。

（一）对中国投资进入欧盟敏感产业形成显著堡垒

按中国在欧盟投资存量来看，制造业、采矿业和金融业是中国投资者在欧盟投资的三大重点行业。《条例》明确规定关键基础设施建设、关键技术及敏感信息获取有关领域的准入将受到限制。[③] 制造业涉及计算机、通信及其他电子设备制造的高端领域；金融业涉及货币金融秩序

---

① 参见张怀岭《德国外资并购安全审查：改革内容与法律应对》，《德国研究》2018 年第 3 期，第 62 页。

② Hanemann, Thilo, et al., “Chinese FDI in Europe: 2018 Trends and Impact of New Screening Policies,” Rhodium Group (RHG) and the Mercator Institute for China Studies, 2019, pp. 18 – 19.

③ The European Parliament and the Council, Regulations, Article 4 (1).

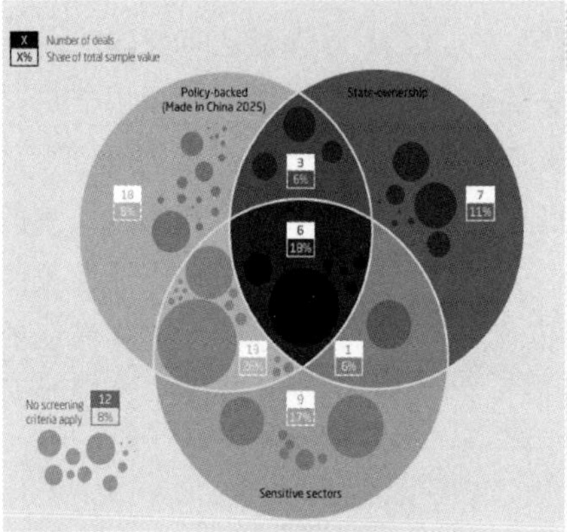

序号	条件	比例(%)
1	敏感产业	46
2	国有企业占20%权益	25
3	中国制造2025	58
	同时符合两个条件	33
	同时符合三个条件	10
	至少符合一个条件	80

图4 欧盟外资审查框架涉及的中国投资范畴

和经济市场的稳定，显然都属于该条例所审查的敏感产业①，未来中国投资者对欧盟境内的敏感行业（涵盖制造业和金融业）的投资将受到严格限制，甚至可能被直接排除在外。

（二）内含国有权益的投资可能面临更严格的审查

2019年欧委会在《关于欧洲FDI的工作报告》中专门提及国有企业（SOEs）是中国投资欧洲的主要推动力，其中提及的统计数据显示，自2000年以来，来自中国的投资中超过60%的中国投资者有超过20%的国有权益。② 同时，该报告还特别分析了中国化工集团在欧洲的系列并购案中得到了中国政府的支持③，以强调中国政府对在欧盟投资的交易影响程度之大，甚至已经构成了对欧盟市场的战略威胁。国有经济是中国国民经济发展的中坚力量，也是中国特色社会主义的支柱。④ 2020

---

① The European Parliament and the Council, Regulations, Article 4 (1) (a).

② See EU Commission: Commission Staff Working Document on Foreign Direct Investment in the EU, SWD (2019), p. 60.

③ See EU Commission: Commission Staff Working Document on Foreign Direct Investment in the EU, SWD (2019), p. 61.

④ 《新时代国有企业的地位与使命——习近平新时代中国特色社会主义思想学习体会》，http://ccnews.people.com.cn/n1/2017/1024/c141677-29606759.html。最后访问日期：2021年11月6日。

年中国国有经济占全国经济总量的62.29%①，因此，如果以内含20%国有权益为审查标准，相当部分中国投资和中国投资者可能被“特别对待”，被限制甚至被排除在对欧盟投资之列。

（三）对政府补贴的针对与限制

前述欧盟报告对《中国制造2025》的关切究其根本是对中国战略发展项目背后所表现出的中国作为战略竞争者可能在新兴产业、科技竞争乃至“弯道超车”的防范和遏制，在实践中更多地表现为对中国政府对相关产业补贴的针对和限制。政府补贴事实上已成为全球FDI审查制度规则塑造的一个关键因素。美、欧、日曾七次发表联合声明表示，强调在政府补贴扶持下，企业能够获得更多资源，从而扰乱市场，对政府补贴进行整体“污名化”。在第2020年1月14日的第七次联合声明中，美、欧、日提出应要求世界贸易组织（WTO）对政府补贴实施更严格的限制②，建议制定更严格的全球规则以防止中国国有企业依靠政府获得竞争优势，矛头直指中国。2021年，欧委会在2020年6月发布的《外国补贴白皮书》的基础上制定了针对扭曲欧盟内部市场的《条例草案》，旨在给予欧盟新的法律工具以应对外国政府的补贴对单一市场的扭曲。③ 该草案的部分内容实际上与2021年《美国创新与竞争法》相呼应，均将补贴的内涵和外延进行了显著扩大并强化了对其的认定标准，事实上构成了欧美对投资补贴规则的部分协同。尽管《条例草案》并没有明确指向中国，但是其规则整体上呈现出“中国特征化”塑造，如通过并实施，必然对进入欧盟市场的中国投资造成障碍。从历史实践来看，欧委会通过的规则草案与最终通过的规则之间往往相差不大，因

---

① 《中华人民共和国2020年国民经济和社会发展统计公报》，http：//www.stats.gov.cn/tjsj/zxfb/202102/t20210227_ 1814154.html。最后访问日期：2021年11月7日。

② “Joint Statement of the Trilateral Meeting of the Trade Ministers of Japan, the United States and the European Union,” https：//ustr.gov/about - us/policy - offices/press - office/press - releases/2020/january/joint - statement - trilateral - meeting - trade - ministers - japan - united - states - and - european - union. 最后访问日期：2021年11月8日。

③ 《欧盟外国补贴条例草案发布 企业取得欧盟外补贴或将受到规制》，http：//www.ccpit.org/Contents/Channel_ 4131/2021/0607/1346964/content_ 1346964.htm. 最后访问日期：2021年11月8日。

此，《条例草案》对中国投资进入欧盟市场构成障碍也是高度概然性的事项。《条例草案》对补贴规则的新发展应引起特别关切，主要包括：第一，对欧盟绝对和相对竞争力的关切，强化塑造补贴新规则构建的正当性宣传；第二，对“公共机构”内涵的发展，将行为可归因于第三国的任何私人实体也纳入公共机构范围之中，突破了现行 WTO 规则所代表的多边补贴规则仅将政府及所授权的部门或国有商业银行认定为公共机构的做法；[①] 第三，强化对外国补贴的审查标准和自裁判权，只要欧盟境外投资者连续三个财政年度接受外国补贴超过 500 万欧元就可触发审查机制，欧盟可以结合外国补贴发放目的、条件及其在欧盟内部市场上的应用、受补贴企业在其国内市场上是否被特许准入等因素来判定是否存在市场扭曲；第四，强化申报要求，新增并购交易和公共采购两类事前申报制度。[②] 需要强调的是，欧盟在近期的补贴认定实践中，已经对既有反补贴规则作出了开创性的扩张性解释和适用，突破性地将第三国政府和公共机构向出口国所提供的“跨境补贴”纳入规制范围，对埃及涉案企业裁定了 10.9% 的反补贴税，对中国涉案企业裁定了 17%—30.7% 不等的反补贴税。[③]

---

① 在“中国诉美国反倾销反补贴措施案”（DS379）和“中国诉美国反补贴措施案”（DS437）中，WTO 争端解决机构认为，不能因为所有权关系即认定中国国有企业构成 WTO 规则中的“公共机构”（public body），仅将国有商业银行认定为“公共机构”。根据 DS379 和 DS437 案，“公共机构”的认定采“政府职权说”，视其是否“拥有、行使或被赋予政府职权”。在 SCM 协定的语境下，国有企业不必然是公共机构，但国有商业银行很可能会被持续认定为公共机构（符合“有意义的控制”）。

② See European Commission: Proposal for a Regulation of the European Parliament and of the Council on Foreign Subsidies Distorting the Internal Market, COM (2021).

③ 2019 年 5 月 16 日，欧委会应欧洲工业织物生产商联盟的申请，根据《欧洲议会与欧洲理事会关于防范来自非欧盟国家的受补贴进口货物的 2016/1037 号条例》第 10 条，决定针对原产于中国和埃及的玻璃纤维织物进行反补贴调查，欧委会将两家埃及企业获得的各项补贴全部纳入反补贴调查范围，埃及政府的所得税、增值税与进口关税减免或退还等特殊经济区内企业的专享优惠措施，中国政府和公共机构向埃及企业直接（或通过中国母公司间接）提供的优惠贷款、出口信用保险、实缴资本注入、土地低价转让与租赁等资助形式，均纳入调查范围。2020 年 6 月 12 日，欧委会对原产于中国和埃及的玻璃纤维织物作出征收反补贴税仲裁。See Commission Implementing Regulation (EU) 2020/776 of 12 June 2020 imposing definitiive countervailing duties on imports of certain woven and/or stitched glass fibre fabrics originating in the People's Republic of China and Egypt and amending Commission Implementing Regulation (EU) 2020/492 imposing definitive anti-dumping duties on imports of certain woven and/or stitched glass fibre fabrics originating in the People's Republic of China and Egypt.

（四）欧洲法院具有可能从宽解释“安全或公共秩序”的倾向

由于《条例》自身未对外资审查决定性质和救济途径予以规定，因此理论上当事方可以依据作出禁止投资决定的成员国外资审查机制的规定寻求可能的司法救济（如德国）。如果对该成员国政府作出的司法判决不服，还可以上诉至欧洲法院，由欧洲法院对该成员国司法判决进行审查。虽然从以往的实践来看，欧洲法院似乎倾向于对“公共秩序”“安全”等概念予以严格解释。然而，《条例》对“安全或公共秩序”的界定模糊，完全可能会将以往把安全从严解释为军事安全、国防安全、政治安全等扩展到经济安全、产业安全、金融安全等更宽泛的范围上，使成员国在未来实践中有更自由的裁量空间。尤其值得注意的是，《条例》宽泛庞杂的清单、富有弹性的用语（如“likely”）、非穷尽式的因素列举和欧委会的清单修订权限①给予欧洲法院较大的自由裁量权，再结合《条例》颁布和实施本身就是欧盟对外资从开放到趋于保守转向的“映射”背景，中国投资者不应受制于对欧洲法院从严解释安全、公共秩序等关键理念的刻板印象，用更加务实和发展的眼光看待欧盟外资审查机制的未来发展，并做好相关的筹划和准备。

五　立足良性竞争视角的中国对策

由于《条例》反映了欧盟对外资特别是来自中国的投资的整体立场从开放转向保守，尤其是可能对那些流向敏感产业、国有企业投资者以及接受中国政府补贴的投资产生显著的消极影响。客观上，随着中欧各自力量的变化，整体上呈现出“东升西降”的态势，欧盟作为守成方，对中国的整体态度也从“合作—竞争”（良性竞争）转向“竞争—合作”（非良性竞争）模式，这种词序的变化表明欧盟对中国的态度已经发生了实质性转向，一旦将竞争置于优先地位，不仅可能使次优先的合作无法推进，而且可能动摇双方合作的互信基础，因此要求中国政府

① The European Parliament and the Council, Regulations, Article 8 (4). Source text: *to amend the list of projects and programmes of Union interest.*

进行整体性战略调整，同时中国投资者也应围绕中国政府的整体战略调整进行相应准备。

（一）投资者母国视角的中国对策

客观上，中国投资者对欧盟市场认知存在相对劣势，对“欧盟—成员国”双层机制的互动与协调掌握不够。中国与除爱尔兰外的所有欧盟成员国均签署了双边投资条约（Bilateral Investment Treaty，BIT），其中2/3以上的BIT签署时间较早，属于中国“第一代BIT”[①]，与主要投资流向地德国、荷兰、卢森堡、法国签署的BIT则属于第二代BIT[②]，然而即便是第二代BIT也仅接受投资准入后国民待遇，无法对欧盟成员国对外资安全审查决定产生任何约束。2009年12月1日《里斯本条约》生效后，欧盟取得对FDI的专属管辖权，2013年中欧启动BIT谈判，并于2020年12月30日达成《中欧全面投资协定》（CAI），其中已接受“准入前国民待遇+负面清单”的模式。但由于欧洲议会的反对，目前CAI尚未被欧洲议会审议，何时生效尚不确定。即便未来CAI生效，也无法对成员国对外资安全审查决定产生实质性约束。

1. 中国投资者的准备

中国投资者有必要对持续收紧、绕路空间收窄的欧盟FDI审查政策有长期准备，需要对整体产业发展战略作出相应调整，并做好相关准备：

第一，中国投资者应加强对东道国的信息准备工作，具体包括在交易准备过程中，详细了解《条例》和欧盟各成员国的FDI安全审查政

---

① 以中国签署的BIT中对投资者—东道国争端解决机制（investor-state dispute settlement，以下简称“ISDS机制”）接受情况为标准，以1998年中国—巴巴多斯BIT和2012年中国—加拿大BIT为界可以将BIT划分为三代。在“第一代BIT”中，除了1994年中国—罗马尼亚BIT和1997年中国—南非BIT（已终止）外，仅允许将因征收或国有化引致的补偿额争端提交ISDS机制解决；从1998年中国—巴巴多斯BIT开始被视为“第二代BIT”，在此阶段签署的BIT中除了1999年中国—卡塔尔BIT、1999年中国—巴林BIT外，还允许将所有投资争端均提交ISDS机制解决；从2012年中国—加拿大BIT开始，对可提交ISDS机制解决的投资争端范围予以限缩，将投资准入阶段的投资争端等排除在ISDS机制解决之外。

② 中国与欧盟成员国芬兰（2000）、德国（2003）、荷兰（2004）、西班牙（2005）、葡萄牙（2005）、比利时—卢森堡经济联盟（2005）、捷克（2005）、法国（2007）签署的BIT均属于“第二代BIT”。

策，尽量做到对自身投资领域的风险评估，尤其是含有国有权益或受政府补贴的投资者、涉及敏感产业的投资，可以寻求专业法律机构的帮助并聘请专业法律顾问，尽量避免因对法律风险的估计不足而造成潜在损失。

第二，在欧盟对外资政策整体态度转向保守之前特别是《条例》正式实施前，中国投资者多通过对欧盟投资的逆向技术溢出方式获取技术，这种大量输入欧洲的技术和商业水平却少量输出自身技术的创新实践被称为“逆向马可波罗效应”。在《条例》实施后，中国投资者通过投资方式获得欧盟成员国的高精尖技术的空间被显著收窄。因此，中国投资者应关注自主知识产权的获得，逐渐建立成熟的产业孵化平台，将更多的注意力转移至自身能力和技术的提升上，增强正向技术溢出效应，适度回应欧盟为维持其产业和技术竞争力优势而对中国投资竞争力的排挤或为未来与欧盟在不同领域的技术交流提供必要的筹码。

2. 中国政府的对策

中国政府应对《条例》框架下欧盟外资安全审查机制的实践予以高度关切，并从以下方面予以应对：

第一，对《条例》中涉及的部分“中国特征化”标准进行适度调整。从美欧日协调性加强，特别是2019年《条例》与美国2018年《外国投资风险评估现代化法》对东道国安全关切的提升、《条例草案》与2021年《美国创新与竞争法》（US Innovation and Competition Act 2021）“遥相呼应”的背景下，美、欧、日等经济体积极推动对形成于20世纪70年代末的补贴规则进行改革，相较于美国更希望对传统“所有权中性”的立法取向欠缺国有企业补贴规则的针对性进行改革，尽管欧盟认为补贴规则及国有企业竞争中立方面应保留与多边协定的一致性和兼容性，但欧盟积极通过自我规则塑造构建“中国特征化”的补贴概念及审查标准，再通过其成熟的法律工具运用能力，通过双边或区域合作，抑或制定不具有强制性的最佳实践（best practices）示范对外推广，进而通过较强的话语同化能力、规则主导能力使其在多边层面上被更多的经济体接受，最终在事实上形成对中国的“围堵”效应。因此，中国立足于基本国情和特殊的政治和经济体制，可以对补贴规则中所涉及的透明度问题、专向性问题等进行改革，以适度回应补贴规则的改革需求，同时对补贴规则改革中的中国方案进行系统化塑造，以更好地提升中国制度供给能力和未来的话语引导能力。

第二，对于欧盟在规则塑造中对来自中国投资和中国投资者的“歧视性”规定特别是审查实践中可能的滥用，中国政府可通过与欧盟达成双边协定对欧盟及其成员国可能滥用自由裁量权进行一定的钳制。如果无法达成双边协定，在必要的情况下或许需要对中国现行的2019年《外商投资法》中的规定、2020年《外商投资安全审查办法》① 细化的外资审查条例进行中国方案的落实，对欧盟可能的滥用予以有力回击，从而使中欧双方对该问题进行重新考虑和安排。

（二）投资东道国视角的中国对策

尽管为促进和保护对欧盟的中国投资，中国政府可以从投资者母国视角予以筹划和准备，但对外资进行审查的权利属于东道国政府，即便东道国政府在审查中确实存在滥用自由裁量权的情况，中国政府即便可以通过未来签订双边协定甚至予以必要反制，但实际能发挥的作用有限，因此对欧盟源于竞争力关切而对外资安全审查机制的发展，中国应更多地关切如何从投资东道国视角予以改进，构建更稳定、可持续的投资环境，从而有选择性地吸收来自欧盟或其他国家的投资。中国作为双向投资大国，在统筹涉外法治与国内法治中，需要在进一步扩大开放的同时加强外资监管，应努力做到以下四方面的平衡。

1. 审查理念创新：开放与监管的平衡

2019年《外商投资法》首次在国内法中接受了“准入前国民待遇+负面清单”的管理模式，2021年《海南自由贸易港法》在《外商投资法》基础上，进一步提升投资自由化便利措施，全面推行极简审批投资制度，除涉及国家安全、社会稳定、生态保护红线、重大公共利益等国家施行准入管理的领域外，全面放开投资准入，还将逐步实施市场准入承诺即入制。② 除了上述法律整体性提升投资自由化便利化水平

---

① 国家发改委、商务部令［2020］第37号，2020年12月19日颁布，自2021年1月18日起施行。

② 2021年《海南自由贸易港法》第18—20条，2021年6月10日颁布，自2021年6月10日起施行。

外，还承诺实施特殊的税收制度安排[①]，以特殊的税收制度安排、高效的社会治理体系和完备的法治体系为保障，持续优化法治化、国际化、便利化的营商环境和公平、统一、高效的市场环境。譬如，《外商投资准入特别管理措施（负面清单）》（2020 年版）修订中将 2019 年版负面清单 77 条缩减到 63 条；[②]《鼓励外商投资产业目录》（2020 年版）新增人工智能辅助医疗设备、高端装备维修等先进领域，以此回应并试图消除欧盟在"对等开放"方面的疑虑。在中国对外资开放程度越来越高的同时，中国也在投资法和其他法律方面适度强化了对外资的监管。2020 年《外商投资安全审查办法》将原来散见于 2011 年国务院办公厅《关于建立外国投资者并购境内企业安全审查制度的通知》[③]、2011 年《商务部实施外国投资者并购境内企业安全审查制度的规定》[④]、2015 年《自由贸易试验区外商投资国家安全审查试行办法》[⑤]等多个规则中的外商投资安全审查机制进行系统化安排和提升，将新设投资、并购投资和其他方式的投资均涵盖在内，提升了外资安全审查机制的广度和强度。2021 年《海南自由贸易港法》虽然基本代表了中国目前对外开放的最高水平，但也明确将涉及国家安全、社会稳定、生态保护红线、重大公共利益等国家施行准入管理的领域排除在外，为上述领域保留了中国政府的自由裁量权。此外，2021 年《阻断外国法律与措施不当域外适用办法》、2021 年《反外国制裁法》的颁布实施也明确表明中国会给自己的发展保留空间，从而对外形成反向压力。

2. 审查机构的设置：效率与安全的平衡

相较于以往所采取的由国家发改委、商务部"双牵头"、会同外国投资所涉及的其他 26 个相关部门的联席会议模式不仅只作为临时性机构，而且其机构协调本身也存在含糊不清之处，包括"相关部门"的

---

① 《海南自由贸易港法》第 4 条。

② 《国家发展改革委、商务部发布 2020 年版外商投资准入负面清单》，http：//www.mofcom.gov.cn/article/ae/ai/202006/20200602977244.shtml。最后访问日期：2021 年 11 月 8 日。

③ 国办发［2011］6 号，2011 年 2 月 3 日颁布，自 2011 年 3 月 5 日起施行。

④ 商务部公告 2011 年第 53 号，2011 年 8 月 25 日颁布，自 2011 年 9 月 1 日起施行。

⑤ 国办发［2015］24 号，2015 年 4 月 8 日颁布，自 2015 年 5 月 8 日起施行。

具体范围并没有在法规中明确，给外资审查的稳定性和可预期性带来影响，程序的不明晰也可能引致效率的低下。《外商投资安全审查办法》第3条明确要求建立专门性的外商投资安全审查工作机制，其办公室设在国家发改委，由国家发改委、商务部“双牵头”承担外商投资安全审查的日常工作，将联席会议改成常设机构，清楚地列出参与列席会议的部门范围并明确各部门的职能和协调方式有助于提升中国外资审查效率与公平的协调。

3. 审查标准的完善：要素化与非穷尽的平衡

审查标准是外资安全审查机制中的核心内容之一，《外商投资安全审查办法》以“重要”“重大”“重点”等修饰词为限定要素，从文义解释上看，其宽泛程度可能更甚于《条例》中的“关键”，并且该审查办法中未对上述修饰词作出具体解释和说明。高度抽象、范围宽泛的话语使实践中对个案的判断容易产生模糊性，特别是在第4条第2款林林总总的重要领域后，又加上了“其他重要领域”这一兜底性条款，在强化对外资安全审查、预防和化解外资对国家安全风险的同时，也可能导致实践中对个案判定的自由裁量权过大。建议对审查标准进行相对限缩，即如果采用“重要”“重大”“重点”此类相对宽泛的修饰词，那么就应尽量避免再使用“其他重要领域”的兜底性条款，从而相对降低外商关于中国外资安全审查立法对促进外资的疑虑。

4. 进取型管辖权的双向构建：自由与安全的平衡

中国所推进的“国内国际双循环”战略，统筹涉外法治与国内法治发展，外商投资企业依然是其中的重要力量。2019年《优化营商环境条例》[①] 明确中国要进一步扩大对外开放，积极促进外商投资，平等对待内资企业、外商投资企业等各类市场主体，为各类市场主体投资兴业营造稳定、公平、透明、可预期的良好环境。[②] 对外资安全审查虽然完全属于中国政府主权范围内的事项，但是为统筹国内外发展，需要把握适时和适度管辖，不宜过度强化外资安全审查，努力提高安全审查程序和报告的透明度，包括必要的数据公开、事中事后监管以及外资投诉

---

① 国务院令第722号，2019年10月8日通过，自2020年1月1日起施行。

② 2019年《优化营商环境条例》第4条、第7条。

机制实效提升等，这既可以给外国投资者提供良好的预期，同时也是提升中国市场竞争力的重要抓手。

六 结语

在新冠肺炎疫情对全球经济造成严重冲击和萎靡态势的2020年，中国对外直接投资流量仍能实现逆势增长，其对欧盟产业的大规模投资和欧盟企业的大量并购案件却引起了欧盟及其成员国对自身产业竞争力的警惕。中国企业尤其是国有企业在欧盟外资审查机制颁布后，面临着更多的投资被约束和被限制的可能性。为了尽量减小投资因审查而被禁止所带来的损失，中国投资者需要对欧盟外资审查做好长期准备，在增加对欧盟市场认知的同时提高自身技术创新和产业竞争力。此外，作为全球最大的外资流入国，中国政府有必要从竞争的角度积极应对欧盟外资审查机制的构建，不仅要塑造更公平、透明、安全的营商环境来吸引外资，而且要在市场开放与安全监管中寻找平衡点，为中国产业在全球市场上的中长期竞争优势提供保障。

欧盟统一国际私法在儿童跨境诱拐领域的新发展

——以2019年《布鲁塞尔条例Ⅱa（重订本）》为中心

New Developments Unified Private International Law in the European Union in Matters of International Child: On the Council Regulation（EU）2019/1111

邹国勇　汪文璟*

ZOU Guoyong　WANG Wenjing

摘要：欧盟理事会2019年《布鲁塞尔条例Ⅱa（重订本）》更新了2003年《布鲁塞尔条例Ⅱa》有关跨境儿童诱拐的条款，是欧盟统一国际私法在儿童跨境诱拐领域的最新发展。为了保护儿童最大利益，提升儿童诱拐案件的处理效率，2019年《布鲁塞尔条例Ⅱa（重订本）》在2003年《布鲁塞尔条例Ⅱa》的基础上，新增了有关跨境儿童诱拐的管辖权规则，完善了儿童快速送还机制。中国应适时加入《海牙儿童诱拐公约》并完善配套规则。

关键词：2019年《布鲁塞尔条例Ⅱa（重订本）》；儿童跨境诱拐；

* 邹国勇，武汉大学法学院副教授、硕士生导师，武汉大学法学博士，德国特里尔大学、德国科隆大学国际私法与外国私法研究所访问学者，兼任中国国际私法学会理事、《中国国际私法与比较法年刊》执行编委、湖北省法学会国际法研究会理事；汪文璟，武汉大学法学院2020级国际法学硕士生。

管辖权规则；儿童快速送还机制；儿童最大利益

Abstract: Council Regulation (EU) 2019/1111 updates the child abduction provisions of the Council Regulation (EC) 2201/2003. To the best interests of the child and enhance the efficiency of handling child abduction cases, the Council Regulation (EU) 2019/1111 adds new jurisdictional rules on and improves the prompt return mechanism for children based on the Council Regulation (EC) 2201/2003. In due course, China should accede to Hague Convention on the Civil Aspects of International Child Abduction and improve the supporting rules.

Key Words: Council Regulation (EU) 2019/1111; child abduction; jurisdictional rules; prompt return mechanism for children; best interests of the child

---

经济全球化的深入发展使人员跨国交往日益频繁，涉外婚姻和跨国子女监护纠纷与日俱增。作为儿童监护的非常态类型，“国际儿童诱拐”（international child abduction）在国际私法语境下有着特殊的含义，它是指未经有权照顾儿童者的同意或合法授权，父母、监护人或其他近亲属将儿童带回自己的国家或者乘儿童来访之际将他们滞留的情形，这种非法滞留或带离行为与第三方诱拐或“传统的绑架”（classic kidnappings）无关。[①]

欧盟2003年11月27日《关于婚姻事项及父母亲责任事项的管辖权及判决的承认和执行并废除第1347/2000号条例的第2201/2003号条例》[②]（以下简称“《布鲁塞尔条例IIa》”）和欧盟2019年6月25日

---

① See Adair Dyer, “La Conférence de La Haye de droit international privé vingt - cinq ans après la création de son Bureau permanent: Bilan et perspectives,” (1980) 168 Recueil des Cours de l' Académie de Droit International, p. 231.

② Regulation (EC) No 2201/2003 of 27 November 2003 concerning jurisdiction and the recognition and enforcement of judgments in matrimonial matters and the matters of parental responsibility, repealing Regulation (EC) No 1347/2000, Official Journal of European Union L338 of 23. 12. 2003, pp. 1 - 29.

《关于婚姻事项及父母亲责任事项的管辖权及判决的承认与执行以及关于国际儿童诱拐的第2019/1111号条例(重订本)》① [以下简称“2019年《布鲁塞尔条例IIa(重订本)》”] 均涉及儿童跨境诱拐事项。本文以2019年《布鲁塞尔条例IIa(重订本)》为基础,阐述欧盟国际私法在儿童跨境诱拐领域的新发展。

一 2019年《布鲁塞尔条例IIa(重订本)》的制定

除丹麦以外,欧盟所有成员国均为《海牙儿童诱拐公约》的缔约国。② 这些国家本可利用该公约解决儿童跨境诱拐问题,但由于内部原因,欧盟仍通过2003年《布鲁塞尔条例IIa》来规制联盟内的儿童跨境诱拐问题。该条例在施行10年后,由于在父母亲责任事项的调整上存在重大缺陷,已不再适应现实发展的需要。同时,欧盟内的儿童跨境诱拐现象层出不穷,儿童面临的现实威胁对于有关儿童跨境诱拐事项立法提出了更高要求。在此背景下,2019年《布鲁塞尔条例IIa(重订本)》应运而生。

(一)在《海牙儿童诱拐公约》外另起炉灶

《海牙儿童诱拐公约》是目前在解决国际儿童诱拐问题上被运用得最为广泛的公约,截至2021年11月30日共有101个缔约国③,其独创的儿童快速送还机制(prompt return mechanism)在解决国际儿童诱拐问题方面产生了巨大的影响。《海牙儿童诱拐公约》在欧盟所有成员国(除丹麦外)

---

① Regulation (EU) 2019/1111 of 25 June 2019 on jurisdiction, the recognition and enforcement of decisions in matrimonial matters and the matters of parental responsibility, and on international child abduction (recast), Official Journal of the European Union L178 of 2.7.2019, pp. 1 - 115.

② HCCH, "28: Convention of 25 October 1980 on the Civil Aspects of International Child Abduction," https://www.hcch.net/en/instruments/conventions/status-table/?cid=24 (last visited September 24, 2021).

③ HCCH, "28: Convention of 25 October 1980 on the Civil Aspects of International Child Abduction," https://www.hcch.net/en/instruments/conventions/status-table/?cid=24 (last visited November 30, 2021).

生效。因此，在解决儿童跨境诱拐问题上，欧盟成员国本可以适用该公约来解决，但欧盟为何还要制定包含调整儿童跨境诱拐事项的《布鲁塞尔条例IIa》呢？这源于一个意想不到的开端、三项建议和一项妥协。①

2000年7月，一项关于儿童诱拐的议题被列入了欧盟司法内务议程，欧盟内部遂出现了持支持和反对《海牙儿童诱拐公约》的两种声音。支持者认为，《海牙儿童诱拐公约》的既定目标基本上得到实现，被诱拐儿童已被送还，而欧盟成员国也极少利用公约中拒绝送还的例外性条款。② 然而反对者认为，《海牙儿童诱拐公约》没有为儿童诱拐提供最恰当的解决办法，公约的例外条款在某种程度上甚至是在鼓励实施儿童诱拐。在后续争论中，各方提出了三项建议，分别是：（1）2000年7月3日法国提出制定相互执行有关探视权判决的条例的建议；（2）2001年9月理事会关于制定国际儿童诱拐问题新规则的建议；（3）理事会关于建立一个独立的处理儿童诱拐案件的共同体机制的建议。其中第三项建议基本构成了欧盟新儿童诱拐机制的框架，欧盟于2003年通过了包含新儿童诱拐机制的《布鲁塞尔条例IIa》。③

（二）2003年《布鲁塞尔条例IIa》的滞后性

在《布鲁塞尔条例IIa》实施10年后，欧盟委员会评估了该条例的实际运行情况，并在2014年4月通过的实施情况报告中建议对该条例进行必要的修正。④ 这是欧盟于2015年确立的旨在减少负担和不削弱

---

① See P. McEleavy, "The Brussels II Regulation: How the European Community Has Moved into Family Law," (2002) 51 (4) *International and Comparative Law Quarterly* 883, pp. 883 - 908.

② HCCH, "A Statistical Analysis of Applications Made in 1999 under the Hague Convention on the Civil Aspects of International Child Abduction," https://assets.hcch.net/upload/abd2001pd3e.pdf (last visited June 6, 2021).

③ 参见吴用《欧盟国际儿童民事诱拐新机制研究》，载《中国青年研究》2011年第12期，第105页。

④ EU, "Report from the Commission to the European Parliament, the Council and the European Economic and Social Committee on the application of Council Regulation (EC) No 2201/2003 concerning jurisdiction and the recognition and enforcement of judgments in matrimonial matters and the matters of parental responsibility, repealing Regulation (EC) No 1347/2000," https://eur-lex.europa.eu/legal-content/EN/TXT/PDF/?uri=CELEX:52014DC0225 (last visited June 12, 2021).

政策目标，同时提高欧盟监管效率的“监管评定和绩效计划”(Regulatory Fitness and Performance Programme)[①] 中的一项举措。此外，欧盟法院迄今已作出24项有关该条例解释的判决，这些判决在该条例修订的过程中也被考虑在内。[②] 虽然该条例总体上被认为运行良好，但实施过程中在“父母亲责任事项”上存在着较大的缺陷，主要体现在儿童送还诉讼、将儿童安置在另一成员国、执行许可审查程序、儿童意见的听取、判决的实际执行以及中央机关间的合作六个方面。比如，在儿童送还诉讼上，由于2003年《布鲁塞尔条例 IIa》规定的6周期限并不清晰，在一定程度上导致儿童送还诉讼在实践中效率不高；又如，在儿童意见的听取方面，2003年《布鲁塞尔条例 IIa》并未切实保护儿童的听审权。2015年欧盟委员会收到的“欧盟法院在儿童诱拐问题上的冲突”这一研究项目[③]的调查结果显示，2003年《布鲁塞尔条例 IIa》第11条第8款所涉及的儿童大多数没有被给予听审的机会，大约只有20%的儿童被听证。2003年《布鲁塞尔条例 IIa》的缺陷亟待弥补，该条例的更新已成必然之势。由于针对该条例提出的修正案数量庞大，欧盟委员会提议将其进行重新修订。在此背景下，经过几年的努力，欧盟理事会于2019年6月25日通过了《布鲁塞尔条例 IIa (重订本)》。

2019年新条例对儿童跨境诱拐问题颇为重视。儿童跨境诱拐属于儿童监护问题的非常态类型，也在父母亲责任事项范围之列，但《布鲁塞尔条例 IIa (重订本)》仍将其与父母亲责任事项并列，足见儿童跨境诱拐问题在这一条例中的重要性。在2003年《布鲁塞尔条例 IIa》

---

① EU, “Regulatory Fitness and Performance Programme (REFIT): State of Play and Outlook,” https: //umwd. dolnyslask. pl/fileadmin/user_ upload/RBWD/aktualnosci/pliki/scoreboard_ en. pdf (last visited June 12, 2021).

② EU, “Proposal for a Council Regulation on jurisdiction, the recognition and enforcement of decisions in matrimonial matters and the matters of parental responsibility,” https: //eur - lex. europa. eu/LexUriServ/LexUriServ. do? uri = SWD: 2016: 0208: FIN: EN: PDF (last visited June 8, 2021).

③ 该项目收集并分析了除丹麦以外的每个欧盟成员国涉及2003年《布鲁塞尔条例 IIa》第11 (6)—(8) 条和第42条的诉讼。See Beaumont et al., “Conflicts of EU Courts on Child Abduction: The Reality of Article 11 (6) - (8) Proceedings across the EU,” (2016) 12 (2) *Journal of Private International Law* 211, pp. 211 - 260.

的基础上，2019 年新条例进一步细化了儿童诱拐的相关条款，包括儿童诱拐案件的管辖权集中化（序言第 41 项）、给儿童真正表达意见的机会（第 21 条）、为欧盟内部儿童诱拐案件的处理规定了更为明确的期限（第 24 条）、在另一成员国安置儿童（第 82 条）等。《布鲁塞尔条例 IIa（重订本）》之所以对儿童跨境诱拐问题十分重视，是因为近年来欧盟境内儿童诱拐现象只增不减，使各成员国的儿童深受其害。

2017 年 10 月，海牙国际私法会议召开了有关审查《海牙儿童诱拐公约》实施情况的第七次特别委员会会议。根据该特别委员会提供的数据，2015 年，通过《海牙儿童诱拐公约》各缔约国中央机关处理的诱拐案件达 2652 件，其中 2270 件涉及申请儿童送还①，欧盟成员国收到的儿童送还申请为 1161 份，其中 830 份送还申请背后的儿童诱拐事件发生在欧盟成员国之间，因此适用《布鲁塞尔条例 IIa》的儿童送还申请数量达到 2015 年全球所有儿童送还申请的 38%。然而，2008 年，通过《海牙儿童诱拐公约》各缔约国中央机关处理的诱拐案件为 2470 件，其中 2204 件涉及儿童送还申请，793 份送还申请背后的儿童诱拐事件是发生在欧盟成员国之间的，所以 2008 年适用《布鲁塞尔条例 IIa》解决的儿童送还申请占全球的比重为 36%。② 从这一数据可以发现，欧盟成员国受理的儿童送还申请案件逐年增加，由此可推断出欧盟境内儿童诱拐现象愈发严重。严峻的现实情况对欧盟有关儿童诱拐问题的立法提出了更高的要求，于是欧盟不得不在《布鲁塞尔条例 IIa》的基础上，在管辖权规则和儿童快速送还机制两方面进一步细化有关儿童诱拐的条款，以期更好地解决儿童跨境诱拐问题。

---

① HCCH, "Part I—A statistical analysis of applications made in 2015 under the Hague Convention of 25 October 1980 on the Civil Aspects of International Child Abduction—Global report - provisional edition, pending the completion of the French version," https://assets.hcch.net/docs/d0b285f1-5f59-41a6-ad83-8b5cf7a784ce.pdf (last visited May 5, 2021).

② HCCH, "Part II—A statistical analysis of applications made in 2015 under the Hague Convention of 25 October 1980 on the Civil Aspects of International Child Abduction—Regional report - provisional edition, pending the completion of the French version," https://dev.icmec.org/wp-content/uploads/2017/10/Part-II-Stat-Analysis.pdf (last visited May 6, 2021).

(三) 2019年《布鲁塞尔条例 IIa (重订本)》与《海牙儿童诱拐公约》的关系

《海牙儿童诱拐公约》得到了除丹麦以外所有欧盟成员国的批准，在2019年通过后，该条例和《海牙儿童诱拐公约》之间的关系便成了现实问题。第一，根据公约的规定，公约不减损在此领域内达成的其他协议的效力，因此该条例在欧盟成员国境内具有优先适用性；第二，如果儿童被非法带离或滞留在某一成员国，该国并非该儿童在被非法带离或滞留前经常居所地国，《海牙儿童诱拐公约》的规定应该由该条例第3章和第6章的规定加以补充并继续适用;[①] 第三，该条例规定，根据《海牙儿童诱拐公约》作出的儿童送还裁决也可适用该条例“承认与执行”的规则。

在名义上，欧盟制定2019年《布鲁塞尔条例 IIa（重订本)》并不影响《海牙儿童诱拐公约》在欧盟成员国境内的实施，但实质上这项举措仍表现出了欧盟的真实意图，即由欧盟直接立法，为欧盟内部人员的自由流动提供更有利的措施，并进一步加强欧盟国家间的司法与行政合作，从而实现在成员国之间以该条例取代《海牙儿童诱拐公约》的实际效果。[②]

特别值得指出的是，虽然欧盟表露出了用《布鲁塞尔条例 IIa》取代《海牙儿童诱拐公约》的意图，同时也制定了有关儿童跨境诱拐的新机制，但欧盟2019年《布鲁塞尔条例 IIa（重订本)》仍全部保留了该公约中的儿童快速送还机制，由此可见这一机制的重要性。

二 儿童跨境诱拐事项管辖权规则的新发展

2003年《布鲁塞尔条例 IIa》和2019年《布鲁塞尔条例 IIa（重订

---

① 参见2019年《布鲁塞尔条例 IIa（重订本)》第96条。

② 参见吴用《欧盟国际儿童民事诱拐新机制研究》，载《中国青年研究》2011年第12期，第106页。实际上，这是吴用教授对2003年《布鲁塞尔条例 IIa》的评价，但笔者认为，2019年《布鲁塞尔条例 IIa（重订本)》是对2003年《布鲁塞尔条例 IIa》的细化和发展，代表了欧盟在婚姻事项、父母责任事项以及国际儿童诱拐事项上更高层次的统一，所以这一评价同样适用于2019年《布鲁塞尔条例 IIa（重订本)》，甚至重订本更能彰显这一趋势。

本)》均规定了有关离婚、依法别居、宣告婚姻无效、国际父母亲责任等事项的统一管辖权规则。较之于2003年《布鲁塞尔条例IIa》，2019年《布鲁塞尔条例IIa（重订本)》对于儿童诱拐事项管辖权规则的发展主要体现在引入协议管辖制度和对儿童跨境诱拐案件的管辖权集中化两方面。

（一）引入协议管辖制度

对于儿童跨境诱拐案件，2003年《布鲁塞尔条例IIa》没有规定协议管辖条款，而2019年《布鲁塞尔条例IIa（重订本)》却允许各方当事人根据第10条协议选择法院。当事人不但享有协议选择管辖法院的权利，而且放宽了协议管辖的书面形式要求，任何能够持久记录协议内容的电子通信，与“书面形式”有同等效力。同时，为了保护儿童的最大利益，《布鲁塞尔条例IIa（重订本)》第10条第1款要求当事人协议选择的成员国法院必须与儿童有实际联系，例如父母亲责任承担者至少有一方的经常居所位于该成员国、儿童以前曾在该成员国有经常居所或者儿童是该成员国的国民。协议管辖的效力具有排他性以避免管辖冲突。

《布鲁塞尔条例IIa（重订本)》允许对儿童诱拐案件进行协议管辖，这样一来，根据《海牙儿童诱拐公约》有权对儿童送还请求作出裁判的法院，可以作出送还或不予送还的判决；如果作出不予送还的判决，则儿童应留在新的经常居所地的成员国，今后在该国进行的任何有关监护权的诉讼，均可以儿童的新经常居所为依据确定管辖权。①

《布鲁塞尔条例IIa（重订本)》允许当事人对儿童诱拐案件进行协议管辖，主要出于以下三方面原因：第一，协议管辖制度是意思自治原则在当事人诉权问题上的体现②，允许当事人合意选择儿童诱拐案件的管辖法院从根本上体现了对当事人的处分权和私法自治的尊重。第二，协议管辖传统上只适用于合同及财产法领域，但由于近现代社会“从

---

① 参见2019年《布鲁塞尔条例IIa（重订本)》序言第22项。

② 参见刘晓红、周祺《协议管辖制度中的实际联系原则与不方便法院原则——兼及我国协议管辖制度之检视》，载《法学》2014年第12期，第43页。

身份到契约”的转变，人身法领域的财产性色彩越来越浓厚[1]，所以协议管辖也开始向人身法领域渗透。以父母亲责任事项为例，父母亲责任是指所有法律所允许的父母在与子女人身和财产有关的事项上所享有的权利、义务、权力和责任[2]，父母亲责任兼具人身性和财产性特点，所以欧盟2019年《布鲁塞尔条例 IIa（重订本）》允许对儿童诱拐案件进行协议管辖。第三，允许儿童诱拐案件当事人协议管辖有助于提高管辖权的确定性和可预见性，增加了当事人诉诸司法的机会，便利了当事人诉讼，进而促进了公民在欧盟范围内的自由流动。

（二）建立集中管辖制度

2003年《布鲁塞尔条例 IIa》虽然规定了离婚、父母亲责任事项的统一管辖权规则，但未规定集中管辖制度。儿童诱拐案件的管辖权集中化是欧盟2019年《布鲁塞尔条例 IIa（重订本）》的另一大积极改进。为了尽快结束《海牙儿童诱拐公约》规定的送还程序，该条例序言第41项要求各成员国应基于本国的法院结构体系，考虑将这些诉讼程序的管辖权集中在尽可能少的法院。儿童诱拐案件的管辖权可以集中在一个全国性的法院，也可以集中在有限的几个法院。例如，从上诉法院的数量出发，将儿童跨境诱拐案件的管辖权集中在上诉法院辖区的一个初审法院。

将儿童诱拐案件的管辖权集中在某几个法院，能够提升案件处理效率，因为长期审理此类案件的法官具有国际儿童诱拐方面的特殊专业知识，并积累了相关经验，而集中管辖权能够确保有经验的法官在这种特殊诉讼程序中对送还申请及时作出裁决，同时也能将对送还裁决提出上诉的可能性限制在一定的范围内。[3]

---

① 参见刘懿彤《国际民事诉讼管辖权与和谐国际社会构建》，中国人民公安大学出版社、群众出版社2017年版，第227页。

② 参见李超《英国、西班牙离婚后子女共同监护制度比较研究及对我国的启示》，载《河南财经政法大学学报》2018年第2期，第30页。

③ See Beaumont et al., “Parental Responsibility and International Child Abduction in the Proposed Recast of Brussels IIa Regulation and the Effect of Brexit on Future Child Abduction Proceedings,” (2016) 2016 *International Family Law* 307, p. 309.

三 儿童快速送还机制的完善

2019年《布鲁塞尔条例IIa（重订本）》对儿童快速送还机制作出的改动如下：首先，强调成员国有义务为儿童提供真正有效的表达意见的机会；其次，为欧盟内部儿童诱拐案件规定了更为明确的处理期限，将每一审法院的审理期限都规定为6周，送还判决的执行期限也为6周；再次，全面废除父母亲责任事项的可执行性宣告程序，规定基于《海牙儿童诱拐公约》作出的有关儿童诱拐事项的裁决可以适用该条例“承认与执行”的相关规定；复次，限制上诉次数为1次以确保送还程序快速进行；最后，强调加强中央机关的作用，确保中央机关有充足的资金和人力资源以履行该条例赋予的职责。

（一）为儿童提供真正有效的表达意见的机会

2003年《布鲁塞尔条例IIa》虽然曾要求尊重儿童以及请求人表达意见的权利，但同时规定，如果法官认为儿童的心智和年龄不适合表达意见，则儿童的意见将没法得到表达；但2019年《布鲁塞尔条例IIa（重订本）》第21条明确强调各成员国有义务为儿童提供真正有效的表达意见的机会。

自1989年《联合国儿童权利公约》通过以后，儿童权利（Children's Right）成为各国立法中的一个重要概念。[①] 2019年《布鲁塞尔条例IIa（重订本）》最大的亮点在于明确寻求加强儿童的权利，而且通过第21条“儿童表达自己意见的权利”和第26条“国际儿童诱拐”这两个条款为这一权利的实现提供了可能。该条例不仅在序言第39项中强调儿童有机会根据《欧盟基本权利宪章》第24条第1款和《联合国儿童权利公约》第12条自由地表达自己的意见，而且要求根据欧盟法院的判例，在儿童送还程序中为诉讼中有能力形成自己意见的儿童提供真正有效表达意见的机会，在评估儿童的最大利益时适当考虑这些意见。

---

① 汪金兰：《儿童权利保护的国际私法公约及其实施机制研究——以海牙公约为例》，法律出版社2014年版，第2页。

2019年《布鲁塞尔条例IIa(重订本)》序言第3项明确指出,欧盟已确立了建立、维护并发展一个自由、安全和公正的区域目标,在该区域内,人员的自由流动和诉诸法律的机会应得到保障。为此,应加强人们(尤其是儿童)在法律程序中的权利。同时,该条例的序言第2项明确了儿童享有在诉讼中表达意见的权利。新增设的第21条进一步凸显了对儿童权利的保护,规定成员国法院应确保"有能力形成自己意见的儿童"有机会表达他们的意见,从正面强调儿童的能力,而不是由法官判断儿童是否适合陈述意见,并且应该是"真正和有效的机会"。如果儿童已经表达了自己的意见,法院应依照国内法律和程序,根据儿童的年龄和成熟度,对其意见给予适当的重视。

2019年《布鲁塞尔条例IIa(重订本)》序言第53项进一步规定,如果由于客观原因而不能听取一方当事人或儿童的意见但有相应的技术手段可以利用,法院应考虑通过视频会议或任何其他通信技术手段举行听证会,除非由于案件的特殊情况使这种技术的运用不利于诉讼的公正进行。[①] 该条例为了尽可能保护儿童的最大利益,在制度设计上也作出了一番努力。它规定儿童的听审权和表达意见权,不但可以通过实际出席庭审的方式实现,在特定情况下还可以借助通信技术手段等电子途径实现,甚至在适当情况下可以基于欧盟理事会2001年5月28日《关于成员国法院之间在民商事取证方面进行合作的第1206/2001号条例》[②]的规定采取一切可以利用的手段[③],以确保儿童的权利能够得到最大限度地实现。这不但有力地保护了儿童听审权和表达意见权,同时也促进了儿童参与权[④]的实现。

---

① 参见2019年《布鲁塞尔条例IIa(重订本)》序言第53项。

② Regulation (EC) No 1206/2001 of 28 May 2001 on cooperation between the courts of the Member States in the taking of evidence in civil or commercial matters, *Official Journal of the European Union* L174 of 27.6.2001, pp. 1-32.

③ 参见2019年《布鲁塞尔条例IIa(重订本)》序言第39项。

④ "儿童参与权"是国际人权法上的概念,是指儿童依法享有的受国际公约、各国宪法和法律保障的,儿童通过自由表达和自由行为参与家庭、文化和社会生活的权利。《儿童权利公约》首次提出了"儿童参与权"这一概念,通常认为该公约第12条系对儿童参与权的总括性解释。参见《儿童权利公约》第12条:"1. 缔约国应确保有主见能力的儿童有权对影响到其本人的一切事项自由发表自己的意见,对儿童的意见应按照其年龄和成熟程度给予适当的看待。2. 为此目的,儿童应有特别机会在影响到儿童的任何司法和行政诉讼中,以符合国家法律诉讼规则的方式,直接或通过代表或适当机构陈述意见。"

此外，2019 年《布鲁塞尔条例 IIa（重订本)》新增的一项不予承认有关父母亲责任事项判决的事由也与儿童表达意见权有关。该条例第 39 条第 2 款规定，如果没有向儿童提供表达意见的机会，可以拒绝承认和执行有关父母亲责任问题的判决，但诉讼程序只涉及儿童的财产或考虑到案件的紧迫性有重大理由的除外。该条例将儿童没有获得真正有效地表达意见的机会单列为拒绝承认法院判决的理由，足见该部分内容的独立性和重要性。

2019 年《布鲁塞尔条例 IIa（重订本)》作出此种变动的主要原因在于实践中只有少数儿童被真正听证。1989 年《联合国儿童权利公约》① 第 12 条和《欧盟基本权利宪章》② 第 24 条明确保护儿童在民事诉讼中获得听审机会的权利，2003 年《布鲁塞尔条例 IIa》也有相关条款对这一权利加以保护。但是，“欧盟法院在儿童诱拐问题上的冲突”项目团队于 2015 年提交给欧盟委员会的研究报告显示，涉及 2003 年《布鲁塞尔条例 IIa》第 11 条第 8 款的大多数儿童没有被给予听审的机会，大约只有 20% 的儿童被听证。根据 2003 年《布鲁塞尔条例 IIa》第 11 条第 2 款，不给予儿童听证机会的唯一理由是：由于儿童的年龄和成熟度不够，不宜给予他们听证机会。但是，这一理由明显不能解释多达 80% 的儿童没有获得听证机会这一调查结果。

对于这种情况，不同成员国的法官在访谈中提出了不同的解释理由。首先，各国法律程序存在差异，一些成员国对某个特定年龄以下的儿童不进行听证，如一些成员国允许 12 岁以上的儿童有被听取意见的机会，然而 12 岁以下的儿童则无这种机会；其次，缺乏人力和技术资源，以及诱拐行为实施者对儿童权利的影响等也是导致儿童并未被听证的原因。不论原因如何，我们从这一研究报告中可以得出如下结论：在 2003 年《布鲁塞尔条例 IIa》框架下，儿童并未充分享有被听取意见的权利。正是这个原因，促使欧盟委员会在 2019 年新条例中新增“为儿童提供真正有效的表达意见的机会”这一独立条款，以保障儿童权利。

---

① UNICEF, “Convention on the Rights of the Child,” https://www.unicef.org/child-rights-convention/convention-text (last visited June 10, 2021).

② Charter of Fundamental Rights of the European Union, Official Journal of the European Communities C364 of 18.12.2000, pp. 1-22.

(二) 明确规定了欧盟各国处理儿童诱拐案件的期限

对于儿童诱拐案件的处理期限，2003 年《布鲁塞尔条例 IIa》第 11 条规定：“法院必须采用国内法上最便捷的程序，并在收到儿童送还申请后 6 周内作出裁决，只有在特殊情况下方可超过这一时限。”2019 年《布鲁塞尔条例 IIa（重订本）》序言第 42 项则对每个阶段都作了更为清晰的时间限制：“基于《海牙儿童诱拐公约》提起的儿童送还申请，除非有特殊情况无法作出裁决，否则每一审法院均应在 6 周内作出裁决。”该条例正文第 24 条则详细规定了每一审法院 6 周审理期限的起算时间点：对于一审法院，期限应从法院受理案件时起算；对于上诉法院，期限则应从采取所有必要的程序性措施之时起算。此外，该条例第 28 条第 2 款还规定：“如第 1 款所述裁决在执行之诉提起后 6 周内未得到执行，则请求执行的一方或执行成员国的中央机关应有权要求主管执行的机关说明拖延的原因。”这说明：在一般情况下，送还儿童的裁决执行期限也为 6 周。

2019 年《布鲁塞尔条例 IIa（重订本）》之所以明确规定欧盟各国处理儿童跨境诱拐案件的期限，是因为在 2003 年《布鲁塞尔条例 IIa》的框架下，儿童送还程序实施效率低下。其主要原因是：（1）作出送还判决的 6 周时间在实践中被证明是不够的，而且 6 周这一期限规定也不明确，6 周是否适用于每一审级？上诉和执行送还裁决等程序是否也需在这 6 周内完成？这些问题都是存疑的；（2）2003 年《布鲁塞尔条例 IIa》没有规定受理中央机关提出的处理申请的时限；（3）在国内法律中没有限制对送还裁决提出上诉的次数，存在着上诉次数无限的问题；（4）一些成员国处理送还申请的法院缺乏专业性，造成案件处理延误。

2019 年《布鲁塞尔条例 IIa（重订本）》通过细化若干规定使得这些沉疴被一一消除。该条例规定，每一审级法院均应在 6 周内作出裁决，裁决也应在 6 周内执行，所以除特殊情况外，案件的处理期限最多 18 周。乍看之下，虽然 2019 年新条例的规定可以说是 2003 年《布鲁塞尔条例 IIa》第 11 条第 3 款规定的 6 周期限的一个倒退，但这在司法实践中可能是更为现实的，而且由于儿童诱拐案件管辖权的集中化，使得儿童诱拐案件的处理效率得以提高，案件能够得到更专业化的处理，加之案件的上诉数量被有效限制，实际上儿童送还的平均时间将会减少。

（三）全面废除了父母亲责任事项的可执行性宣告程序（exequatur）

2003 年《布鲁塞尔条例 IIa》开启了废除判决承认与执行中审查程序的先例。根据其第 41 条第 1 款和第 42 条第 1 款的规定，关于探视权以及送还儿童的判决无须进行可执行性宣告，随后制定的其他条例使废除判决承认与执行中的审查程序的范围扩大。[①] 2019 年《布鲁塞尔条例 IIa（重订本）》的最大创新之处则在于完全废除了可执行性宣告程序[②]，并通过第 39 条的规定在实际执行层面提供了适当的保障。废除可执行性宣告程序的保障措施包含在拒绝承认和执行的理由中，分别是：公共政策、不可调和性、在未出庭的情况下没有有效送达、父母亲责任人缺乏陈述意见的机会、儿童缺乏陈述意见的机会以及不遵守跨国安置的协商程序。[③]

欧洲很多国家的法律都对执行外国法院判决规定了一种独立的执行许可审查程序。根据 2000 年《关于民商事管辖权及判决的承认与执行的第 44/2001 条例》[④]（以下简称"《布鲁塞尔条例 I》"）第 38 条，被申请执行的外国法院判决必须首先被宣告为具有可执行性，方可申请予以执行。[⑤] 然而，在此框架下就判决的执行问题而言，一些国家所采取的判决宣告制度或判决登记制度耗费时间和费用，徒增不必要的负担，

---

① 参见张文亮《评欧盟布鲁塞尔判决体系的新近发展》，载《人大法律评论》2012 年第 2 期，第 174 页。

② 参见 2019 年《布鲁塞尔条例 IIa（重订本）》第 34 条。该条款英文为："A decision in matters of parental responsibility given in a Member State which is enforceable in that Member State shall be enforceable in the other Member States without any declaration of enforceability being required."

③ 参见 2019 年《布鲁塞尔条例 IIa（重订本）》第 39 条。

④ Regulation (EC) No 44/2001 of 22 December 2000 on jurisdiction and the recognition and enforcement of judgments in civil and commercial matters, Official Journal of the European Communities L12 of 16. 1. 2001, pp. 1 – 23.

⑤ 参见杜涛《欧盟跨国民事诉讼制度的新发展——评欧盟〈布鲁塞尔第一条例〉之修订》，载《德国研究》2014 年第 1 期，第 96 页。

违反在欧盟内促进判决流通的国际主义精神。[①]

废除执行许可审查程序，具有经济、实践和政治上的三重意义。首先，在经济上，一方面，废除执行许可审查程序使判决在得以流通的同时，为当事人节省了不必要的时间和金钱，尤其是减少了时间损耗，这在国际儿童跨境诱拐案件中尤为重要；另一方面，可以使当事人之间的债务责任得以更快履行，加快了货物和资金的流动，提高了经济效率。其次，在实践中，欧盟范围内 90% 以上的外国法院判决最终都通过了审查程序进而得到了执行，审查程序已无存在的必要。[②] 最后，在政治上，欧盟欲实现建立一个货物、人员、服务与资本可以自由流动的统一市场的目标，就必然需要在司法制度上加以保证。执行许可审查程序的取消，使得各成员国法院的判决可以在欧盟范围内自由流动，这极大地促进了欧洲区域一体化进程。

（四）2019 年《布鲁塞尔条例 IIa（重订本）》有关“承认与执行”的规则对儿童送还判决的适用

2003 年《布鲁塞尔条例 IIa》对有关儿童送还判决的承认与执行问题未作规定。2019 年《布鲁塞尔条例 IIa（重订本）》第 1 条第 3 款明确规定，将该条例第 4 章关于“承认与执行”的规则扩大适用于根据《海牙儿童诱拐公约》作出的送还儿童的裁决，该裁决必须在其作出国以外的另一成员国执行。这完全是一条新增的规定。

承认与执行外国法院判决的前提之一是该判决为民商事判决。原则上，基于《海牙儿童诱拐公约》作出的送还儿童裁决由于并不涉及父母亲责任事项实体问题而不能适用有关判决的承认与执行的规则，但实际上这种情况属于例外。2019 年《布鲁塞尔条例 IIa（重订本）》规定，根据《海牙儿童诱拐公约》作出的送还裁决也可适用该条例“承认与执行”的规则。其原因在于：在成员国法院作出送还儿童的裁决后，如果儿童又被诱拐至另一成员国从而需要在另一成员国执行该裁决，可

---

① 参见李旺《论外国法院判决的自动承认制度》，载《清华法学》2019 年第 6 期，第 185 页。

② 参见杜涛《欧盟跨国民事诉讼制度的新发展——评欧盟《布鲁塞尔第一条例》之修订》，载《德国研究》2014 年第 1 期，第 96 页。

以直接适用本条例第 4 章“承认与执行”的相关规定，这就大大提升了案件的处理效率。而且这并不影响基于《海牙儿童诱拐公约》就进一步的诱拐行为启动新的儿童送还程序。

（五）对有关儿童送还裁决的上诉予以次数限制

对基于《海牙儿童诱拐公约》所作的准予或拒绝送还儿童的裁决，2003 年《布鲁塞尔条例 IIa》并未限制提起上诉的次数，而 2019 年《布鲁塞尔条例 IIa（重订本）》序言第 42 项则规定，对于这种裁决，成员国应考虑将其可以提出的上诉次数限制为 1 次。

对出现的这种变化，不妨这样理解：《海牙儿童诱拐公约》的最大成功之处在于其采取了特殊的运作方式，即并没有在传统的“管辖权确定—法律适用—判决的承认与执行”框架下进行协调，而是设立了儿童快速送还机制，以使儿童快速地返回其经常居所地国。快速送还机制的核心就在于“快速”二字，只有在儿童尽可能快速地返回其经常居所地后，该地法院才能对儿童监护的实体问题行使管辖权并作出相应判决。“将上诉次数限制为 1 次”在一定程度上支持了海牙国际私法会议关于尽可能迅速地送还儿童的要求。如果不限制上诉次数，可能因上诉次数过多而造成延误，并导致案件在法院内被拖延数年的情况。与此同时，限制上诉次数还将最大限度地制约诱拐儿童的父母一方滥用上诉制度的能力。

（六）加强各国中央机关的作用

在父母亲责任事项上，所有成员国都应指定中央机关。各国在《海牙儿童诱拐公约》体制下设立的中央机关原则上应该就是 2019 年《布鲁塞尔条例 IIa（重订本）》所指的中央机关。[①] 2003 年《布鲁塞尔条例 IIa》未规定中央机关的作用，而 2019 年《布鲁塞尔条例 IIa（重订本）》则强调加强欧盟各成员国中央机关的作用，并要求各国确保中

---

① 参见吴用《儿童监护国际私法问题研究》，对外经济贸易大学出版社 2009 年版，第 296 页。

央机关有足够的财力和人力资源以履行该条例赋予的职责。[①] 通过确保中央机关有足够的资金和人力资源，克服其人员和资金的不足，可以使中央机关更有效率，进一步发挥协助听取各方意见、改善各方间的沟通与合作、提供与儿童有关的信息、确保非居民父母与儿童之间的安全探视或接触、支持调解以及向欧盟委员会提供有关儿童诱拐案件的完整数据等作用。[②]

四　对2019年《布鲁塞尔条例IIa（重订本）》的评价及其对中国的启示

（一）对2019年《布鲁塞尔条例IIa（重订本）》的评价

如前文所述，2019年《布鲁塞尔条例IIa（重订本）》在儿童跨境诱拐事项上的新发展主要体现在两个方面，即管辖权规则的优化以及儿童快速送还机制的完善。在管辖权层面，2019年条例允许各方当事人对儿童诱拐案件进行协议管辖，同时强调集中儿童诱拐案件的管辖权，以提高案件处理效率和专业化程度。在儿童快速送还机制上，2019年条例强调各成员国有义务为儿童提供真正有效的表达意见的机会，同时为欧盟内部儿童诱拐案件的处理规定了更为明确的期限。另外，2019年条例全面废除了父母亲责任事项的可执行性宣告程序；根据《海牙儿童诱拐公约》作出的送还裁决也可适用2019年条例“承认与执行”的规则；2019年条例还对上诉次数进行限制以使整个程序快速进行；2019年条例同时强调成员国应确保中央机关有足够的财力和人力资源以履行本条例赋予的职责。

在2019年《布鲁塞尔条例IIa（重订本）》框架下，儿童诱拐新规则的制定紧紧围绕着提高儿童快速送还机制的效率和保护儿童最大化利益两大目标展开。由于2019年条例尚未施行，因此无法通过该条例的实际实施效果判断其功效。在该条例的制定过程中，欧盟内部对2003

① 参见2019年《布鲁塞尔条例IIa（重订本）》序言第72项。

② See Beaumont et al., "Conflicts of EU Courts on Child Abduction: The Reality of Article 11 (6) - (8) Proceedings across the EU," (2016) 12 (2) *Journal of Private International Law* 211, p. 212.

年《布鲁塞尔条例 IIa》一些争议较大的条款的实施情况提交了详细的调查报告，并对实践中被证明效率低下的条款进行了修改，规则的修订也经历了相关领域内专家的多轮探讨，总体上进一步细化和发展了原有规则，所以更具有实践性和现实意义，由此相信 2019 年条例在一定程度上能更好地指导法官和其他人员的工作，并帮助欧盟各成员国更高效地处理儿童诱拐案件。当然，欧盟 2019 年条例建立的儿童诱拐机制并不完美，如该条例没有规定听取儿童意见的程序以及方式（是必须由法官亲自听取意见还是允许儿童在法庭外表达意见再以书面形式呈递）等，这些问题都有待欧盟各国今后的实践加以解决，该儿童诱拐机制的实际效果亦有待时间检验。

（二）2019 年《布鲁塞尔条例 IIa（重订本）》对中国的启示

对外国法律规定的研究总是要落脚于中国的具体立法和司法实践，以解决中国的本土问题。

1. 中国涉外儿童监护及诱拐问题的立法现状

国际儿童诱拐问题属于儿童监护的非常态类型。通过考察中国的涉外儿童监护立法，我们不难发现目前中国对涉外儿童监护的立法呈现出粗放、简陋的形态。

首先，在管辖权问题上，《中华人民共和国民事诉讼法》没有专门针对涉外儿童监护纠纷的管辖权规定。在中国司法实践中，将儿童监护问题视为离婚案件附带的一个问题，因此受理婚姻案件的法院也顺理成章地成为解决涉外儿童监护纠纷的法院，但后期当事人向法院单独提起监护权变更之诉的情形除外。

其次，在法律适用问题上，仅有 2010 年《中华人民共和国涉外民事关系法律适用法》（以下简称“《法律适用法》”）第 30 条规定了涉外儿童监护的法律适用问题。[①] 但这一规定也存在瑕疵：第一，该条文采取的是“有利于”标准，这一标准模糊且难以界定，使得《法律适用法》第 30 条在实践中被搁置，进而导致法官自由裁量权较大。另

---

① 参见《中华人民共和国涉外民事关系法律适用法》第 30 条：“监护，适用一方当事人经常居所地法律或者国籍国法律中有利于保护被监护人权益的法律。”

外，该条冲突规范中连接点的设置也不甚合理。欧盟以及世界上大多数国家的通行做法是将经常居所地作为涉外儿童监护问题法律适用的首要连接点，因为儿童的经常居所地是与儿童的实际生活最紧密关联的地方，儿童的情感联系、社交联系以及教育联系往往都聚集于该地，以经常居所地为首要连接点更符合儿童最大利益保护的需求。但中国《法律适用法》第 30 条则是一项选择适用的冲突规范，供选择的“经常居所地法律”和“国籍国法律中有利于保护被监护人权益的法律”处于并列地位，没有主次之分，经常居所地法律并没有得到足够的重视。

最后，在判决的承认与执行问题上，中国尚未加入任何有关儿童监护方面的国际公约，而且中国法院对于外国法院判决的承认与执行采用的是法院审查制，这使得外国法院作出的儿童监护判决在中国的承认与执行变得更加困难。

国际儿童诱拐问题作为儿童监护问题的特殊形态，中国对此问题的立法更是一片空白。而这种立法上的缺位现象与中国面临的国际儿童诱拐纠纷频发的现实并不相符。

2. 建议加入《海牙儿童诱拐公约》并完善配套国内立法

在国际儿童诱拐事项上，欧盟已经建立起了一套成熟的制度。起初，欧盟除丹麦外的所有成员国均加入了《海牙儿童诱拐公约》；随后，通过 2003 年《布鲁塞尔条例 IIa》建立了一套调整儿童跨境诱拐新机制；现在，欧盟又通过 2019 年《布鲁塞尔条例 IIa（重订本）》进一步发展了这套儿童诱拐机制。反观中国，跨国儿童诱拐问题并未得到足够的重视，其仅被视为家庭内部纠纷而并非一个独立的法律问题。关于儿童诱拐的基础法律制度还没有构建起来，在这一问题的立法上存在大片空白。欧盟 2019 年《布鲁塞尔条例 IIa（重订本）》的做法对于中国的可借鉴之处似乎寥寥无几，但通过细致分析，我们仍可以从该条例的新规定中获得一些启示，以期更好地解决国际儿童诱拐问题。

首先，虽然欧盟内部不再满足于在原有的海牙公约的框架下进行家事法的协调，其欲以条例的方式建立欧盟的儿童跨境诱拐新机制并逐步取代《海牙儿童诱拐公约》的意图已初步展现，但是 2019 年《布鲁塞尔条例 IIa（重订本）》仍完全保留了《海牙儿童诱拐公约》中的儿童快速送还机制，由此该机制在解决国际儿童诱拐问题上的先进性，仍然能发挥巨大的作用。实质上，《海牙儿童诱拐公约》最为成功之处正是儿童快速送还机制。所以，中国也可以运用这一机制来提高解决国际儿童诱拐问题的效率，这就要求中国加入《海牙儿童诱拐公约》。

事实上，基于以下三个原因，中国加入《海牙儿童诱拐公约》也是历史发展的必然趋势：（1）截至2021年10月11日，《海牙儿童诱拐公约》已经拥有了101个缔约国，缔约国的广泛性昭示着该公约取得的巨大成功。该公约在国际儿童诱拐方面发挥着日益重要的作用，并逐渐成为处理国际儿童诱拐案件的权威法律依据。中国由于没有加入该公约，使得从中国地区被带离出去的儿童或从其他国家或地区被带至中国地区的儿童都无法通过快速送还机制回到其经常居所地。[①] 如果中国加入该公约，便可以在100多个缔约国中援引快速送还机制以使儿童快速回到其经常居所地，这将大大提高中国解决国际儿童诱拐问题的效率。（2）由于历史原因，中国香港特别行政区和澳门特别行政区在回归前已经自动适用该公约，回归后仍然适用该公约，但由于中国内地未加入该公约，导致中国在越来越多的跨境儿童监护纠纷中面临区际法律冲突的困境，加入《海牙儿童诱拐公约》有助于解决中国区际儿童诱拐问题。（3）该公约条款与中国现有的法律制度并不存在难以兼容的地方。由于该公约采用的是儿童快速送还机制，绕开了传统的“管辖权确定—法律适用—判决的承认与执行”路径，管辖事项也不涉及监护的实体问题，而且采取儿童快速送还机制的义务性规定也充分尊重了各国现有立法，并未要求缔约国创设新的程序。[②] 所以中国应该顺势而为，尽快加入《海牙儿童诱拐公约》，以更好地维护国际儿童诱拐案件中被非法带离或滞留的儿童的最大利益。

其次，在中国加入《海牙儿童诱拐公约》的前提下，相关的配套规定需要跟进完善。《海牙儿童诱拐公约》采取了特殊的运作方式，即没有在传统的“管辖权确定—法律适用—判决的承认与执行”框架下进行协调，而是认定应由儿童经常居所地国对儿童监护案件行使管辖

---

① 参见柴毛毛《〈国际儿童诱拐民事方面的公约〉监护权问题研究》，硕士学位论文，中南财经政法大学，2018年，第2页。

② 参见吴用《海牙〈国际诱拐儿童民事方面公约〉评介——兼论我国加入公约的可行性》，载《中国青年政治学院学报》2013年第6期，第39页。

权，并运用儿童快速送还机制使儿童快速返回到其经常居所地国家，然后根据该国国内法判断由国内的哪个法院对儿童监护的实体问题行使管辖权并作出相应判决。那么，中国需要制定相关规则以确定对儿童诱拐案件的实质问题享有管辖权的国内法院。

借鉴 2019 年《布鲁塞尔条例 IIa（重订本）》第 9 条“对非法带离或滞留儿童案件的管辖权”① 的规定，笔者提出以下立法建议：首先，确立儿童经常居所地的基础管辖权地位，如果被监护人在中国有经常居所，则由经常居所地法院行使管辖权。这一做法已经得到了国际条约和许多国家立法的普遍认可。其次，在特殊情况下，儿童因被非法带离或滞留而取得的新经常居所地法院也可以行使管辖权。换言之，如果存在非法带离或滞留儿童的现象，儿童被非法带离或滞留前的经常居所地法院仍保留管辖权，直到该儿童在另一成员国取得新的经常居所，并且，（1）拥有管辖权的每一个人、机构或其他机关已同意带离或滞留儿童的行为；或者（2）在上述拥有监护权的个人、机构或其他机关知晓或本应知晓该儿童下落之后，该儿童已经在另一国居住了至少 1 年时间，

① 参见 2019 年《布鲁塞尔条例 IIa（重订本）》第 9 条。该条款英文为：“Without prejudice to Article 10, in the case of the wrongful removal or retention of a child, the courts of the Member State where the child was habitually resident immediately before the wrongful removal or retention shall retain their jurisdiction until the child has acquired a habitual residence in another Member State and: (a) Each person, institution or other body having rights of custody has acquiesced in the removal or retention; or (b) the child has resided in that other Member State for a period of at least one year after the person, institution or other body having rights of custody has had or should have had knowledge of the whereabouts of the child and the child is settled in his or her new environment and at least one of the following conditions is met: (i) within one year after the holder of rights of custody has had or should have had knowledge of the whereabouts of the child, no application for return has been lodged with the competent authorities of the Member State to which the child has been removed or where the child is being retained; (ii) an application for return lodged by the holder of rights of custody has been withdrawn and no new application has been lodged within the time limit set in point (i); (iii) an application for return lodged by the holder of rights of custody was refused by a court of a Member State on grounds other than point (b) of Article 13 (1) or Article 13 (2) of the 1980 Hague Convention and that decision is no longer subject to ordinary appeal; (iv) no court wasseised as referred to in Article 29 (3) and (5) in the Member State where the child was habitually resident immediately before the wrongful removal or retention; (v) a decision on rights of custody that does not entail the return of the child has been given by the courts of the Member State where the child was habitually resident immediately before the wrongful removal or retention.”

且在该时间段内没有提交送还儿童的申请，而儿童也已经在新环境中定居下来。

综上所述，通过借鉴2019年《布鲁塞尔条例IIa（重订本）》中的相关规定并结合中国在涉外儿童监护方面的立法现状，笔者提出解决中国的国际儿童诱拐问题的建议：第一，绕开传统的“管辖权确定—法律适用—判决的承认与执行”路径，直接加入《海牙儿童诱拐公约》，运用儿童快速送还机制使儿童快速地返回至其经常居所地国，再由儿童经常居所地国法院对儿童监护的实体问题行使管辖权并作出相应判决，具体由儿童经常居所地国的哪个法院对监护的实体问题行使管辖权由该国法律自行确定；第二，完善加入该公约后的配套规定，制定相关规则以确定中国哪些法院对儿童诱拐案件的实体问题享有管辖权。原则上，由儿童的经常居所地享有基础管辖权；在特殊情况下，当满足特定条件时，儿童因非法迁移或滞留而取得的新的经常居所地国法院也可享有管辖权。

加入《海牙儿童诱拐公约》并完善配套立法进一步促进中国涉外法律制度的完善，且可以使依据中国法律产生的监护权的行使能在该公约100多个成员中得到有效尊重。相信这项举措可以更高效地解决中国国际儿童诱拐问题，及时有效地保护中国儿童的最大利益，同时减少中国儿童诱拐现象的发生。

Covid-19 背景下欧盟刑事司法合作的再检视

A Re-Examination of EU Criminal Justice Cooperation in the Context of Covid-19

付琴雯　熊安邦*

FU Qinwen　XIONG Anbang

摘要：一直以来，欧盟都利用其刑事司法合作平台促进成员国之间的司法协助工作。由新冠肺炎疫情引起的全球健康危机，正在越来越多地影响到各国间刑事司法合作的正常运作，并可能导致引渡、司法协助和被判刑人移交请求的处理延迟。通过回顾疫情发生以来欧盟刑事案件中不同形式的司法合作，包括嫌疑人的逮捕移交引渡、调查取证合作、跨境赃款追回等主要方面，总体认为，欧盟成员国防疫措施对域内刑事司法合作的影响有限，但这些措施会直接或间接地造成域内刑事司法合作方面的诸多不确定性。

关键词：Covid-19；欧盟；刑事司法合作

基金资助：湖北警官学院院级科研项目“跨国传染病控制的国际法问题研究”（编号：HJ2020YB03）

Abstract: The EU has been using its criminal justice cooperation platform to facilitate mutual legal assistance between member states. The

* 付琴雯，湖北警官学院国际警务系讲师，法学博士。主要研究方向为国际警务执法合作、国际刑事司法合作、国际海洋法。熊安邦，湖北警官学院国际警务系副教授，法学博士。

global health crisis caused by the new coronavirus epidemic is having an impact that increasingly affects the normal functioning of criminal judicial cooperation between countries and may lead to delays in the processing of extradition, mutual legal assistance, and transfer of sentenced persons requests. By reviewing different forms of judicial cooperation in EU criminal cases since the outbreak, including the arrest of suspects for transfer of extradition, cooperation in investigation and evidence collection, cross-border recovery of stolen funds, and other key aspects, it is generally concluded that the impact of EU member states' anti-epidemic measures on intra-territorial criminal judicial cooperation is limited, but these measures can directly or indirectly cause many uncertainties in intra-territorial criminal judicial cooperation.

Key Words: Covid-19; EU; Criminal Justice Cooperation

引　言

一直以来，欧盟都利用其刑事司法合作平台促进成员国之间的司法协助工作。自 Covid-19 疫情暴发以来，2020 年 3 月，欧盟委员会就向其成员国、冰岛和挪威发布了一份调查问卷，主要调查这些国家的防疫措施对司法合作文书的影响。与此同时，欧盟理事会也授权“欧盟刑事事项司法合作署”（即“欧洲司法组织”，以下称“EUROJUST”）和“欧洲司法网络”（以下称“EJN”）收集其组织内成员国的相关信息，进行汇编并定期更新，以便不断协助从业人员在刑事事项中适用司法合作文书。随后，欧盟理事会公布了一份关于 Covid-19 病毒对“SIRENE”办公室工作影响的问卷答复汇编。[①] 通过梳理发现，欧盟刑事司法合作主要集中在“嫌疑人的逮捕、移交和引渡”“调查取证合

① See EU Doc 7693/2/20 REV2, "The Impact of COVID-19 on Judicial Cooperation in Criminal Matters," Executive Summary of Information Compiled by Eurojust and EJN," https://www.eurojust.europa.eu/sites/default/files/Press/2020-06-26_Council-document-7693-2-20_EN.pdf. 最后访问日期：2021 年 10 月 9 日。

作”“跨境资产追回”这三大方面。

一　Covid-19 疫情对逮捕和引渡程序的影响

早在 2002 年 6 月 13 日，欧盟理事会就颁布了《关于欧洲逮捕令和成员国之间移交程序的框架决定》（FD EAW，以下简称“《框架决定》”）。[①] 当前，通过分析相关案例确定由于 Covid-19 疫情而采取的防疫措施发现，目前依据《框架决定》的相关规定而产生的问题主要分为三大类。这些个案尤其涉及《框架决定》第 15 条第 2 款、第 17 条和第 23 条的适用问题。

（一）关于签发和执行欧盟逮捕令的相关问题

1. 签发逮捕令的“补充资料”问题

根据《框架决定》第 15 条第 2 款的规定，需要明确签发当局是否能够提供认可及执行逮捕令所需的补充资料。由于与 Covid 19 有关的防疫措施以及成员国司法系统运作的总体不确定性，导致被请求国需要更加频繁地与请求国进行联系，要求后者提供补充信息。具体而言，被请求国提出的要求，通常涉及请求国 Covid-19 疫情的详细情况及其对移交程序的影响，以及请求国就移交后可能为被请求人提供的检疫和医疗保健所采取的措施。

对人，欧盟有一个欧洲统一逮捕令（EAW）；对证据，欧盟有一个统一调查令（EIO）。在这些请求中，请求国往往根据欧洲调查令而不是欧洲逮捕令对被请求人员进行听证。这是因为请求国认为在 Covid-19 疫情下，这样选择更为方便。虽然在有些案例中，这种方式被证明是一个很好的解决办法，但是，如果被请求人已进入诉讼程序，被请求国就不会再同意根据欧洲调查令进行听证。在 Covid-19 疫情的初期阶段，被请求国经常求助于欧洲司法组织，表达他们对成员国司法系统运作的

---

① See EU doc 2002/584/JHA, “Council Framework Decision of 13 June 2002 on the European arrest warrant and the surrender procedures between Member States – Statements made by certain Member States on the adoption of the Framework Decision,” https://eur – lex. europa. eu/legal – content/EN/ALL/? uri = CELEX%3A32002F0584. 最后访问日期：2021 年 10 月 8 日。

关切。同时，被请求国也要求对这些个案所需要的“补充资料”进行答复，而“补充资料”要求的内容，往往是阐释所犯罪行及监管当局所依据的相关决定等，这些都与 Covid-19 疫情没有直接联系。然而，在当前形势下，国家所采取的防疫措施，会造成对这类补充信息在答复上的延迟。在某些情况下，由于请求国迟迟未对被请求国提出“补充资料”的要求作出答复，因此案件往往被提交到欧洲法院。

总的来说，在欧盟逮捕令的签发方面，Covid-19 疫情对于签发事项的影响有限。自疫情发生以来，绝大多数欧盟成员国的司法当局，仍在继续正常发布逮捕令。一些国家主要只处理紧急或非常严重的案件，还有一些国家选择由检察官办公室发布具体指导方针，这都是 Covid-19 疫情蔓延期间欧洲司法活动普遍受到限制的间接结果。不过，当前欧盟刑事案件合作的程序性工作正逐步恢复正常。

2. 执行逮捕令的“期限”问题

《框架决定》第 17 条规定了执行逮捕令的时限和程序。它规定，作为一个原则问题，应当作为紧急事项进行处理，并期望被请求国在相当短的时限内作出关于执行的最后决定。具体而言，在被请求人同意移交的情况下，是在同意后 10 天内，或在其他情况下，是在被请求人被逮捕后的 60 天内。如果被请求国不能遵守这些时限，第 17 条规定它有义务通知请求国，说明延误的原因。在欧洲司法组织登记的案件中，许多欧盟成员国都援引《框架决定》第 17 条规定的程序，并通知其对应方无法遵守其中规定的时限。在欧盟成员国与非欧盟国家之间的引渡机制方面也存在类似的困境，即所采取的防疫措施会直接影响到被请求人的实际移交，因此，这也要求请求国和被请求国之间进行迅速的沟通。

此外，《框架决定》第 17 条第 1 款规定：“欧洲逮捕令应作为紧急事项进行处理和执行”①。也就是说，逮捕令的所有阶段都应该被视作紧急程序。“欧洲逮捕令”（EAW）于 2004 年 1 月正式生效，它取代了欧盟国家之间曾经存在的冗长的引渡程序。作为一种简化的跨境司法移交程序，其目的是提起诉讼、执行判决或下达拘留令。欧盟一国司法机

① https：//eur－lex. europa. eu/legal－content/EN/ALL/？uri＝CELEX%3A32002F0584.

关签发的逮捕令在欧盟全境有效。[①] 从理论上说，“简易引渡”是在被请求人同意自愿接受引渡的条件下，省略一般的审查程序，快速地将该人移交给请求国。故而，实行“简易引渡”，一方面能够节省司法资源，加快国际合作的进程；另一方面，也体现了对被请求人诉讼权利意愿的尊重。因为如果“被引渡人并不反对对其的引渡，则这一拖延是无正当理由的”[②]。在当前形势下，不仅仅是欧盟内部，国际上有许多国家以及许多国际法律文件，都呼吁“努力加快引渡程序并简化与之有关的证据要求”。然而，Covid-19 疫情对逮捕令的签发和执行都产生了影响。尽管一些成员国逐步开放边界，也逐步允许商业航班执行飞行任务，然而，商业航班在频率和目的地方面始终受到限制，这也导致移交程序经常被延缓。

3. “过境引渡”问题

在过境引渡方面，过境原则没有受到太大影响，只有少数几个国家暂停了所有的过境行为。不过，也有一些国家采取了逐案评估的政策，并采取进一步的预防措施，如要求被移交人出示核酸阴性证明、要求被移交人员在移交期间必须佩戴防护装备并在抵达后被隔离，等等，还有少数几个国家明确提到要对参与押送移交的警察和官员进行隔离。不过，随着疫情趋于稳定、疫苗接种取得大幅进展，从近期情况来看，有提及大部分警务人员已接种 Covid-19 疫苗，一些国家也明确了“押送官员明确豁免适用于进入该国的措施，除非来自高风险国家”。

（二）关于执行实际移交程序的“时限”问题

1. 关于“移交被请求人”的时间限制影响

首先，在疫情期间，《框架决定》第 23 条有关“时限”的规定遭遇挑战。“欧洲逮捕令”实质上是一种工具，可以作为移交被请求人以便进行刑事起诉、执行监禁判决、落实拘留令的简化程序。[③] 由于逮捕令的特殊性质，欧盟成员国针对 Covid-19 疫情而采取的措施，如封锁、

① https：//e – justice. europa. eu/content_ european_ arrest_ warrant – 90 – en. do.

② 参见黄风《国际刑事司法合作的规则与实践》，北京大学出版社 2008 年版，第 24 页。

③ 参见欧盟关于欧洲逮捕令的第 2002/584/JHA 号框架决定；欧盟关于移交被判刑人员的第 2008/909/JHA 号框架决定。

宵禁、关闭边境等，都严重影响到了逮捕令程序中的最后阶段，即实际移交阶段。无法转移被请求人员，主要可能因为存在以下几种情况：由于全球空中交通受到限制，航班减少或没有航班；缺少警务人员安排转运；对完成转运任务返回后自我隔离职责的限制；没有相应的拘留和医疗设施使被请求人员接受检疫并在移交后最终得到治疗，等等。在这些情况下，请求国一般会参照《框架决定》第 23 条的适用情况，要求延迟移交。

《框架决定》第 23 条规定了“移交被请求人的时间限制”。原则上，被请求人应在有关当局商定的日期里尽快移交，且不得迟于执行欧洲逮捕令的最终决定的 10 天后移交。但如果在该期限内因成员国出现不可控的情况而无法移交，则执行和签发司法当局应立即相互联系并商定新的移交日期。《框架决定》第 23 条第 4 款规定，严重的人道主义原因可以作为例外情况处理而暂时推迟移交，例如，有充分理由相信该移交程序会明显危及被要求人的生命或健康。否则，欧洲逮捕令将立即执行。①

Covid-19 疫情或其他大流行病蔓延，是否符合《框架决定》第 23 条规定的情况，其实并没有明确，不过，有一些国家考虑到现阶段疫情蔓延的持续时间无法预测，倾向于援引《框架决定》第 23 条第 4 款规定的“严重人道主义”理由而推迟实际移交程序。诚然，许多成员国在意识到很难落实“实际移交”程序的情况下，请求国和被请求国的当局会进行谈判，以便根据《框架决定》第 23 条的规则来确定新的移交日期。然而，这些谈判往往很麻烦，主要难点在于《框架决定》第 23 条第 3 款“由于不可抗力而推迟移交”和第 23 条第 4 款“基于人道主义理由而推迟移交”的适用性问题，以及对这两款之间的关系缺乏共同解释。

在涉及邻国的案件中，欧盟成员国司法当局设法通过《框架决定》第 23 条第 3 款规定的谈判程序商定一个新的日期，并在陆地过境点安排移交被请求人员。在个别情况下，一些国家甚至为此目的而专门租用军用飞机运送若干被请求移交的人员。这个解决方案成功地解决了

① 参见《关于欧洲逮捕令和成员国之间移交程序的框架决定》第 23 条。

Covid-19 疫情早期阶段"商业航班不可用"的问题。此外，欧盟成员国在处理与"强制检疫"有关的问题、与警员和被请求人员健康有关的问题时，一般适用《框架决定》第 23 条第 4 款。这些情况一方面涉及被请求人已经在被请求国进行隔离，另一方面涉及请求国要求对所有从国外抵达人员进行隔离。在这种情况下，请求国往往会对被请求人员采取相关拘留措施，以便使他们能够严格遵守相关防疫规则。

2. 关于被请求人"反复推迟移交"的问题

与 Covid-19 疫情有关的不确定性也引出另外一个问题，即在无法安排移交的情况下，是否可以"反复推迟移交"? 在一个案件所涉当局的谈判过程中，提到了 2017 年欧盟法院对"托马斯·维尔卡斯(Tomas Vilkas)案"的判决[①]以及法院的结论，即必须将《框架决定》第 23 条解释为"在第 23 条规定的时限到期之后，相关部门仍有义务就新的移交达成协议"[②]。

在就新的移交日期进行谈判时，如果无法就任何具体日期达成一致意见，当局临时商定的日期可能是紧急措施的结束日期，也可能是实施措施到期的日期。这些都取决于欧盟有关成员国在这方面的国内法。

在一般情况下，只有在成员国承认和执行该逮捕令后，才适用《框架决定》第 23 条。但是，在 Covid-19 疫情下，由于有关国家之间缺乏航班，因此执行当局往往依据此而推迟承认和执行该逮捕令。在"托马斯·维尔卡斯案"中，移交令的执行部门直接提及《框架决定》第 23 条第 3 款和第 4 款。随后，该被请求人被释放。值得注意的是，在该案中，法院也注意到《框架决定》的不同语言版本的措辞区别，这些区别也导致在第 23 条条款的援引方面存在一些争议。在案件结论中，法院认为:"对欧盟法律条款的统一解释的需要使得在有疑问的情况下不可能孤立地考虑条款的文本，但相反，它要求应基于两者的解释、立法机关的实际意图和立法机关追求的目标，特别是根据所有语言

---

① See Case -640/15 - Vilkas, https: //eur - lex. europa. eu/legal - content/FR/TXT/? uri = CELEX%3A62015CJ0640.

② See the text of the decision of Case -640/15 - Vilkas, paras 34 -43.

制定的版本。”[①] 也就是说，法院强调需要既考虑“立法机关的实际意图”，又考虑所有语言版本的差异性。

通过回顾该案，也引出了一个在当前 Covid-19 疫情下值得思考的问题，即《框架决定》第 23 条是否提供了一个适当的法律框架，在无法确定移交日期的情况下，将被请求移交人员在不确定的条件下进行无限期关押？在提出推迟移交的请求时，被请求国提到了《框架决定》第 12 条的适用问题，旨在为拘留被请求人提供法律依据和理由。[②] 然而，在某些情况下，请求国在无法商定移交日期的情况下，通过援引《框架决定》第 23 条第 5 款的规定，释放了被请求移交人员，其理由一般是该条所指明的时限已届满，所以无法确定移交日期。但是，在所有其他类似案件中，被请求人仍然被拘留，直到有关当局商定最后移交日期。

总体而言，在与适用《框架决定》第 23 条有关的大多数案件中，由于欧洲司法组织的及早介入，可以促进区域内开展刑事司法合作的持续沟通，通过这种沟通进一步明晰成员国有关当局提出的所有问题，并促进就新的移交日期达成协议。[③] 在实际移交方面，可以通过组织派出军用飞机运送被请求人员，或者在邻国陆地边界过境点进行移交，从而规避 Covid-19 疫情防控的相关旅行限制。还有一些国家根据个案的具体情况，与执行当局和签发当局进行磋商，以商定新的移交

① See Lucie Pacho Aljanati, “Multilingual EU Law: A New Way of Thinking,” in *European Journal of Legal Studies*, 2018, p. 23.

② 《框架决定》第 12 条“继续拘留该人”的条款规定：“当一个人根据欧洲逮捕令被逮捕时，执行司法当局应根据执行成员国的法律，决定是否应继续拘留被请求人。该人可在任何时候根据执行成员国的国内法被临时释放，条件是该成员国的主管当局采取其认为必要的一切措施，防止该人潜逃。” See https://eur-lex.europa.eu/legal-content/EN/ALL/?uri=CELEX%3A32002F0584。最后访问日期：2021 年 10 月 17 日。

③ 在这方面，欧洲司法组织发挥了重要作用，因为它可以为欧盟成员国提供许多方面的司法支持。例如，就《框架决定》相关条款和关于引渡的国际条约的相关规定的适用而发出信函。其他的一些支持方面包括：传递推迟移交的紧急请求，并努力帮助当局就可能的新移交日期达成协议；对因紧急状态而实行的旅行限制和延长最后期限的信息进行沟通交流；使相关国家能够考虑到最新的事态发展；敦促请求国提供关于继续拘留被请求人的理由的资料，以便被请求国能够审查关于拘留的决定；传递批准请求国要求的信息；协助移交程序的批准；以及确定有关司法当局对一再推迟移交的立场，并要求提供资料说明延长的最长期限，等等。

日期。

3. 对“已被判刑人员移交程序”的影响

Covid-19 疫情对于“已被判刑人员移交”的影响也值得注意。在疫情发生的最初时期，大多数欧盟国家暂停了对被判刑人员的移交。但是，随着疫情趋于稳定，这种移交又成为可能。可以移交被判刑人员的国家一般会进行逐案评估，在某些国家，仍然可以优先处理紧急案件。在这种情况下有人强调，根据欧盟理事会 2008 年 11 月 27 日第 2008/909/JHA 号“关于对刑事案件中判处监禁或涉及剥夺自由的措施的判决适用相互承认原则”的框架决定，其第 15 条规定了“被判刑人员的转移”问题，而在实际情况下，第 15 条第 1 款有关“30 天执行移交时限”的规定不大可能得到遵守。① 许多国家在进行移交时所遇到的实际问题主要涉及关闭欧盟内部边界和取消航班，以及需要身体接触、体检、隔离等。不过，一些国家报告说，可以向其他成员国移交被判刑人员，唯一的实际问题仍是空中移交的限制和防疫措施的限制，因而不得不暂停这种移交程序。

当前，在逐步恢复正常的情况下，可以根据航空公司、被判刑者是否接种疫苗等情况来决定是否移交。一般来说，通过陆路移交要比通过空中移交成功的机会高一些。这是因为在空中移交方面，各国面临的主要障碍仍然是第三国的航班限制问题，其航班会出现暂停或取消的情况，导致无法遵守移交的 10 天期限规定，对比之下，陆路移交的便利性便凸显出来，对于邻国之间的移交尤其如此。

4. 关于“移交替代措施”的探讨

疫情的发生，使得欧盟成员国对于“移交的替代措施”的探讨加强。例如，在征得被请求移交人员同意的情况下，在审判阶段可以通过

① 欧盟理事会 2008 年 11 月 27 日第 2008/909/JHA 号框架决定第 15 条规定：“如果被判刑人员在签发国，应在签发国和执行国主管当局商定的时间内将其移交给执行国，且不得迟于执行国作出承认判决和执行刑罚的最后决定后 30 天。如果在第 1 款规定的期限内移交被判刑人员因不可预见的情况而无法进行，签发国和执行国的主管当局应立即相互联系。一旦这些情况不再存在，则应立即进行移交。签发国的主管当局应立即通知执行国的主管当局并商定新的移交日期。在这种情况下，转让应在商定的新日期后 10 天内进行。” See https：//db.eurocrim.org/db/en/doc/1188.pdf. 最后访问日期：2021 年 10 月 12 日。

视频会议发布“欧洲调查令”，以避免出现延期审判、延期刑事诉讼或接管程序的执行情况。如果暂时推迟移交，则要求相关司法当局对“延长被请求人逮捕时间”的情况进行审查，直到实际移交成为可能。此外，一些国家司法部门根据具体案件的情况，释放了被请求移交的人员，并根据《框架决定》第 12 条的规定，采取了防止该人潜逃的措施，如定期向警方报告，采取旅行禁令，实施缓刑令，采取保释、软禁措施等。但是，对于这些情况，需要移交双方国家进一步进行协商，以确定是否继续实施逮捕。

总体而言，在逮捕和引渡移交方面，Covid-19 疫情主要对“实际移交”阶段造成了巨大影响。虽然并没有一个国家暂停执行逮捕令，其执行和移交程序可以正常启动，但在某些情况下，许多国家出于防疫目的而采取的相关法律措施，使得在实施最终司法裁决后，将被请求的人员移交给签发国的程序并不能如期实现。因此，在防疫背景下，需要基于现有的实际情况，对每次移交活动的可行性进行逐案评估。可以说，虽然欧盟司法合作活动已在有条不紊地恢复当中，但是由于疫情前期的严格管控，许多欧洲逮捕执行程序都在逐步拖延，目前在欧盟内部延迟移交的情况仍然不少见。

二　Covid-19 疫情对欧盟刑事司法协助的影响

（一）Covid-19 疫情对欧洲调查令的影响

在疫情背景下，欧盟司法协助请求的方式和手段更加多样化。2014 年 4 月 3 日，欧盟设立了“欧洲调查令”（EIO）。[①] 它是一项司法决定，也是一种相对较新的司法合作工具，它由一个欧盟国家的司法当局发布或查验，以采取调查措施收集或使用在另一个欧盟国家刑事案件中的证据。它在整个欧盟有效，但不适用于丹麦和爱尔兰。

欧洲调查令建立在相互承认的基础上，这意味着执行当局原则上有义务承认并确保执行另一国的请求。在调查措施方面，欧洲调查令包括

① 参见欧盟关于欧洲调查令的第 2014/41/eu 号指令；欧盟关于联合调查小组的第 2002/465/JHA 号框架决定。

听取证人的证词、截取电话、秘密调查和提供有关银行业务的资料等等。[①] 自 2017 年 5 月实施以来，欧洲司法组织一直密切监测 EIO 的实施和运作情况。为此目的，该组织发布了若干文件，进一步阐释了欧洲调查令的运作和有关的潜在问题和挑战。当前，该组织收集了关于欧洲调查令在应对 Covid-19 疫情方面的挑战，主要集中在三个方面：发布欧洲调查令之前所需的信息、传送欧洲调查令和证据、通过视频会议等手段的人员听证。

Covid-19 疫情的发生，造成了欧盟许多国家司法部门工作的改变，包括终止公共服务、限制办公时间等，这些都使人们对执行欧洲调查令的可行性产生了怀疑。一方面，负责签发的部门往往并不确定是否应该签发和发送欧洲调查令，因为签发部门意识到了执行部门可能面临的障碍和限制。为了进一步了解情况和解决这些问题，签发部门经常会向欧洲司法组织发出问询。在大多数案件中，他们主要想了解执行欧洲调查令的部门是否可以进行证人的听讯。另一方面，签发部门还会要求确认哪一个是正确的执行部门，以及该部门是否采取了可能直接影响欧洲调查令执行的防疫措施。

欧盟相关部门的担心不无道理，因为在 Covid-19 疫情防控措施下，执行部门在对被拘留的嫌疑人进行调查时，必须遵守严格的时间限制，但在防疫背景下这种限制往往很难得到遵守。在有的案例中，签发部门对欧洲司法组织关于时限到期可能删除数据提出了怀疑，因为有些防疫措施可能会导致执行延迟，从而使得数据被删除或不再可用。还有的国家签发部门因为缺乏工作人员，向欧洲司法组织请求协助填写欧洲调查令表格，以便利签发过程的展开。实际上，当存在严重的有组织犯罪并影响到两个或更多的成员国，或这些国家需要在共同基础上实施起诉时，欧洲司法组织会根据成员国和欧洲警察组织开展的行动或提供的信息进行干预。该组织本身受到欧洲数据保护委员会的监督。

---

① See European Investigation Order, European Union Agency for Criminal Justice Cooperation, https://www.eurojust.europa.eu/judicial-cooperation/eurojust-role-facilitating-judicial-cooperation-instruments/european-investigation-order-eio. 最后访问日期：2021 年 10 月 11 日。

（二）Covid-19 疫情对司法协助请求的影响

在 Covid-19 疫情的不同阶段，疫情都对执行司法文书的送达产生了一定的影响。

首先，司法合作文书的发布数量有所减少。许多国家采取了“优先次序”政策，在疫情最初阶段，执行“欧洲逮捕令”程序和落实“司法协助请求”仅限于紧急案件。在适用这一“优先次序”的情况下，除了紧急案件之外，所采用的主要标准包括罪行的严重性、嫌疑人是否在审前被捕、证据丢失的风险等。对于上述两种类型司法文书的送达，大多数国家建议以电子方式传送请求，这也是在目前情况下尤其是在特别紧急请求下最有效的方式。大多数国家鼓励将请求直接发送给主管执行当局，还有一些国家则建议将请求发送到一个集中的电子邮件地址上，因为在目前情况下可能会出现无法直接联系到执行当局的情况。然而，由于疫情防控措施和在家工作的客观环境，电子证据的发送请求和法律程序还是会受到影响。在疫情刚开始阶段，许多国家根据罪行的紧急程度或严重程度，将这些要求按照优先排序进行处理，但这样也会导致案件的不断积压，因此，后来国家通过设立专门人员和特设电子邮件地址，以便更快地传送此类需要提供电子证据的司法协助请求。

其次，即使在没有实行优先排序的国家里，如果采取了延迟执行的监禁措施，那么也会相应地耽误法官和检察官的远程司法工作。例如，一些国家推迟了需要采取实际接触的措施，如搜查房屋、亲自听证等；或者在可行的情况下采用适当的替代办法，如通过视频或电话会议进行听证等。在有些国家里，借助电子手段调查取证甚至是唯一可能的方式。此外，还有一些国家只有在逐案评估后，才会决定是否有必要启动调查取证程序。由于通过正规邮政服务向执行国传输司法协助请求仍然会受到影响，有些甚至被暂停或推迟，因此，随着全球疫情形势趋于稳定，一些成员国更加强调通过视频或电话会议等远程技术进行听证并取得了较好的效果，尤其是在预审阶段，这些都使得欧洲调查令（EIO）和司法协助请求（MLA）在许多国家得到正常执行。例如，在欧洲司法组织报告的一个案件中，请求国在要求听取证人证词和搜查房舍时，确认了这种例外办法。然而，被请求国司法当局却推迟了该搜查行动，并称由于Covid-19疫情的相关限制，只采取了紧急措施。在该案件中，对被请求的证人进行庭审听证，是基于被请求国的建议，并在请求国同意后进行的，欧洲司法组织会促进双方沟通并促进这种替代性方案的达成。

总体而言，抗击Covid-19疫情的有关措施，会影响被请求国举行听证会的相关事宜。因为在发出司法协助请求之前，请求国需要明确在被请求国举行听证会是否可行，尤其是要确定对方疫情防控措施是否允许通过视频手段进行案件审理。这主要是因为需要被请求人和一名法官、一名行政人员一起出席庭审。在Covid-19疫情下，这种措施极具挑战性，只有在非常重要和紧急的情况下才有可能开展此类活动。同时，被请求国会要求对方清楚地说明庭审开展的相关条件，并在最终签发的司法协助请求中进行阐明。

三　Covid-19疫情对欧盟资产追回措施的影响

(一) Covid-19疫情对资产追回措施的影响

除了传统上的违法犯罪跨境追回问题外，现阶段不可忽视的一个方面，是与Covid-19疫情有关的违法犯罪活动。欧盟许多成员国为防疫而实行的新规定和措施，以及人们日常行为的变化，为有组织犯罪集团创造了新的获利机会。通过欧洲司法组织对相关案件的分析发现，有组织犯罪集团的活动主要集中在两个领域的欺诈行为上：一是消毒和防护用品的销售，如洗手液和防护口罩等；二是与疫情相关的国家补贴。除了这些欺诈案件外，还发现了一起涉及Covid-19核酸测试的医疗设施遭到网络攻击的案件。这些违法犯罪案件不仅让病人处于危险中，也让医院遭受了严重的经济损失。

上述与Covid-19疫情有关的有组织犯罪欺诈活动，其主要目的仍是牟取经济利益。因此，相关国家的调查部门需要立即开展刑事调查，并依法发出冻结令和证书，以便迅速冻结诈骗转移的资金。由于资产冻结需要采取紧急行动，签发机关需迅速向主管执行部门递交冻结令，因而在许多情况下都需要向欧洲司法组织寻求帮助。在这些情况下，通过该组织开展工作是一个较为可靠的传输渠道，它可以就冻结措施提供相关援助。[①] 因为许多欧盟成员国实施的防疫措施，如在家工作、暂时关闭法院等都使执行部门几乎不可能满足所谓的“最后期限”要求。故而，通过欧洲司法组织传送冻结令和相关证书，可以将材料迅速送交至相关执行部门，通过及时确认和执行来冻结以欺诈方式转移的资金。在许多相关案件里，欧洲司法组织都在认定阶段提供了宝贵的援助，因为冻结请求的紧迫性意味着有时签发部门没有在证书中提供足够详细的信息。在这些情况下，欧洲司法组织可以帮助签发部门澄清证书的相关细节，并提供所需的补充资料。此外，欧洲司法组织还协助翻译那些执行国官方语言的证书。这种援助对于迅速确认和执行至关重要，因为与 Covid-19 有关的防疫措施往往会造成翻译服务方面的延误。

此外，为了对这些跨国犯罪行为进行调查取证，欧盟成员国之间往往会通过成立“联合调查组”（JIT）开展调查活动。然而，在当前疫情形势下，“联合调查组”在实施有关共同调查的行动上存在更多的困难，一些联合行动日期经常会因为疫情而被推迟。不过，尽管 Covid-19 疫情防控措施的限制在一定程度上阻碍了相关司法合作会议的开展和组织，但欧洲司法组织为此也充分发挥了组织和协调的职能作用，保障在疫情期间欧盟成员国间的刑事司法合作仍能正常进行。例如，组织召开相关刑事司法合作的协调会议、提供翻译文件等，或者利用安全的在线交流平台进行合作沟通。

（二）Covid-19 疫情对证据传输的影响

根据国际刑警组织的统计数据，Covid-19 疫情导致全球网络犯罪的发生率进一步增高。[②] 因此，在现阶段，使用邮政服务发送“硬拷贝”可能不是一种可靠的传送方法。一旦邮政传输产生阻碍，将可能导致相关跨国案件的司法合作环节出现延误甚至失败。在这方面，通过欧洲司法组织（EUOJUST）传送这些请求被普遍认为是一个较为可靠的方法，因为它不仅能够对请求情况进行即时反馈，并且可以对后续的执行情况

---

① 参见 2003 年 7 月 22 日理事会关于“欧洲联盟执行适当冻结令或证据”第 2003/577/JHA 号框架决定。欧盟关于没收令的第 2006/783/JHA 号框架决定。

② See INTERPOL，Cybercriminalité：Impact du Covid-19，août 2020.

进行更新。

实际上，通过该组织提交的请求不断增加，部分原因是有些欧盟成员国因为疫情而终止了司法合作文件的电子传送服务。与此同时，欧盟正在落实建立一个“单一的电子平台”，旨在促进顺利传送欧盟成员国间的司法合作文书。这个名为“eEDES”的电子证据数字交换系统，作为欧洲委员会发起的数字刑事司法项目的一部分，被用于管理欧洲调查令（EIO）和欧盟内司法协助程序（MLA）的相关事项（电子表格、统计数据、工作日志等)。这种单一平台式解决方案，不需要依赖传统的“硬拷贝”传输方式。欧洲司法组织也在密切关注和参与这一项目，并且对该系统的建设提供相关的专业性知识支撑和技术帮助。该系统一旦建成，欧盟成员国相关司法人员就可以受益于这一电子系统，从而保证了相关欧盟区域间刑事司法合作事项的效率和有效性。

总体而言，欧盟建设“司法合作电子平台”势在必行，“eEDES”系统有望成为欧盟内一个重量级的司法合作工具，通过这种类似数字刑事司法项目的建设，逐渐取代传统的传送打印文本的方式，弥合因 Covid-19 疫情或其他威胁全球健康和安全事件而带来的协作裂痕，通过开发加强合作的新技术平台和协议来尊重欧盟当局一直强调的落实“实质司法合作”和“加强直接沟通”的目标和原则。

四 结论与前瞻

Covid-19 疫情的大流行，影响到了全球各国人民生活的方方面面，刑事司法合作也不例外。这一流行病影响到欧盟过去常用的司法合作工具，对成员国的司法工作构成重大挑战。通过对欧洲司法组织在 Covid-19 背景下的个案进行分析，本文得出以下结论。

第一，在适用欧洲逮捕令方面。欧盟成员国有关 Covid-19 疫情防控措施，对逮捕令程序的“被请求人之实际移交”的最后阶段产生了相当大的影响。为了应对这种无法移交的后果，许多成员国司法当局通过适用《欧洲逮捕令框架决定》第 23 条的有关规则进行延迟移交。然而，对于这些规则应在何时适用以及它们之间的关系，目前仍然缺乏更多的法理解释和较为典型的实践案例。总体来看，尽管引渡移交工作在疫情开始初期遇到了一定的困难，但对于被请求人的移交机制仍在有条不紊地运作中。不过，在大多数情况下，被请求人的移交最终是在商定新的日期之后进行的。

第二，在具体调查措施的请求方面。在 Covid-19 疫情的早期阶段，向欧洲司法组织经常提出的援助请求类型，主要包括发送欧洲调查令（EIO）、司法协助请求（MLA）和（或）冻结令。不过，受到疫情的影响，成员国常规邮政服务存在不可用或不可靠的情况，在这种情况下，成员国司法当局倾向于依赖更为可靠的通信传输渠道。因此，无论是欧洲调查令还是司法协助请求，在听取证人或嫌疑人证词的程序上，仍然需要在庭审现场进行。虽然欧盟并没有因为疫情而中断这些请求的签发程序，但是，一些欧盟成员国只愿意处理在紧急和特殊情况下的相关请求。

第三，在跨国追逃追赃方面。Covid-19 疫情的发生，为跨国有组织犯罪集团创造了新的机会。这些犯罪集团或组织，往往基于相关成员国的疫情形势，通过利用人们对与这场疫情有关的特定物品的需求（如与分发疫苗有关的欺诈行为），以及通过与国家补贴有关的欺诈行为（如欧盟用于 Covid-19 疫情救济的资金采购程序的欺诈行为）来获取非法经济利益。可以预见的是，跨国有组织犯罪的重点将会改变。

第四，在引渡的简化程序方面。作为一种司法合作工具，“欧洲逮捕令”可以被视作移交被请求人的一种“简化程序”，在 Covid-19 疫情期间，这种程序充分发挥了既有优势。目前，中国《引渡法》尚不存在关于“简易引渡”的规定，只是在个别的双边引渡条约中能找到类似条款。因此，有学者提出，为了提高引渡合作的效率和可操作性，可以通过立法增补简易引渡程序。总体而言，如何对刑事司法合作在程序事项上进行简化，同时对简化程序在“内容安全性”和“程序效率性”之间进行平衡规制，是 Covid-19 疫情期间探讨国际刑事司法合作机制构建的一种趋势。

2019 年欧盟竞争政策报告*
Report on EU Competition Policy 2019

胡海龙 译　林燕萍 审校**

一　导论

2019 年是欧洲联盟进入新阶段的标志之年。自 1994 年以来投票率最高（50.66%）① 的 5 月大选之后，欧洲议会根据当选欧盟委员会主席乌尔苏拉·冯·德·莱恩（Ursula von der Leyen）在其施政方针②中概述的重点任务，通过了新一届欧盟委员会组成人员名单。在"一个适应数字时代的欧洲"项目中，欧盟委员会执行副主席玛格丽特·维斯塔格（Margrethe Vestager）在其任务书中，乌尔苏拉·冯·德·莱恩

* 本文是欧盟委员会于 2020 年向欧洲议会、欧洲理事会、欧洲经济和社会委员会以及欧洲地区委员会提交的一份有关欧盟竞争政策的年度发展报告。本文根据欧盟委员会官方网站发布的文件｛COM（2020）302 final｝翻译而成。欧盟竞争法是整个欧盟法律体系中极具价值的法律之一。每年的年度报告都总结和回顾了上一年度欧盟在竞争政策和竞争法领域的立法成果、执法动态和司法实践，并对相关案例作出评述。年度报告对中国学者研究欧盟竞争政策的演进和竞争法的前沿问题具有重要的参考价值。

** 胡海龙，华东政法大学国际法专业 2017 级博士研究生；林燕萍，华东政法大学教授。

① https://www.europarl.europa.eu/news/en/press-room/20191029IPR65301/final-turnout-data-for-2019-european-elections-announced.

② Ursula von der Leyen, "'A Union that Strives for More. My Agenda for Europe' Political Guidelines for the next European Commission 2019 - 2024," Opening Statement in the European Parliament Plenary Session, 16 July 2019: https://ec.europa.eu/commission/sites/beta-political/files/political-guidelines-next-commission_en.pdf.

强调，有必要“确保我们的竞争政策和规则适应现代经济，得到贯彻执行，并为欧洲产业在内部市场和全球市场上的壮大做出贡献”[①]。

欧盟竞争法在今天的基础性作用与 60 多年前《罗马条约》签署时相比并未发生变化。欧盟竞争规则使得企业不论其规模大小都有公平竞争的机会，并帮助欧盟消费者在内部市场上实现公平交易。欧盟竞争规则的执行有助于建立开放和充满竞争力的市场，使欧盟企业更具效率和创新性，有能力在全球范围内参与竞争。2019 年，欧盟委员会继续就与欧盟公民和企业密切相关的电信和数字、能源与环境、制造业、金融服务、税务、农业和食品及运输市场上存在的反竞争行为和相关措施实施竞争政策和采取执法行动。

与此同时，重要的是，欧盟竞争框架必须不断适应绿色和数字化的现代经济，以适应瞬息万变的世界。尤其是在日益数字化的环境下，欧洲竞争政策必须应对与数据、算法和快速变化的市场相关的新挑战，并加强成员国当局和欧盟委员会之间的合作网络，以支持欧盟单一市场内部的公平竞争。同时，欧盟委员会正对包括环境和能源准则在内的有关国家援助规则进行评估，并将对其进行修订，以反映《欧洲绿色协议》的政策目标。

2019 年 4 月，欧盟委员会发表了由三位独立的特别顾问撰写的《数字时代的竞争政策》[②] 报告。该报告旨在为欧盟委员会正在进行的相关调研提供意见，以确定竞争政策如何在一个数字、快速变化的世界中更好地服务于欧盟消费者。该报告分析了数字经济的主要特征，即规模化数字服务的极高回报率、网络外部性和数据的作用。这些特征促成了市场上大型数字企业的崛起。

2019 年，为了确保竞争法仍与其宗旨相适应，欧盟委员会对竞争规则的运行状况进行了广泛的审查，以便为其在作出增强应对挑战能力的决策时提供基础，提高其执行效率。此次审查的内容包括了将在新授

---

① Ursula von der Leyen, Mission Letter to Margrethe Vestager, Executive Vice-President for a Europe Fit for the Digital Age, 1December 2019, available at https: //ec. europa. eu/commission/commissioners/sites/comm - cwt2019/files/commissioner _ mission _ letters/mission - letter - margrethe - vestager_ 2019_ en. pdf.

② http: //ec. europa. eu/competition/publications/reports/kd0419345enn. pdf.

权期内到期的反垄断法规及相关准则、若干国家援助规则和准则,以及正在进行的对某些并购控制规则的审查。年底,执行副主席韦斯塔格还宣布启动对《市场定义公告》的审查。

竞争政策在欧盟的现代产业政策中也起着重要作用,其目标是使欧盟企业更具创新性,从而更具国际竞争力。在存在市场失灵和需要加强价值链的情况下,欧盟国家援助规则的存在,有助于这一目标的实现。2018 年 12 月和 2019 年 12 月,欧盟委员会发现,经多个成员国联合通报,包含于欧盟优先领域中的微电子和电池两个项目符合欧盟国家援助规则,符合欧洲共同利益。[①] 这些成员国将为这两个项目提供总计 50 亿欧元的资金,以吸引额外 110 亿欧元的私人投资。

欧盟竞争政策通过执行基于条约的规则、严格的经济分析和完善的正当程序来实施。因此,非歧视、透明度和可预见性、听证和保密等都是欧盟委员会在其执法实践中贯彻并在全世界推广的核心原则和标准。

欧盟委员会与各成员国竞争主管机构、法院携手合作以实施欧盟竞争规则。与此同时,欧盟委员会积极与相关的国际论坛和世界各地的竞争机构合作,以打造一个真正的、全球性的公平竞争环境。在世界贸易组织中,欧盟委员会参与了有关电子商务和电信服务以及完善补贴国际规则的谈判。

欧盟竞争规则支持欧盟有竞争力企业的发展,无论其为大型、小型还是中型企业。然而,在全球层面,欧盟企业在公平竞争环境方面面临诸多挑战。竞争法以外的其他对策更适合应对这些挑战。欧盟委员会正在考虑现有的欧盟对策能在多大程度上解决外国补贴和国有制的扭曲效应,以及额外对策或对策组合的必要性。

本报告是对 2019 年欧盟委员会在竞争政策领域开展活动的一个并不全面的总结。因此,本报告不包括在 COVID-19 疫情暴发的背景下,欧盟委员会为支持欧盟经济所采取的行动。如需获取本报告所叙述活动的更全面、详细的信息,请查询欧盟委员会工作组的相关文件,或者登

---

① https://ec.europa.eu/commission/presscorner/detail/en/IP_18_6862, and https://ec.europa.eu/commission/presscorner/detail/en/ip_19_6705.

录欧盟委员会竞争总司官方网站。①

二　进一步增强欧盟竞争政策和执法的有效性

2019 年，欧盟委员会开始对其竞争规则和准则进行全面评价和复查，以评估这些规则和准则在何种程度上仍然适用。

欧盟委员会启动对国家援助规则的“适用性审查”②

2012 年 5 月，欧盟委员会启动了“国家援助现代化”一揽子重大改革计划，并自 2013 年开始对一大批国家援助规则进行了修订。这一全面的改革方案使成员国得以迅速实施一系列拉动投资、促进经济增长和就业的国家援助措施。

2019 年 1 月，欧盟委员会根据其《更好的监管准则》启动了对国家援助规则（国家援助现代化一揽子计划的一部分）的审查，并根据审查结果延长了那些本应于 2020 年底到期的国家援助规则的有效期。这一系列审查均采用了“适用性审查”的形式，以便根据《欧洲绿色协议》的政策目标修订相关的准则。

对国家援助规则现代化一揽子计划、铁路准则和短期出口信用保险的“适用性审查”

“适用性审查”的目的是分析这些国家援助规则的相关性、有效性、效率、连贯性和欧盟附加值，同时为欧盟委员会延长或更新相关规则提供决策基础。

“适用性审查”涵盖以下两项条例和九项准则：

——《一般集体豁免条例》和《最低限度条例》。

——《区域援助准则》。

——《研究与发展框架》。

——《IPCEI 通报》。

---

① https：//ec. europa. eu/competition/index_ en. html.

② See：https：//europa. eu/rapid/press - release_ IP - 19 - 182_ en.

——《风险融资准则》。

——《机场与航空准则》。

——《环境与能源准则》。

——《救援与重组准则》。

此外，正在进行中的“适用性审查”还涵盖未包含在2012年国家援助规则现代化一揽子计划中的《铁路准则》和《短期出口信用通报》。

成员国和利益相关方于公众咨询期间通过各种调查问卷就“适用性审查”发表了意见和评论。除关于IPCEI的调查问卷开放至10月之外，其余项目的公众咨询于2019年7月结束。后续系列研究正在进行中。

此外，欧盟委员会在2019年2月启动了公共咨询，以评估和准备在2012年后温室气体排放额度交易计划（《ETS准则》）[①] 背景下，对现有的某些国家援助措施进行修订。根据2005年《欧盟温室气体排放交易计划》、2012年《ETS准则》设定了2013—2020年成员国可以对某些因欧盟排放权交易计划而存在高耗电行业中的企业进行补偿的条件。2012年《ETS准则》将于2020年12月31日到期后进行更新，以确保它适用于2021—2030年欧盟的新排放额度交易计划。[②]

最后，欧盟委员会于2019年6月启动了对《国家一般经济利益和社会服务援助规则》以及将于2020年12月到期的《最低限度条例》[③] 的评查。作为评查的一部分，我们于2019年7月至2019年12月进行了公众咨询和有针对性的讨论。评查工作对此将予以适当的考虑。

---

① See：https：//ec. europa. eu/info/law/better - regulation/initiatives/ares - 2018 - 6600267_ en.

② Directive (EU) 2018/410 of the European Parliament and of the Council of 14 March 2018 amending Directive 2003/87/EC to enhance cost - effective emission reductions and low - carbon investments, and Decision (EU) 2015/1814, OJ L 76, 19. 3. 2018, pp. 3 - 27.

③ See：https：//ec. europa. eu/competition/state _ aid/modernisation/evaluation _ sgei _ en. html.

欧盟委员会研究纵向供应和横向合作协议领域的新市场趋势

2019年，欧盟委员会开始评估①将某些横向协议②排除在欧盟一般竞争规则之外。欧盟关于横向协议的竞争规则包括两项针对横向协议的集体豁免条例，分别免除TFEU第101条对某些研发活动和专门化协议的适用。附带的《横向合作协议准则》（《横向准则》）提供了进一步的指导，以帮助企业努力制定符合竞争法的合作协议，并就诸如信息交换的竞争评估、联合采购、联合商业化和标准化等主题提供详细建议。这两项横向集体豁免条例（HBERs）将于2022年12月31日到期。虽然《横向准则》没有有效期，但它将与HBERs一起进行评估。

欧盟委员会在评查③纵向集体豁免条例（VBER）④和附带的《纵向准则》方面取得了相当大的进步。考虑到VBER将于2022年5月31日到期，欧盟委员会在2018年10月启动了VBER评估。2019年2月，欧盟委员会启动了为期三个月的利益相关者公共咨询，随后于2019年8月对分销模式和分销策略的市场趋势进行了研究。此外，2019年11月，欧盟委员会在利益相关方的积极参与下举行了一场以“规则如何使消费者受益”为中心的评查研讨会，就VBER评查中各方特别感兴趣的领域进行了更深入的讨论。

2019年2月，欧盟委员会发布了《机动车集体豁免条例》（MVBER）⑤

---

① See：https：//ec. europa. eu/info/law/better - regulation/initiatives/ares - 2019 - 4715393/public - consultation_ en.

② Commission Regulation No 1217/2010 of 14 December 2010 on the application of Article 101（3）of the Treaty on the functioning of the European Union to categories of research and development agreements，OJ L 335，18. 12. 2010，p. 36；Commission Regulation No 1218/2010 of 14 December 2010 on the application of Article 101（3）of the Treaty to categories of specialisation agreements，OJ L 335，18. 12. 2010，p. 43.

③ See：https：//ec. europa. eu/info/law/better - regulation/initiatives/ares - 2018 - 5068981_ en.

④ Commission Regulation（EU）No 330/2010 of 20 April 2010 on the application of Article 101（3）of the Treaty on the Functioning of the European Union to categories of vertical agreements and concerted practices，OJ L 102，23. 4. 2010，p. 1.

⑤ Commission Regulation 461/2010 on the application of Article 101（3）of the Treaty on the Functioning of the European Union to categories of vertical agreements and concerted practices in the motor vehicle sector，OJ L 129，28. 5. 2010，p. 52.

的评查路线图。[①] 随后欧盟委员会根据路线图进行了为期四周、面向利益相关方的在线意见征求。此外，欧盟委员会还进行了一项委托研究，以便更好地了解过去 10 年里机动车行业的市场状况。MVBER 将于 2023 年 5 月到期。

这些评查将为欧盟委员会作出是否让这些规则失效、延长或修订的决定提供依据。

升级欧盟宽恕政策

为进一步提高程序效率，欧盟委员会于 2019 年 3 月启动其“电子宽恕”在线工具。[②] 在欧盟宽恕政策下，企业或其律师可以通过电子邮件或口头程序向欧盟委员会提交宽恕声明。“电子宽恕”工具提供了第三种选择。企业或其律师可以在线提交宽恕声明。这个声明可以作为宽大处理（获得豁免或减少罚款）申请的一部分，或卡特尔和解程序的一部分或者非卡特尔案件合作协议的一部分予以提交。因此，它在提供保密性和同等法律保障的同时，减少了参与此类程序的企业及其律师的成本和负担。自启动以来，欧盟委员会通过“电子宽恕”工具收到了大量的声明和文件。

打击卡特尔的行动仍在继续

在全球竞争的时代，获取价格合理的输入产品至关重要。卡特尔往往涉及可能作为工业重要投入的中间产品，因此会对欧洲工业的竞争力和消费者造成影响。2019 年竞争法的执行继续以此类卡特尔为目标。

2019 年 3 月，欧盟委员会对汽车安全零部件厂商奥托立夫（Autoliv）和天合（TRW）[③] 处以合计 3.68 亿欧元的罚款。这两家公司在向大众集团（Volkswagen Group）和宝马集团（BMW Grop）供应汽车安全带、安全气囊和方向盘的过程中，违反欧盟反垄断规则，参与了

---

① See：https：//ec. europa. eu/info/law/better - regulation/initiatives/ares - 2018 - 6188380_ en.

② See：https：//ec. europa. eu/commission/presscorner/detail/en/ip_ 19_ 1594.

③ Case 40481 Occupants Safety Systems II，Commission decision of 5 March 2019，available at：https：//ec. europa. eu/competition/elojade/isef/case_ details. cfm? proc_ code = 1_ 40481.

两个卡特尔。卡特尔中的第三个参与者高田（Takata）未受到罚款处罚，因为它根据欧盟宽大处理程序向欧盟委员会揭露了这两个卡特尔，从而得到完全豁免。所有参与者均承认参与了卡特尔，并同意和解此案。本案是欧盟委员会就汽车零部件行业中存在的合谋行为所进行的一系列重大调查的一部分。欧盟委员会已经对汽车轴承、汽车线束、汽车座椅使用的弹性泡沫材料、汽车和卡车中的驻车加热器、交流发电机和启动器、空调和发动机冷却系统、照明系统、乘员安全系统以及火花塞和制动系统的供应商开出了罚单。[①] 2019 年的决定使得欧盟委员会对该行业卡特尔的罚款总额达到 21.5 亿欧元。

在并购中执行程序义务

欧盟并购控制有助于确保所有在欧洲市场上运营的公司能够在公平和平等的条件下竞争，而可能扭曲竞争的拟议并购交易将受到欧盟委员会的严格审查。2019 年，欧盟委员会继续作出重大努力以执行《欧盟并购条例》规定的程序性义务。[②]

2019 年 4 月，欧盟对通用电气（General Electric）[③] 开出 5200 万欧元的罚单，因为通用电气在欧盟委员会就其并购 LM Wind 一案的审查中，向欧盟委员会提供了不正确的信息。根据《欧盟并购条例》，欧盟委员会可以对因故意或疏忽而向其提供不正确或误导信息的公司合并处以其企业总营业额 1% 的罚款。该罚款决定并没有对欧盟委员会根据《欧盟并购条例》批准本次并购产生影响，因为批准是根据第二次申报中已更正的信息作出的。

此外，2019 年 6 月，欧盟委员会对总部设在日本的成像和光学产

① Cases: AT. 39748 Automotive Wire Harnesses (2013), AT. 39922 Automotive bearings (2014), AT. 39801 Polyurethane Foam (2014), AT. 40055 Parking Heaters (2015), AT. 40028 Alternators and Starters (2016), AT. 39960 Thermal Systems (2017), AT. 40013 Lighting Systems (2017), AT. 39881 Occupant Safety Systems (2017), and AT. 40113 Spark plugs (2018).

② Council Regulation (EC) No 139/2004 of 20 January 2004 on the control of concentrations between undertakings (the EC Merger Regulation), OJ L 24, 29. 1. 2004, pp. 1 – 22.

③ Case M. 8436 General Electric Company / LM Wind Power Holding, Commission decision of 8 April 2019, available at: https://ec.europa.eu/competition/elojade/isef/case_details.cfm?proc_code=2_M_8436.

品制造商佳能（Cannon）[①] 处以 2800 万欧元的罚款，原因是该公司在没有得到欧盟委员会的通知和批准之前，就部分实施了对东芝医疗系统（Toshiba Medical Systems Corporation）的收购（即所谓的“跳枪”）。《欧盟并购条例》规定，拟合并企业必须在实施并购计划之前，向欧盟委员会申报对其进行审查，并在获得批准前停止并购操作。

三 应对数字、电信和传媒领域的新挑战

通过“一个适应数字时代的欧洲”的政策倡议[②]，欧盟委员会主席将数字领域确定为欧盟委员会当前任务的重中之重。竞争政策对实现一个运作良好的数字服务单一市场起着至关重要和不可分割的作用。

2019 年 4 月，欧盟委员会发表了由三位独立特别顾问[③]就竞争政策面临的未来数字化挑战所撰写的《数字时代的竞争政策》[④] 报告。

《数字时代的竞争政策》报告

三位特别顾问在其报告中，一是确定了他们认为的数字市场的主要特征；二是就欧盟竞争法在数字时代的目标发表了意见；三是讨论了竞争规则对数字平台和数据的适用问题，以及并购控制在保持竞争和创新方面的作用。

三位特别顾问认为，竞争法的基本框架健全且足够灵活，可以保障数字时代的竞争。他们还建议竞争法的执行者和监管机构应更深入地考虑平台、数字生态系统和数据经济的特点，以防止某些反竞争行为的发

① Case M. 8179 Canon /Toshiba Medical Systems Corporation, Commission decision of 27 June 2019, available at: https: //ec. europa. eu/competition/elojade/isef/case _ details. cfm? proc _ code = 2_ M_ 8179.

② Case M. 8179 Canon /Toshiba Medical Systems Corporation, Commission decision of 27 June 2019, available at: https: //ec. europa. eu/competition/elojade/isef/case _ details. cfm? proc _ code = 2_ M_ 8179.

③ The three Special Advisers are Heike Schweitzer, a German law professor; Jacques Crémer, a French professor of economics; and Yves-Alexandre de Montjoye, a Belgian assistant professor of data science.

④ See: https: //ec. europa. eu/competition/publications/reports/kd0419345enn. pdf.

生或不受处罚。此外，特别顾问认为，数字市场需要进一步强调反竞争策略的危害和识别的理论。关于数据的获取，顾问们认为，对行业进行有针对性的监管可以提供更有效的解决方案。报告还从管辖权和实体角度对并购控制问题进行了具体分析，并提出了建议。

该报告与2018年7月7日至9月30日的公众呼吁以及2019年1月17日在布鲁塞尔举行的“塑造数字时代的竞争政策”大会一起，旨在为欧盟委员会正在进行的政策考量提供参考，即竞争政策如何在日新月异的世界上最大限度地为欧盟消费者提供服务。

2019年12月9日，执行副主席维斯塔格宣布将根据计划对《关于共同体竞争法相关市场定义的委员会公告》（下文简称“《市场定义公告》”）[①] 进行评查。《市场定义公告》为欧盟委员会在欧盟竞争法的持续执行中如何应用“相关产品”和“地理市场”的概念提供了指南。发起这项评查的主要目标是确保该公告能反映过去20年来欧盟委员会对市场界定的演变，并确保它适合于一个快速变化和日益数字化的世界。评查的目的是为将来的适用提供准确和最新的指导，并以一种容易获得的方式，为不同行业的反垄断和并购案件审查确定明确、一致的路径。

反垄断执法：加强对数字市场的审查

数字时代见证了在线平台的兴起。部分平台已经崛起成为主要的技术提供者。拥有市场力量的平台决策可以影响许多其他市场，这些市场的企业依赖这些平台与客户建立联系。例如，平台可以充当东道主和市场监管者，通过制定规则在某种程度上保持市场的竞争开放，然而，如果平台的这种地位被滥用的话，其双重角色就会产生问题，损害竞争。为了确保欧洲市场为民服务并提高透明度和公平性，欧盟于2019年7月通过了关于商业用户平台透明度的新规则。[②] 除竞争执法外，此类补

---

① Commission Notice on the definition of relevant market for the purposes of Community competition law, OJ C 372, 9. 12. 1997, pp. 5 – 13.

② Regulation (EU) 2019/1150 of the European Parliament and of the Council of 20 June 2019 on promoting fairness and transparency for business users of online intermediation services (Text with EEA relevance), OJ L 186, 11. 7. 2019, pp. 57 – 79.

充性监管工具同样还将服务于消费者，并提高透明度和公平性。

2019 年 3 月 20 日，欧盟委员会以违反欧盟反垄断规则，滥用市场支配地位为由，对谷歌公司（Google）[①] 处以 14.9 亿欧元的罚款。

“谷歌 Adsense 案”：保护在线搜索广告中的竞争

欧盟委员会对谷歌公司处以 1494459000 欧元的罚款，原因是该公司滥用其市场支配地位，在与第三方网站签订的合同中加入了一系列限制性条款。这种不当行为持续了 10 年以上，使得谷歌的竞争对手无法在这些网站上发布搜索广告。

谷歌公司是迄今为止欧洲经济区最强大的在线搜索广告中介公司，2006 年至 2016 年，其市场份额超过 70%。通过“Adsense for Search”服务，谷歌公司成为广告主与广告发布网站之间的中介者。

欧盟委员会调查发现：

——从 2006 年开始，谷歌公司在其合同中加入排他性条款，从而禁止广告发布者在其搜索结果页面上放置任何来自其竞争对手的搜索广告。

——2009 年 3 月，谷歌公司逐步用所谓的“Premium Placement”条款取代排他性条款。结果，它的竞争对手被禁止将它们的搜索广告放置在网站搜索结果页面上点击最多的地方。

——同样，在 2009 年 3 月，谷歌公司还在其合同中加入了一些条款，这些条款要求广告发布者在更改任何竞争对手广告的显示方式之前，必须获得谷歌公司的书面许可。这使谷歌公司得以控制与其有竞争关系的搜索广告的吸引力。

欧盟委员会在 2016 年 7 月就此案发表反对声明之后数月，谷歌公司停止了这些不当行为。

谷歌公司的做法等同于阻碍基于市场表现的竞争，滥用其在在线搜索广告中介市场上的支配地位。谷歌公司的做法同样剥夺了欧盟消费者

---

① Case AT. 40411 Google Search（AdSense），Commission decision of 20 March 2019，available at：https：//ec. europa. eu/competition/elojade/isef/case_ details. cfm? proc_ code = 1_ 40411.

在在线搜索广告市场进行的有效竞争中本可以享受的利益。

根据欧盟反垄断规则，具有市场支配地位本身并不违法，但具有市场支配地位的企业负有特殊责任：在其占据支配地位的市场或者独立的相关市场上，不得滥用其市场支配地位限制竞争。

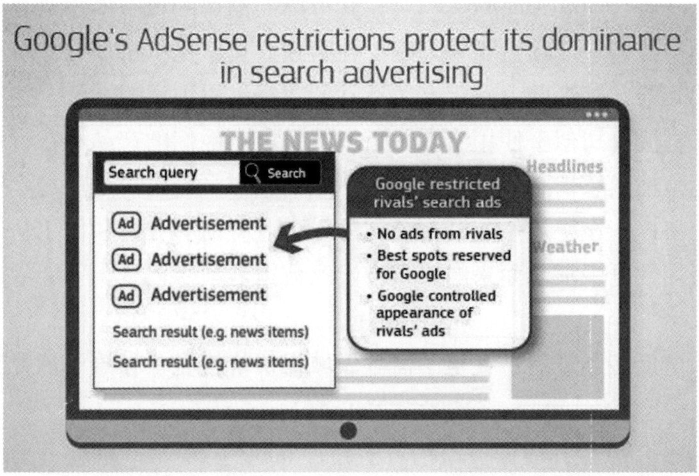

欧盟委员会的决定要求谷歌公司至少在其尚未停止的范围内停止其非法行为，并避免采取具有相同或等同目的或效果的任何措施。谷歌公司还可能面临因受其反竞争行为影响而遭受损失的个人或企业向成员国法院提起的民事诉讼。①

此前，即在 2017 年 6 月，欧盟委员会已经以谷歌公司滥用其在搜索引擎领域的支配地位，给予自身所有的比较购物服务（Comparison Shopping Service）② 以不正当优势为由，对其处以 24.2 亿欧元的罚款；2018 年 7 月，欧盟委员会又以谷歌公司为加强其搜索引擎的支配地位，

① Directive 2014/104/EU of the European Parliament and of the Council of 26 November 2014 on certain rules governing actions for damages under national law for infringements of the competition law provisions of the Member States and of the European Union, OJ L 349, 5. 12. 2014, pp. 1 – 19.

② Case AT. 39740 Google search (Shopping), Commission decision of 27 June 2017, available at: https: //ec. europa. eu/competition/elojade/isef/case_ details. cfm? proc_ code = 1_ 39740.

实施与安卓移动设备[①]有关的不正当竞争行为为由，对其处以 43.4 亿欧元的罚款。加上 2019 年 3 月的罚款数额，欧盟委员会对谷歌公司垄断行为的罚款总额达到 82.5 亿欧元。

2019 年 7 月 17 日，欧盟委员会启动了一项正式的反垄断调查，以评估亚马逊公司（Amazon）[②]对在其市场上销售的独立零售商敏感数据的使用，是否违反欧盟竞争规则。在为独立卖家提供市场服务时，亚马逊公司不断在其平台上收集有关活动的数据。根据欧盟委员会的初步调查，亚马逊公司似乎使用了有关市场上卖家、他们的产品和在市场上交易的竞争性敏感信息。欧盟委员会正在调查亚马逊公司与市场卖家之间的标准协议。该协议使亚马逊公司的零售业务能够分析和使用从亚马逊市场可用数据中汇总而来的第三方卖家数据。

欧盟反垄断规则：在电子商务领域保护价格竞争和给予消费者更好选择

2019 年欧盟在线商务市场价值超过 6000 亿欧元，超过一半的欧洲人都选择线上购物。电子商务为消费者创造了无限可能，使其得以接触更多样化的商品和服务，还能在整个欧洲范围内进行价格比较。同样地，企业也可以在一个超过 5 亿人口的单一市场上使用一个购物网站作为自己的展示窗口，开展商业活动。

作为数字化单一市场战略的一部分，欧盟委员会于 2017 年 5 月 10 日[③]公布其关于电子商务部门的调查报告。调查结果显示，在电子商务市场上，通过合同控制限制转售价格的现象日益普遍。因此，在该领域中实施有效竞争执法显得格外重要。

2019 年 3 月 7 日，欧盟委员会接受了迪士尼（Disney）、NBC 环球（NBC Universal）、索尼影业（Sony Pictures）、华纳兄弟（Warner

① Case AT. 40099 Google Android, Commission decision of 18 July 2018, available at: http://ec.europa.eu/competition/elojade/isef/case_details.cfm?proc_code=1_40099.

② Case AT. 40462 Amazon Marketplace, available at: https://ec.europa.eu/competition/elojade/isef/case_details.cfm?proc_code=1_40462.

③ See: https://ec.europa.eu/competition/antitrust/sector_inquiry_final_report_en.pdf, and see: https://ec.europa.eu/competition/antitrust/sector_inquiries_e_commerce.html.

Bros.）及天空电视台（SKY）[1] 作出的在欧盟反垄断规则下具有法律约束力的承诺。这些承诺回应了欧盟委员会对这些电影制作公司与天空电视台之间签订的付费电视电影许可合同中与地理限制有关的某些条款的关注。

2019 年 4 月 5 日，欧盟委员会向全球最大的 PC 视频游戏分销平台 Steam 的所有者 Valve 和五家 PC 视频游戏发行商 Bandai Namco，Capcom，Focus Home，Koch Media 和 ZeniMax[2] 发出反对声明，对各方之间潜在的非法双方协议提出异议。欧盟委员会对 Valve 和五家 PC 视频游戏发行商违反欧盟反垄断规则合谋使用地理限制激活密钥来防止跨境销售的行为表示关注。此外，欧盟委员会还对四家 PC 视频游戏发行商可能违反欧盟反垄断规则的情况表示关注，因为它们在与 Valve 以外的其他发行商的协议中加入了合同出口限制。

电信行业的反垄断执法

2019 年 7 月 18 日，欧盟委员会对高通公司（Qualcomm）[3] 处以 2.42 亿欧元的罚款，原因是高通公司滥用其主导地位，在 3G 基带芯片组市场上实施掠夺性定价，违反了欧盟反垄断规则。欧盟委员会经调查得出 2009 年年中至 2011 年年中，高通以低于成本的价格，向其两大关键客户华为和中兴通讯供应了相当数量的三款 UMTS 芯片组，目的是迫使其竞争对手 Icera 退出市场。Icera 是一家总部位于英国的初创企业，当时是高通在 UMTS 芯片组市场高端领域的主要竞争对手。该罚款相当于高通 2018 年营业额的 1.27%。该处罚还旨在阻止市场参与者今后从事此类限制竞争行为。

2019 年 8 月 7 日，欧盟委员会对捷克较大的两家运营商 O2/CETIN

---

① Case AT. 40023 Cross-border access to pay-TV, available at: https://ec.europa.eu/competition/elojade/isef/case_details.cfm?proc_code=1_40023.

② Cases AT. 40413 Focus Home, AT. 40414 Koch Media, AT. 40420 ZeniMax, AT. 40422 Bandai Namcoand AT. 40424 Capcom. See also: https://europa.eu/rapid/press-release_IP-19-2010_en.htm.

③ Case AT. 39711 Qualcomm (predation), Commission decision of 18 July 2019, available at: https://ec.europa.eu/competition/elojade/isef/case_details.cfm?proc_code=1_39711.

和 T-Mobile[①] 发出反对声明，对双方之间的网络共享协议提出异议。欧盟委员会初步认为，这一特定的网络共享安排是限制竞争的，因为它可能会消除这两家移动运营商改善其网络和服务以利于用户的动力。欧盟委员会的初步分析与欧洲电子通信监管机构（BEREC）2019 年 6 月 13 日关于移动基础设施共享的共同立场所适用的原则一致。[②]

2019 年 10 月 16 日，欧盟委员会要求博通公司（Broadcom）[③] 停止履行与六家主要客户达成的协议中的某些条款。博通公司是全球领先的电视机顶盒和调制解调器芯组供应商。欧盟委员会初步认定，博通公司滥用其在电视机顶盒、光纤调制解调器和 xDSL 调制解调器芯片系统市场上的主导地位，与电视机顶盒和调制解调器制造商签订了包含排他性诱导条款的协议。此外，欧盟委员会还认为，如果没有临时措施，博通公司的行为很可能会对竞争造成严重和无法弥补的损害。欧盟委员会因此认为，必须采取紧急干预措施，防止竞争对手被边缘化或被迫退出市场。临时措施适用终止之日为三年期满或对博通公司行为作出实质性认定的最终决定通过之日，或欧盟委员会结束对其行为的调查之日，以其中最早者为准。有关案件的实质性调查仍在进行中。临时措施是第 1/2003 号条例向欧盟委员会提供的工具之一，但在本案之前的 18 年里从未使用过。

通过一项临时措施决定，欧盟委员会可以命令一家公司在调查结果悬而未决期间停止实施一项行为。临时措施可在整个调查期间实施，以避免指称的反竞争行为对市场造成严重和不可弥补的损害，这种损害即使通过欧盟委员会采取的最终措施也无法补救。临时措施一般被视为例外措施，因为它使尚未被发现存在违反现有规则行为的公司承受了额外负担。在大多数情况下，禁止决定加上中止令或补救措施足以恢复竞争

① Case AT. 40305 Network sharing - Czech Republic, available at: https: //ec. europa. eu/competition/elojade/isef/case_ details. cfm? proc_ code = 1_ 40305.

② See: https: //berec. europa. eu/eng/document_ register/subject_ matter/berec/regulatory_ best_ practices/common _ approaches _ positions/8605 - berec - common - position - on - infrastructure - sharing.

③ Case AT. 40608 Broadcom, available at: https: //ec. europa. eu/competition/elojade/isef/case_ details. cfm? proc_ code = 1_ 40608.

环境。

电信和传媒行业的并购审查

在电信行业，欧盟委员会于 2019 年 7 月 15 日批准了 Telenor 收购 DNA 的交易。[①] DNA 在芬兰提供移动和固定通信、宽带互联网和电视发行服务；Telenor 则在北欧地区积极开展移动和固定电信及电视发行服务。两家公司的业务重叠非常有限，合并后仍有一些实力强大的公司存在。此外，欧盟委员会在经过深入调查后，于 2019 年 7 月 18 日批准了沃达丰（Vodafone）收购 Liberty Global 在捷克、德国、匈牙利和罗马尼亚的有线电视业务。[②] 这一批准以沃达丰必须完全遵守其承诺为条件。

在传媒行业，2019 年 11 月 12 日，欧盟委员会附条件批准 Telia 收购 Bonnier Broadcasting。[③] 经过深入调查后，欧盟委员会担心该交易将显著减少芬兰和瑞典的市场竞争，因此附条件批准了该交易。

宽带网络领域的国家援助

数字基础设施是数字化的关键驱动因素。因此，能够满足高速、高容量和高质量要求的适当的宽带基础设施至关重要。欧盟委员会 2016 年的"千兆通信"[④] 将高容量网络确定为其战略优先事项之一。为确保农村、偏远和其他服务不足的地区能够从新技术中受益，从而不让任何地区或公民落后于时代，公共资金同样不可或缺。与此同时，也不应排挤私人投资，以及必须将对竞争的扭曲限制在最低限度。

---

① Case M. 9370 Telenor / DNA, Commission decision of 15 July 2019. See: https://ec. europa. eu/competition/elojade/isef/case_ details. cfm? proc_ code = 2_ M_ 9370.

② Case M. 8864 Vodafone / Certain Liberty Global Assets, Commission decision of 18 July 2019. See: https://ec. europa. eu/competition/elojade/isef/case_ details. cfm? proc_ code = 2_ M_ 8864.

③ Case M. 9064 – Telia Company/Bonnier Broadcasting Holding, Commission decision of 12 November 2019. See: https://ec. europa. eu/competition/elojade/isef/case_ details. cfm? proc_ code = 2_ M_ 9064.

④ See: https://ec. europa. eu/digital – single – market/en/news/communication – connectivity – competitive – digital – single – market – towards – european – gigabit – society.

2019 年，欧盟委员会根据欧盟国家援助规则批准了各项宽带计划。这些计划包括希腊的一项 5000 万欧元的快速宽带服务代金券计划;[①] 爱尔兰的 26 亿欧元国家宽带公共支持计划;[②] 西班牙的一项耗资 4 亿欧元的超高速宽带网络计划。[③] 在德国，欧盟委员会于 2018 年 12 月批准了巴伐利亚州的一个高容量宽带网络计划，此前巴伐利亚州的六个城市曾参与了一个千兆比特的试点项目。[④]

四　对欧洲低碳能源目标和环境目标的竞争政策支持

2019 年 12 月，欧盟委员会通过了《欧洲绿色协议通报》，概述了到 2050 年实现温室气体零净排放和应对环境相关挑战的政策举措。[⑤] 竞争政策就像所有其他欧盟委员会的政策一样，将有助于实现这些雄心勃勃的目标。实际上，欧盟委员会在 2019 年启动了涵盖环境和能源准则的“适用性审查”，目的是在 2012 年后温室气体排放额度交易计划[⑥] 背景下，对现有的某些国家援助措施进行修订做好准备，以确保其适应

① Case SA. 49935 Superfast Broadband (SFBB) Project – Greece, Commission decision of 7 January 2019, available at: https: //ec. europa. eu/competition/elojade/isef/case_ details. cfm? proc_ code = 3_ SA_ 49935.

② Case SA. 54472 National Broadband Plan – IE, Commission decision of 15 November 2019, available at: https: //ec. europa. eu/competition/elojade/isef/case_ details. cfm? proc_ code = 3_ SA_ 54472.

③ Case SA. 53925 Broadband Scheme for NGA White and Grey Areas – Spain, Commission decision of 10 December 2019, availableat: https: //ec. europa. eu/competition/elojade/isef/case_ details. cfm? proc_ code = 3_ SA_ 53925.

④ Case SA. 54668 Bavarian gigabit scheme – DE, Commission decision of 29 November 2019, available at: https: //ec. europa. eu/competition/elojade/isef/case_ details. cfm? proc_ code = 3_ SA_ 54668.

⑤ Communication from the Commission to the European Parliament, the European Council, the Council, the European Economic and Social Committee and the Committee of the Regions The European Green Deal, COM/2019/640 final. See: https: //ec. europa. eu/info/publications/communication – european – green – deal_ en.

⑥ See: https: //ec. europa. eu/info/law/better – regulation/initiatives/ares2018 – 6600267_ en.

欧盟 2021—2030 年新排放交易计划。[①] 正在进行中的国家援助现代化一揽子计划的“适用性审查”，将根据《欧洲绿色协议》所确定的 2021 年政策目标为相关准则的修订做准备。

国家援助支持欧盟“零污染”雄心和资源效率目标

2019 年，欧盟委员会批准了德国直至 2022 年底 1.95 亿欧元的“电动公交车和充电基础设施”额外公共资助计划。[②] 此外，欧盟委员会还批准了 4.3 亿欧元的公共资助计划，用于在 2017 年已超过 NOX 排放限值的城市翻新柴油车。[③] 这两项措施都符合欧盟的环境目标和欧洲低排放流动性战略，以及助力城市逐渐使用零排放车辆和为这类车辆创造市场。

欧盟委员会还批准了捷克的一项为利用余热和采矿气体发电的设施提供资助的计划。[④] 该计划通过减少用于发电的主要能源的消耗来提高资源使用效率。

2019 年 11 月 25 日，欧盟委员会批准了保加利亚用 9380 万欧元支持高效热电联产电厂建设和运营计划。[⑤] 该工厂将使用源自不可回收的城市垃圾的燃料来产生热量和电力。

---

① Directive (EU) 2018/410 of the European Parliament and of the Council of 14 March 2018 amending Directive 2003/87/EC to enhance cost-effective emission reductions and low-carbon investments, and Decision (EU) 2015/1814, OJ L 76, 19. 3. 2018, pp. 3 – 27.

② Budget increase and prolongation of scheme SA. 48190 Germany – Support scheme for the acquisition of electric buses for urban public transport, Commission decision of 26 February 2018, available at: https://ec.europa.eu/competition/elojade/isef/case_details.cfm?proc_code=3_SA_48190.

③ SA. 53054 Scheme for retrofitting heavy municipal vehicles, SA. 53055 Scheme for retrofitting heavy commercial vehicles and SA. 53056 Scheme for retrofitting light commercial and municipal vehicles. Germany notified an amendment to those schemes, which the Commission approved on 25 October 2019 under SA. 55230, SA. 55231 and SA. 55232 respectively. The amendment introduced, inter alia, a more flexible concept of eligible municipalities.

④ Case SA. 35179 Czech Republic – Promotion of electricity from secondary sources, Commission decision of 26 September 2019, available at: https://ec.europa.eu/competition/elojade/isef/case_details.cfm?proc_code=3_SA_35179.

⑤ Case SA. 54042 Sofia waste – to – energy project/ cogeneration unit with recovery of energy from RDF – Bulgaria, Commission decision of 25 November 2019, available at: https://ec.europa.eu/competition/elojade/isef/case_details.cfm?proc_code=3_SA_54042.

2019 年 1 月 28 日，欧盟委员会批准了对化学公司 LG Chem① 的 3600 万欧元投资资助，用于在波兰新建一座电动汽车电池工厂。新工厂预计每年将为 8 万辆电动汽车提供电池，并创造 700 多个直接就业岗位，在保持竞争的同时为 Dolnoślaskie 地区的发展做出贡献。没有公共资金的支持，这个项目是不可能进行的。

对可再生能源的国家援助

国家援助控制的目标是利用有限的公共资金，在尽量降低国家、行业和消费者的成本，确保公共资金不会排挤私人投资的前提下，营造单一市场的公平竞争环境，最大限度地获取环境、社会和经济利益。2019 年，欧盟委员会继续批准国家援助计划，使成员国能够实现其能效目标，并根据欧盟环境目标为减少二氧化碳排放做出贡献。

2019 年 6 月 14 日，欧盟委员会批准了意大利 54 亿欧元可再生能源发电公共资助计划②，以帮助其实现可再生能源目标。该计划将支持陆上风能、太阳能光伏发电、水力发电和污水处理等可再生能源的电力生产，并将持续到 2021 年。

2019 年 7 月 26 日，欧盟委员会批准了法国对六个海上风电场的公共资助。③ 该工程将于 2019 年开始，并将于 2022 年投入运营。这些支持措施将帮助法国提高可再生能源发电量的比例，从而使其达到欧盟环

---

① Case SA. 47662 LIP – Aid to LG Chem Wrocław Energy Sp. z o. o. , Commission decision of 28 January 2019, available at: https: //ec. europa. eu/competition/elojade/isef/case_ details. cfm? proc_ code =3_ SA_ 47662.

② Case SA. 53347 Italy – Support to electricity from renewable sources 2019 – 2021, Commission decision of 14 June 2019, available at: https: //ec. europa. eu/competition/elojade/isef/case_ details. cfm? proc_ code =3_ SA_ 53347.

③ Case SA. 45274 France – Offshore wind park of Courseulles, Commission decision of 26 July 2019, SA. 45275 France – Offshore wind park of Fécamp, Commission decision of 26 July 2019, SA. 45276 France – offshore wind park of Saint – Nazaire, Commission decision of 26 July 2019, SA. 47246 France – Offshore wind park in Islands of Yeu et Noirmoutier, Commission decision of 26 July 2019, SA. 47247 France – Offshore wind park of Dieppe, Commission decision of 26 July 2019, and SA. 48007, France – Offshore wind park of Saint – Brieuc Commission decision of 26 July 2019. See: https: //ec. europa. eu/commission/presscorner/detail/en/IP_ 19_ 4749.

保战略的气候目标。[①]

监管和竞争政策齐头并进，以确保欧盟公民和企业的能源供应安全

容量机制是成员国为确保电力供应能够满足其中长期需求而采取的措施，旨在填补预期的产能缺口并确保供应安全。很重要的一点是，容量机制的设计应避免扭曲竞争，否则它们可能导致消费者的电价上涨，给某些能源经营者不合理的优势或阻碍欧盟境内的电力流动。

与此同时，容量机制不能替代国家和欧盟层面的电力市场改革。新的《电力市场条例》[②] 要求拟引入容量机制的成员国提出市场改革计划，以解决削弱电力行业投资激励的监管和其他失误问题。该条例还禁止高排放发电企业参与容量机制。

2019 年，在经过深入调查，并考虑《电力市场条例》有关容量机制的规定之后，欧盟委员会发布了两项关于意大利[③]和英国[④]容量机制的决定。

调查阻碍创新技术使用的潜在卡特尔

欧盟委员会关于横向合作协议的准则阐明了旨在提高产品质量和创新，不会引起欧盟竞争法关注的企业之间的合作方式。除此之外，企业之间合谋阻扼产品质量和创新竞争的行为是非法的。2019 年 4 月 5 日，欧盟委员会向宝马（BMW）、戴姆勒和大众集团（大众、奥迪、保时捷）[⑤] 发出了一份反对声明，告知它们，欧盟委员会初步认为，它们于 2006 年至 2014 年共谋在开发清洁汽油和柴油乘用车排放物的技术中限

① See：https：//ec. europa. eu/info/strategy/priorities – 2019 – 2024.

② Regulation（EU）2019/943 of the European Parliament and the Council of 5 June 2019 on the internal market for electricity，OJ L 158，14. 06. 2019，p. 54.

③ Case SA. 53821 Modification of the Italian capacity mechanism，Commission decision of 14 June 2019，available at：https：//ec. europa. eu/competition/elojade/isef/case _ details. cfm? proc_ code = 3_ SA_ 53821.

④ SA. 35980 GB capacity mechanism，Commission decision of 24 October 2019，available at：https：//ec. europa. eu/competition/elojade/isef/case_ details. cfm？ proc_ code = 3_ SA_ 35980.

⑤ Case AT. 40178 Car emissions，available at：https：//ec. europa. eu/competition/elojade/isef/case_ details. cfm？ proc_ code = 1_ 40178.

制竞争的行为违反了欧盟反垄断规则。欧盟委员会的初步观点是，汽车制造商们的行为意在限制两种排放净化系统创新方面的竞争，并可能剥夺了消费者购买无污染汽车的机会。

五 保护单一市场上的竞争

制造业的竞争执法可以确保企业在单一市场上公平、平等地展开竞争。此外，国家援助执法将公共资金导向研究、培训和提高能源使用效率方面。只有具有可持续商业计划的创新型公司才能以具有竞争力的价格为欧盟消费者和企业提供诱人的商品和服务。提高欧盟企业在单一市场上的效率和长期竞争力可以使这些企业适应在全球市场上的竞争。

对基础性高准入壁垒行业的并购决定和调查

欧盟的并购控制有助于确保活跃在单一市场上的公司能够公平、平等地展开竞争。欧盟委员会对向其申报的可能严重扭曲竞争的并购交易进行严格审查。在其评估中，欧盟委员会考虑合并所带来的效率提升，包括并购对成本、创新和其他方面产生的积极影响，只要这种效率提升是具体可查的，且很有可能落实到消费者身上。当考虑到并购对竞争产生的影响时，拟并购企业可以通过承诺方式来消除欧盟委员会对竞争问题的顾虑。如果认为拟并购企业的承诺未达到适当、充分的程度，欧盟委员会将禁止该交易。在过去的 10 年中，欧盟委员会批准了 3000 多项并购交易，其中 90% 以上是无条件的。与此相较，在此期间，欧盟委员会仅禁止了 10 项并购交易，而其中 3 项发生在 2019 年。

2019 年，基础制造业和消费品行业继续在欧盟委员会竞争执法中占据重要份额。

2019 年 2 月 6 日，欧盟委员会禁止了西门子（Siemens）根据欧盟《并购条例》对阿尔斯通（Alstom）[①] 的收购。同为铁路行业的领军企业，西门子和阿尔斯通未能提供充分的补救措施，以消除欧盟委员会对

① Case M. 8677 Siemens / Alstom, Commission decision of 6 February 2019, available at: http://ec.europa.eu/competition/elojade/isef/case_ details.cfm? proc_ code = 2_ M_ 8677.

此次合并长期影响的顾虑。

西门子/阿尔斯通合并案：保护铁路经营者和乘客

火车和引导火车的信号设备对欧洲的交通至关重要。西门子（德国）和阿尔斯通（法国）都在全球铁路运输行业居于领先地位。拟议中的交易将合并欧洲经济区较大的两家铁路车辆（火车）和信号解决方案供应商。这不仅体现在合并业务的规模上，还体现在它们的地理分布上。

在深入评估后，欧盟委员会认为，如果没有充分的补救措施，合并将损害铁路信号系统和超高速列车市场上的竞争。本次合并交易将在某些信号市场上产生无可争议的市场领导者和高速列车的主导者。在所有已确定存在竞争问题的相关市场上，来自其余竞争者的竞争压力不足以确保合并之后的有效竞争。作为调查的一部分，欧盟委员会还仔细考虑了世界上其他地区的竞争格局，并认为包括潜在的中国供应商在内的新竞争对手，都不太可能在不久的将来进入欧洲经济区超高速列车或信号市场。

西门子和阿尔斯通提供的补救措施不足以解决欧盟委员会对竞争问题的顾虑。欧盟委员会还征询了相关市场参与方的意见。他们都对补救措施作出了负面反馈，确认了欧盟委员会的评估结果。

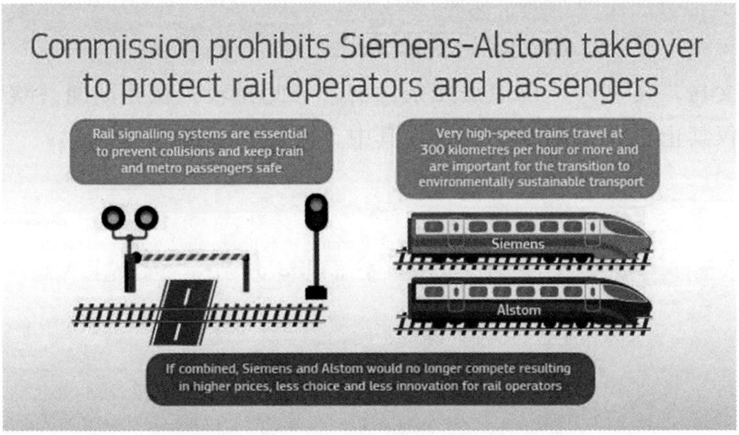

由于缺乏充分的补救措施来解决其对高速铁路车辆市场和铁路信号

市场的竞争顾虑，欧盟委员会得出结论认为，合并将导致价格上涨，供应商以及创新产品的减少，从而最终损害铁路经营者、铁路基础设施管理者以及数以百万计以列车为通勤或休闲工具的欧盟公民的利益。因此，欧盟委员会禁止了该项交易。

2019 年 2 月 6 日，欧盟委员会还禁止了 Wieland 根据《欧盟并购条例》对 Aurubis 轧铜产品和 Aurubis 持有的 Schwermetall 股份的收购。[①]这是欧盟委员会担心本次收购将导致竞争减少和欧洲制造商使用的轧铜产品价格上涨的结果。许多欧洲工业客户还担心使用从 Schwermetall 获得的预轧带材以及轧制产品的价格上涨。Wieland 和 Aurubis 是欧洲三大轧铜产品生产商中的两个。如果交易完成，Wieland 将成为轧铜产品市场上的主导者，其在欧洲的市场份额将超过 50%，在其他市场上的份额将超过 10%。由于 Wieland 没能有效打消欧盟委员会的顾虑，欧盟委员会禁止了此次交易。

在塑料行业，欧盟委员会于 2019 年 1 月 18 日在深入调查后，批准了巴斯夫（BASF）[②] 收购索尔维（Solvay）的聚酰胺（尼龙）业务，但须放弃索尔维在欧洲经济区的大部分相关资产。欧盟委员会担心可能导致价格上涨，对尼龙 6.6 产品价值链的投入减少，以及使最终客户面临更高的价格。尼龙 6.6 产品包括用于汽车、电子或建筑行业的特种塑料，通常被用作较重的金属零件的替代品并节省能源。2019 年 11 月 25 日，欧盟委员会批准 Domo Chemicals 收购索尔维剥离的业务。[③]

2019 年 6 月 11 日，欧盟委员会根据《欧盟并购条例》禁止塔塔钢

---

① Case M. 8900 Wieland / Aurubis Rolled Products / Schwermetal, Commission decision of 6 February 2019, available at: https: //ec. europa. eu/competition/elojade/isef/case_ details. cfm? proc_ code = 2_ M_ 8900.

② Case M. 8674 BASF / Solvay's EP and P&I Business, Commission decision of 18 January 2019, available at: https: //ec. europa. eu/competition/elojade/isef/case_ details. cfm? proc_ code = 2_ M_ 8674.

③ Case M. 9553 Domo Investment Group / Solvay Performance Polyamides Business in the EEA, Commission decision of 25 November 2019, available at: https: //ec. europa. eu/competition/elojade/isef/case_ details. cfm? proc_ code = 2_ M_ 9553.

铁（Tata Steel）与蒂森克虏伯（Thyssenkrupp）[①] 成立合资企业，该合资企业将合并蒂森克虏伯和塔塔钢铁在欧洲经济区的扁平碳素钢和电工钢业务。蒂森克虏伯和塔塔钢铁分别是欧洲经济区内第二大和第三大扁平碳素钢生产商，且这两家公司都是包装应用金属涂层和层压钢以及汽车工业使用的镀锌扁平碳素钢的重要生产商。欧盟委员会的顾虑是合并将会减少竞争（钢材购买人将面临更少的供应商选择），提高各类型钢材价格。双方没有提供充分的补救措施来解决这些问题。欧盟委员会还征求了市场参与者对补救措施的看法，他们的反馈是负面的。最终，欧盟委员会禁止了本次交易。

2019 年 10 月 1 日，在进行了深入调查之后，欧盟委员会在有条件的情况下批准了铝业公司诺贝丽斯（Novelis）[②] 对竞争对手爱励（Aleris）的收购。欧盟委员会担心该交易会导致欧洲客户购买铝制车身板的价格上升。铝制车身板被用于汽车制造，目的在于减少燃料消耗和排放。为了解决欧盟委员会的顾虑，双方提议剥离爱励在欧洲的整个铝制车身板业务，包括其在比利时达菲尔的生产工厂。剥离内容包括研发资产以及用于进一步提高其能力的投资资金。由于剥离的内容将消除该交易在欧洲铝车身板交易中所产生的全部重叠，欧盟委员会得出结论，在其承诺修改收购方案后，该交易将不再引起竞争问题。欧盟委员会因此附条件批准了本次交易。

欧盟委员会还对制造业的各种合并提议展开了深入调查，在这样做时并不会预先判断调查结果。2019 年 10 月 4 日，欧盟委员会开始进行深入调查，以评估飞机制造商波音（Boeing）[③] 和巴西航空工业公司（Embraer）根据《欧盟并购条例》成立两家合资企业的申请。欧盟委员会担心该交易可能会导致欧盟客户面临商用飞机价格上涨、选择权减少的结果。

---

① Case M. 8713. Tata Steel / Thyssenkrupp / JV, Commission decision of 11 June 2019, available at: https: //ec. europa. eu/competition/elojade/isef/case_ details. cfm? proc_ code = 2_ M_ 8713.

② Case M. 9076 Novelis/Aleris, Commission decision of 1 October 2019, available at: https: //ec. europa. eu/competition/elojade/isef/case_ details. cfm? proc_ code = 2_ M_ 9076.

③ Case M. 9097 Boeing / Embraer, available at: https: //ec. europa. eu/competition/elojade/isef/case_ details. cfm? proc_ code = 2_ M_ 9097. On 25 April 2020, Boeing terminated the agreement to establish Joint Ventures with Embraer.

此外，欧盟委员会于2019年10月30日展开了深入调查，以确定Fincantieri[①]收购Chantiers de l'Atlantique的提议是否可能会显著降低有效竞争。这两家造船公司在已经集中且产能受限的市场上均处于全球领先地位。

此外，欧盟委员会于2019年12月17日根据《欧盟并购条例》展开深入调查，以评估现代重工（Hyundai Heavy Industries Holdings，HHIH)[②] 对大宇造船（Daewoo Shipbuilding & Marine Engineering Co.，Ltd，DSME）的收购提议。欧盟委员会担心合并可能会降低全球造船市场的竞争。造船业是欧盟的重要产业。欧洲航运公司占全球货船需求量的30%，是大宇造船和现代重工的主要客户。

欧盟国家援助规则有助于促进创新

2014年6月，欧盟委员会通过了《涉欧洲共同利益重要项目（IPCEI）的通报》，制定了成员国可以支持对欧盟具有战略意义的跨国项目的标准。[③] 该通报阐明了兼容性规则，以便促进成员国在为经济增长、可持续性、就业和欧盟竞争力作出明显贡献的项目上的合作。该框架还要求成员国作出承诺，以确保在整个欧盟范围内广泛传播新知识，并进行详细的竞争评估，以最大限度地减少任何不适当的扭曲行为。IPCEI框架是对其他国家援助规则的补充，例如《一般集体豁免条例》[④] 和《研究、开发与创新框架》(该框架实现了在为创新项目提供支持的同时限制潜在的竞争扭曲)。[⑤]

2018年12月，欧盟委员会认定法国、德国、意大利和英国共同宣

---

① Case M. 9162Fincantieri / Chantiers De L'Atlantique，available at：https：//ec. europa. eu/competition/elojade/isef/case_ details. cfm？proc_ code＝2_ M_ 9162.

② Case M. 9343Hyundai Heavy Industries Holdings / Daewoo Shipbuilding & Marine Engineering，available at：https：//ec. europa. eu/competition/elojade/isef/case _ details. cfm？proc_ code＝2_ M_ 9343.

③ In line with Article 107（3）（b）of the Treaty on the Functioning of the European Union（TFEU）.

④ See：http：//ec. europa. eu/competition/state_ aid/legislation/block. html.

⑤ Communication from the Commission—Framework for State aid for research and development and innovation，OJ C 198，27. 6. 2014，pp. 1－29.

布的有关微电子技术研究和创新的综合项目是一项关键技术，符合欧盟国家援助规则，并有助于欧盟的共同利益。① 四个成员国将为此项目提供最多 17.5 亿欧元的资金，以拉动额外 60 亿欧元的私人投资。

2019 年 12 月，继第一个 IPCEI 项目之后，关于电池的第二个 IPCEI 项目产生。电池生产对欧洲经济和社会具有战略意义，因为它在清洁出行、能源、可持续发展和竞争力方面具有潜力。

涉欧洲共同利益重要项目：
对所有电池生产价值环节的支持作用

2019 年 12 月，欧盟委员会批准了由比利时、芬兰、法国、德国、意大利、波兰和瑞典联合通报的具有欧洲共同利益的第二个重要项目，以支持电池这一欧洲共同优先领域的研究和创新。② 7 个成员国将在未来几年里提供大约 32 亿欧元的资金，并预计同时拉动另外 50 亿欧元的私人投资。

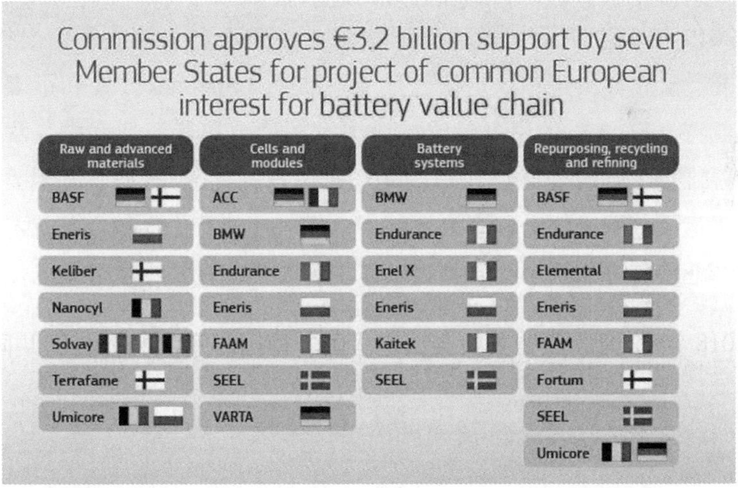

① Cases SA. 46705 (France), SA. 46578 (Germany), SA. 46595 (Italy) and SA. 46590 (United Kingdom). See also: https://ec. europa. eu/commission/presscorner/detail/en/IP_ 18_ 6862.

② Cases SA. 54793 (Belgium), SA. 54801 (Germany), SA. 54794 (France), SA. 54806 (Italy), SA. 54808 (Poland), SA. 54796 (Sweden) and SA. 54809 (Finland). Seealso: https://ec. europa. eu/commission/presscorner/detail/en/ip_ 19_ 6705.

整个项目计划在2031年完成（每个子项目有不同的时间表）。该项目将有17个直接参与者，主要是工业参与者，包括中小型企业(SMEs)。

该项目是欧盟委员会、感兴趣的成员国和电池行业参与者组成的“欧洲电池联盟”的一部分，该联盟于2018年5月通过了一项“电池行动计划”。

六 确保税务领域的公平竞争环境

为企业确保一个包括税务在内的公平竞争环境，使它们基于市场表现进行竞争，可以增强人们对单一市场的信心。成员国不能向跨国集团提供其他公司（通常是当地企业）无法享受的税务优惠，因为这将严重扭曲竞争。此外，它将剥夺公共资金和欧盟纳税人抗击气候变化、建设基础设施和投资创新所急需的资金。

2019年9月24日，欧盟普通法院对欧盟委员会的决定作出初裁。欧盟委员会在其决定中认定荷兰授予星巴克（Starbucks）[①] 和卢森堡授予菲亚特（Fiat）[②] 的税务裁定构成国家援助。在菲亚特案中，欧盟普通法院维持了欧盟委员会2015年10月21日的决定[③]，同意欧盟委员会已正确运用其国家援助规则来评估卢森堡对菲亚特作出的税务裁定是否使得菲亚特获得非法利益，是否破坏了税收规则在整个欧盟范围内的一致适用。欧盟普通法院也同意欧盟委员会的结论，认为卢森堡的税务裁定是选择性的，并不适用于所有公司。在星巴克案中，欧盟普通法院废

---

① Joined Cases T－760/15 and T－636/16, Kingdom of the Netherlands and Others v European Commission, judgment of 24 September 2019, ECLI: EU: T: 2019: 669.

② Joined Cases T－755/15 and T－759/15, Grand Duchy of Luxembourg and Fiat Chrysler Finance Europe v European Commission, judgment of 24 September 2019, ECLI: EU: T: 2019: 670.

③ Case SA. 38375 State aid which Luxembourg granted to Fiat, Commission decision of 21 October 2015, available at: https://ec.europa.eu/competition/elojade/isef/case_details.cfm?proc_code=3_SA_38375.

除了欧盟委员会2015 年10 月21 日的决定①，认为欧盟委员会无法证明税务裁定中存在有利于星巴克的利益。在这两个案件中，欧盟普通法院都认可了欧盟委员会在税收案件中适用国家援助规则的做法。

欧盟委员会继续打击选择性税务优惠

2019 年，欧盟委员会继续根据欧盟国家援助规则研究激进的税务筹划措施，并评估这些措施是否导致非法的国家援助。

2019 年4 月2 日，欧盟委员会得出结论，通过使企业豁免一整套反避税规则（受控外国公司法，CFC）② 的做法，英国给予某些跨国公司非法的税务优惠。

2019 年1 月10 日，欧盟委员会展开了一项深入调查，以调查荷兰对耐克（Nike）③ 的税务裁定是否违反了欧盟国家援助规定，给该公司带来了相对于其竞争对手的不公平优势。欧盟委员会的正式调查涉及两家耐克集团旗下公司在荷兰的税收待遇。从2006 年到2015 年，荷兰税务机关发布了若干税务裁定，认可了一种计算特许权使用费的方法。结果，这些集团公司仅在基于销售额的有限营业边际收益基础上被征收税款。欧盟委员会认为，这些裁定所认可的特许权使用费可能不能反映经济现实，似乎高于市场条件下相互独立的公司之间进行谈判时，根据公平原则协商达成的价格。

2019 年9 月16 日，欧盟委员会对比利时授予跨国公司的39 例“超额利润”④ 税务裁定展开了单独的深入调查，此前，欧盟普通法

---

① Case SA. 38374 State aid implemented by the Netherlands to Starbucks, Commission decision of 21 October 2015, available at: https: //ec. europa. eu/competition/elojade/isef/case_ details. cfm? proc_ code = 3_ SA_ 38374.

② Case SA. 44896 State aid scheme UK CFC Group Financing Exemption, Commission decision of 2 April 2019, available at: https: //ec. europa. eu/competition/elojade/isef/case_ details. cfm? proc_ code = 3_ SA_ 44896.

③ Case SA. 51284 Netherlands – Alleged aid to Nike, Commission decision of 10 January 2019, available at: https: //ec. europa. eu/competition/elojade/isef/case_ details. cfm? proc_ code = 3_ SA_ 51284.

④ Case SA. 37667 Excess Profit exemption in Belgium, Commission decision of 11 January 2016, available at: https: //ec. europa. eu/competition/elojade/isef/case _ details. cfm? proc _ code = 3_ SA_ 37667.

院以需要根据欧盟国家援助规则对税务裁定进行单独评估为由，判决撤销了欧盟委员会对比利时“超额利润案”作出的决定。[①] 同时，欧盟委员会已就欧盟普通法院的裁决向欧洲法院提起上诉，要求法院进一步澄清本案中是否存在某项国家援助计划。目前，诉讼正在进行之中。

七 在银行业联盟背景下增强金融业弹性

自危机发生以来金融业的总体稳定和银行业联盟监管框架的逐步实施，使该领域的国家援助案件数量持续减少。

2019 年 12 月 5 日，欧盟委员会通过了一项决定，认定德国银行——北德意志银行（Norddeutsche Landesbank－Girozentrale，NordLB）[②]的资本重组符合市场要求。这些措施包括 28 亿欧元的直接投资、对银行进行必要结构调整的其他投资以及缩小企业规模，以确保北德意志银行能在市场上继续营利经营。欧盟委员会认为，国家获得的回报与私营经营者在同样的情况下获得的回报是一致的。因此，这些措施是按照市场条件执行的，在欧盟规则的含义内没有任何国家援助。该银行监管机构——欧洲央行于 2019 年 11 月 29 日批准了该计划。与此类似，2019 年 10 月 29 日，欧盟委员会认定罗马尼亚向完全国有的 CEC Bank[③] 注资 2 亿欧元的计划，是以市场条件进行的，因此在欧盟规则下，不构成任何有利于银行的国家援助。

尽管欧盟银行业的弹性有所提高，但部分金融业仍然面临遗留问题，例如不良贷款率在一些成员国仍然较高。2019 年，欧盟委员会批准了无国家援助的希腊资产保护计划（又称“大力神”

---

① See：https：//ec. europa. eu/commission/presscorner/detail/en/IP_ 19_ 5578.

② Case SA. 49094 Market – conform measures for strengthening capital and restructuring of Norddeutsche Landesbank，Commission decision of 5 December 2019，available at：https：//ec. europa. eu/competition/elojade/isef/case_ details. cfm? proc_ code = 3_ SA_ 49094.

③ Case SA. 53869 Market – conform recapitalisation of CEC Bank，Commission decision of 29 October 2019，available at：https：//ec. europa. eu/competition/elojade/isef/case _ details. cfm? proc_ code = 3_ SA_ 53869.

计划）。[①] 该计划旨在解决希腊的不良贷款问题。该计划是成员国在不给予援助或扭曲竞争的情况下帮助银行清理资产负债表的一个例子。

继续确保金融服务市场的公平竞争，以造福消费者和企业

数字化转型对金融服务业的影响不亚于对欧盟其他行业的影响。数字技术为企业提供了新的可能性，以更好地服务客户，并降低服务成本。为了充分释放数字化的潜力，金融科技公司需要一个可以真正竞争的机会，监管框架也需要确保为所有金融服务经营者提供一个公平的竞争环境。

2019 年，在整个金融领域执行竞争规则仍然是确保公平竞争和保护金融稳定的关键。2019 年 1 月 22 日，欧盟委员会对万事达卡组织（Mastercard）[②] 处以 5.7 亿欧元的罚款，原因是该组织违反欧盟反垄断规则，阻碍商户使用跨境信用卡支付服务。

万事达卡系列案之二：促进支付领域的健康竞争

万事达卡组织是欧洲经济区内第二大卡组织，其发行的消费卡数量及交易金额均位列欧洲第二。信用卡支付在欧洲单一市场上发挥着关键作用，欧洲消费者和企业超过一半的非现金支付是通过信用卡进行的。消费者在实体店铺或网上使用借记卡或信用卡时，零售商的银行需向持卡人的银行支付一笔名为“交易费”的费用。随后，零售商的银行将这笔费用转由零售商如同其他费用一样计入所有消费者最终支付的金额中。

欧盟委员会的调查结果显示，万事达卡组织的跨境收单规则规定零售商的银行必须适用零售商所在地的“交易费”。这些规则使得零售商必须支付相比可以自由选择时更高的费用以收取通过银行卡进行的支

---

① Case SA. 53519 Hellenic Asset Protection Scheme（“Hercules”） – Greece, Commission decision of 10 October 2019, available at: https: //ec. europa. eu/competition/elojade/isef/case_ details. cfm? proc_ code = 3_ SA_ 53519.

② Case AT. 40049 Mastercard II, Commission decision of 22 January 2019, available at: https: //ec. europa. eu/competition/elojade/isef/case_ details. cfm? proc_ code = 1_ 40049.

付。该规则提高了零售商和消费者的银行卡使用价格，限制了跨境竞争，同时也造成了人为的市场分割。

欧盟委员会认定，直到2015年12月9日，万事达卡组织的跨境规则都违反了欧盟反垄断法规，因为它们限制了商户从单一市场上其他地方设立的银行处获得更优惠条件的可能性。欧盟委员会据此对万事达卡组织处以5.7亿欧元的罚款。

2015年12月9日，《交易费条例》(IFR)① 为交易费设定了上限。此前，欧洲经济区各国之间在此问题上差异显著。欧盟委员会目前正在评查2015年IFR的实施情况，并已就此委托第三方进行这方面的研究。② 欧盟委员会分别完成了对万事达卡组织、维萨公司和维萨国际的多边交易费（MIFs）规则的反垄断调查。这些交易通过欧洲经济区以外发行的消费者借记卡和信用卡进行。IFR没有给这些MIFs设定上限，这给欧洲商人造成了沉重负担，并提高了所有消费者的零售价格。2014

① Regulation (EU) 2015/751 of the European Parliament and of the Council of 29 April 2015 on interchange fees for card-based payment transactions (Text with EEA relevance), OJ L 123, 19.5.2015, pp. 1-15.

② See: https://ec.europa.eu/competition/publications/reports/kd0120161enn.pdf.

年，在维萨欧洲作出承诺后，欧盟委员会终止了相关程序。[①] 2019 年，万事达卡组织 、维萨公司和维萨国际分别承诺将把 MIFs 平均减少 40%，使调整后的 MIFs 等于或低于法定上限。2019 年 4 月 29 日，欧盟委员会通过了两项决定，使这些承诺根据欧盟反垄断规则具有法律约束力。[②]

此外，2019 年 5 月 16 日，欧盟委员会在两项和解协议中，对在现货外汇交易市场（Spot Foreign Exchange market，FOREX）上参与操纵 11 种主要货币的两个卡特尔的五家银行进行了处罚。[③] 其中第一份处罚决定针对巴克莱银行（Barclays）、苏格兰皇家银行（Royal Bank of scotland）、花旗集团（Citigroup）和摩根大通（JP Morgan）四家银行，罚款共计 8.11 亿欧元，涉及的违法行为始于 2007 年 12 月 18 日，止于 2013 年 1 月 31 日。第二份处罚针对的是巴克莱银行、苏格兰皇家银行和三菱日联银行（MUFG，前身为东京三菱银行），罚款共计 2.58 亿欧元，涉及的违法行为始于 2009 年 12 月 14 日，止于 2012 年 7 月 31 日。这两份决定中均包含瑞银集团（UBS），但其因向欧盟委员会揭发了卡特尔行为而免于被处罚。

2019 年，欧盟委员会继续密切关注信贷行业，并发布了一份关于欧盟银团贷款的报告[④]，其中包括此类银团的形成和运营方式，以及它们对信贷市场竞争的影响。银团贷款是大型基础设施和创新项目融资的重要工具。

在保险领域，欧盟委员会于 2019 年 5 月对 Insurance Ireland[⑤] 展开

---

① Case AT. 39398 VISA MIF，Commission decision of 26 February 2014. See：http：//ec. europa. eu/competition/antitrust/cases/dec_ docs/39398/39398_ 9728_ 3. pdf.

② Cases AT 39398 Visa MIFand AT 40049 Mastercard II，Commission decisions of 29 April 2019. See：https：//ec. europa. eu/competition/elojade/isef/case_ details. cfm? proc_ code = 1_ 40049and https：//ec. europa. eu/competition/elojade/isef/case_ details. cfm? proc_ code = 1_ 39398.

③ Case AT. 40135 FOREX，Commission decision of 16 May 2019，available at：https：//ec. europa. eu/competition/elojade/isef/case_ details. cfm? proc_ code = 1_ 40135.

④ See：https：//ec. europa. eu/competition/publications/reports/kd0419330enn. pdf.

⑤ Case AT. 40511 Insurance Ireland：Insurance claims database and conditions of access，available at：https：//ec. europa. eu/competition/elojade/isef/case_ details. cfm? proc_ code = 1_ 40511.

了正式的反垄断调查，以评估希望在爱尔兰汽车保险市场上提供服务的企业是否被不公平地阻止访问由 Insurance Ireland 为其成员公司管理的数据池。如果得到证实，则 Insurance Ireland 的做法可能违反欧盟竞争规则，并可能导致爱尔兰司机在投保汽车保险时，面临更少的选择和更有竞争力的价格。正式调查是在 2017 年 7 月对爱尔兰汽车保险市场进行检查之后开始的。

八 确保食品、消费者和卫生行业的公平竞争

单一市场为零售商和消费者提供了在欧洲各地购买更多产品和支付更便宜价格的可能性。当企业限制贸易商在欧盟单一市场上跨境和在线销售商品时，消费者的选择就会减少，商品的价格也会上涨。庄严地载入 TFEU[①] 的欧盟竞争规则禁止企业之间达成阻碍、限制或扭曲欧盟单一市场上竞争的协议。

跨境消费品的反垄断执法

2019 年，欧盟委员会细致地审查了几起违反欧盟反垄断规则，禁止被许可人在其他国家销售许可产品的案件。

2019 年 5 月 13 日，欧盟委员会对百威英博（Anheuser-Busch InBev NV/SA)[②] 处以 2.004 亿欧元的罚款，因为它违反了欧盟反垄断规则，限制啤酒在相邻欧盟成员国内的销售。

在单一市场上继续打击跨境反竞争行为

百威英博是世界上最大的啤酒酿造商。其在比利时最受欢迎的啤酒品牌是 Jupiler，约占比利时啤酒总销量的 40%。百威英博还向包括荷兰和法国在内的其他欧盟成员国出售 Jupiler 啤酒。

---

① See: https://eur-lex.europa.eu/LexUriServ/LexUriServ.do?uri=CELEX:12008E101:EN:HTML.

② Case AT40134 AB InBev Beer Trade Restrictions, Commission decision of 13 May 2019, available at: https://ec.europa.eu/competition/elojade/isef/case_details.cfm?proc_code=1_40134.

在2016年6月发起的调查中，欧盟委员会发现，由于竞争加剧，百威英博在荷兰以比在比利时更低的价格向零售商和批发商销售Jupiler。欧盟委员会认为，百威英博限制超市和批发商在荷兰以较低的价格购买Jupiler啤酒并将其进口到比利时的做法，滥用了其在比利时啤酒市场上的支配地位。因此，Jupiler啤酒在单一市场上的跨境销售受到了限制，比利时的消费者也不得不为其支付更高的价格。

百威英博的违法行为从2009年2月9日持续到2016年10月31日，欧盟委员会因此对百威英博处以200409000欧元的罚款。欧盟委员会的决定同时赋予百威英博的补救措施以法律约束力：在未来5年里，百威英博将为其产品的包装提供法语和荷兰语的强制性食品信息。鉴于百威英博承认侵权并采取了有利于其产品跨境贸易的补救措施，欧盟委员会决定将对其的罚款减少15%。

根据欧盟反垄断规则，具有市场支配地位本身并不违法，但具有市场支配地位的企业负有特殊责任：在其占据支配地位的市场或者独立的相关市场上，不得滥用其市场支配地位限制竞争。

2019年3月25日，欧盟委员会对耐克（Nike）① 处以1250万欧元

① Case AT. 40436 – Licensed Merchandise – Nike, available at: https://ec.europa.eu/competition/elojade/isef/case_details.cfm?proc_code=1_40436.

的罚款，因为它禁止贸易商向欧洲经济区内的其他国家/地区出售许可商品和欧洲一些著名的足球俱乐部、联盟的商品。在调查中，欧盟委员会发现，耐克的非独家许可和分销协议违反了欧盟竞争规则，原因之一是其中有条款明确规定，禁止在没有专门分配给被许可方的欧洲经济区国家进行主动和被动、在线和线下销售。耐克还采取了一些措施来间接地实施这些销售限制，例如以终止合同的方式威胁被许可方，并进行审计以确保这些限制的约束力。同样，三丽鸥（Sanrio）① 在 2019 年 7 月 9 日被罚款 620 万欧元，原因是其限制贸易商向欧洲经济区内的其他国家和地区出售许可商品。这一限制涉及三丽鸥拥有的包含如 Hello Kitty 等卡通形象的产品。值得一提的是，三丽鸥还对被许可方可在商品上使用的语言作出了限制。三丽鸥的非法行为持续了大约 11 年。因为承认各自的侵权行为并超出法律义务大力配合欧盟委员会的调查，三丽鸥和耐克都获得了 40% 罚款的豁免。欧盟委员会还进行了第三次调查，这次调查涉及环球影城（Universal Studios）② 的许可行为。环球影城拥有《美人鱼》和《侏罗纪世界》系列电影等的版权。

2019 年 9 月 27 日，欧盟委员会因其违反欧盟反垄断法规行为而对 Coroos 和 Groupe CECAB③ 处以总计 3.16 亿欧元的罚款。Bonduelle 因为向欧盟委员会揭露了卡特尔的存在而未受处罚。Bonduelle、Coroos 和 Groupe CECAB 参与向欧洲经济区的零售商或食品服务公司供应某些类型的蔬菜罐头的卡特尔超过 13 年。这些公司确定价格、商定市场份额和数量配额、分配客户和市场、串通招标并交换商业敏感信息。这些违法行为涵盖了整个欧洲经济区。Bonduelle 的违法行为从 2000 年 1 月 19 日持续至 2013 年 6 月 11 日，Coroos 和 Groupe CECAB 的违法行为从 2000 年 1 月 19 日持续至 2013 年 10 月 1 日。这三家公司承认参与了卡

---

① Case AT. 40432 – Licensed Merchandise – Sanrio, available at: https: //ec. europa. eu/competition/elojade/isef/case_ details. cfm? proc_ code = 1_ 40432.

② Case AT. 40433 – Film merchandise, available at: https: //ec. europa. eu/competition/elojade/isef/case_ details. cfm? proc_ code = 1_ 40433. A decision fining NBC Universal EUR 14. 3 million for contractual restrictions in non – exclusive licensing agreements regarding the sale of merchandise products featuring NBC Universal's films was adopted on 30 January 2020.

③ Case AT. 40127 Coroos and Groupe CECAB, Commission decision of 13 May 2019, available at: see: https: //ec. europa. eu/commission/presscorner/detail/en/IP_ 19_ 5911.

特尔，并同意和解。

此外，2019年11月，欧盟委员会还启动了一项正式的反垄断调查，以评估法国著名的两家零售商集团 Casino 和 Intermarché[①] 是否在违反欧盟竞争规则的市场上协调行为。该调查是欧盟委员会确保现代杂货零售为消费者带来利益的工作的一部分。

竞争政策有助于消费者负担得起创新药品

2019年1月28日，欧盟委员会发布了题为“制药行业的竞争执法（2009—2017年）——欧洲竞争主管机构为负担得起的创新药品开展合作”的报告[②]。该报告以概述和举例的方式，对2009年至2017年期间欧盟委员会和28个成员国的国家竞争主管机构如何在制药行业执行欧盟反垄断和并购规则的状况进行了阐述。该报告发现，欧盟竞争执法机构通过干预可能扭曲创新激励机制的行为，帮助维持了该行业的创新水平。

2019年，欧盟委员会继续对两家涉嫌妨碍或减少消费者获得有效、创新和可负担药品的企业进行调查。第一个案例涉及所谓的“付费延迟”做法，这种做法阻碍了睡眠障碍药物莫达非尼[③]的市场准入。欧盟委员会的目标是在2020年完成对该案的调查。第二起案件涉及欧盟委员会因该公司涉嫌滥用市场主导地位而正在对阿斯彭制药公司（Aspen Pharma）[④] 发起正式的反垄断调查。欧盟委员会根据指控对阿斯彭制药公司可能在除意大利外的所有欧洲经济区国家对一系列癌症药物设定不

① Case AT. 40466 Alliance Casino & Intermarché, Commission decision of 13 May 2019, available at: https: //ec. europa. eu/competition/elojade/isef/case_ details. cfm? proc_ code = 1_ 40466.

② See: http: //ec. europa. eu/competition/sectors/pharmaceuticals/report2019/index. html, and https: //europa. eu/rapid/press – release_ IP – 19 – 741_ en.

③ Case AT. 39686 Cephalon, see: IP/17/2063 of 17 July 2017: http: //europa. eu/rapid/press – release_ IP – 17 – 2063_ en. htm.

④ Case AT. 40394 Aspen. See: IP/17/1323 of 15 May 2017: http: //europa. eu/rapid/press – release_ IP – 17 – 1323_ en. htm and http: //ec. europa. eu/competition/antitrust/cases/dec_ docs/40394/40394_ 235_ 3. pdf.

公平和过高的价格行为进行调查。[①] 欧盟委员会准备在 2020 年了结此案。

九 运输及邮政服务

运输和邮政服务部门的竞争力对于一个运转良好的单一市场而言非常重要，因为它们对融入全球市场的其他欧洲经济部门具有有益的溢出效应。在这些部门中，竞争对消费者、增长和就业的好处尤为重要。

运输部门的国家援助有助于防止竞争扭曲

2019 年 8 月 2 日，欧盟委员会发现，根据欧盟国家援助规则，当地促进旅游和经济发展协会（APFTE）与瑞安航空（Ryanair）[②] 之间关于蒙彼利埃机场达成的营销协议是非法的。2010 年至 2017 年，APFTE 与瑞安航空及其子公司 Airport Marketing Services（AMS）签订了各种营销协议。根据这些协议，瑞安航空在其网站上将蒙彼利埃机场及其周边地区列为旅游胜地加以推销；APFTE 则向瑞安航空公司及其子公司支付报酬。这些付款使瑞安航空获得了相对于竞争对手的选择性优势。法国现在必须从瑞安航空收回 850 万欧元的非法国家援助。欧盟委员会目前正在进一步调查西班牙机场地区 Girona 和 Reus[③] 的公共当局和航空公司之间的协议。

2019 年 2 月 28 日，欧盟委员会开始进行深入调查，以评估丹麦和瑞典对 Øresund[④] 固定列车线路的公共资金支持是否符合欧盟国家援助规则。此外，2019 年 6 月，欧盟委员会开始进行深入调查，以确定丹

---

① The Italian competition authority adopted an infringement decision against Aspen on 29 September 2016.

② Case SA. 47867 Aid to Ryanair Montpellier airport, Commission decision of 2 August 2019, available at: https: //ec. europa. eu/competition/elojade/isef/case_ details. cfm? proc_ code = 3_ sa_ 47867.

③ Case SA. 33909 Girona and Reus Airports – Aid to Ryanair, available at: https: //ec. europa. eu/competition/elojade/isef/case_ details. cfm? proc_ code = 3_ SA_ 33909.

④ Cases SA. 52162 and SA. 52617 State aid in favour of the Oresund Bridge Consortium. See: https: //ec. europa. eu/commission/presscorner/detail/en/IP_ 19_ 1468.

麦和德国之间的 Fehmarn Belt[①] 固定列车线路的公共融资模式是否符合欧盟国家援助规则。这两项深入调查都是在欧盟普通法院撤销欧盟委员会先前批准的相应援助的决定之后作出的。

2019 年 12 月 16 日，欧盟委员会根据欧盟国家援助规则批准了五项计划，以支持塞浦路斯、丹麦、爱沙尼亚、波兰和瑞典的海上运输。[②] 这些计划鼓励在欧洲进行船舶注册，并在不过度扭曲竞争的情况下提高该行业的全球竞争力。

国家对邮政服务的援助：维持公平竞争的环境

邮政部门的国家援助控制确保在邮政服务提供商（通常为现有服务商）承担沉重的公共服务义务的情况下，向服务提供者支付的任何补偿都不会扭曲现有邮政服务提供商和新进入者之间的竞争。

2019 年 7 月 22 日，欧盟委员会批准了意大利授予 Poste Italiane[③] 的 1.741 亿欧元公共服务补偿金，用于以较低的关税分发 2017—2019 年期间出版商和非营利组织出版的报纸和出版物。

此外，欧盟委员会于 2019 年 6 月 14 日展开了一项深入调查，以评估丹麦和瑞典向 PostNord 以及 PostNord 向 Post Danmark 的注资是否符合欧盟国家援助规则。[④] Post Danmark 是丹麦的国家邮政运营商，并且是丹麦（40%）和瑞典（60%）合资设立的 PostNord 的全资子公司。

十　合力培育欧洲及全球竞争文化

随着全球经济一体化程度的日益加深，越来越多的企业依赖全球价

---

① Case SA. 39078 Financing of the Fehmarn Belt Fixed Link project, available at: https: //ec. europa. eu/competition/elojade/isef/case_ details. cfm? proc_ code = 3_ SA_ 39078.

② Cases SA. 51809 (Cyprus), SA. 52069 (Denmark), SA. 53469 (Estonia), SA. 46380 (Poland), SA. 46740 (Sweden). See: https: //ec. europa. eu/commission/presscorner/detail/en/ip_ 19_ 6780.

③ Case SA. 48492 Compensation to Poste Italiane for reduced tariffs for publishers and not - for profit organizations 2017 - 2019, Commission decision of 22 July 2019, available at: https: //ec. europa. eu/competition/elojade/isef/case_ details. cfm? proc_ code = 3_ SA_ 48492.

④ Cases SA. 49668 and SA. 53403 Alleged State aid to Post Danmark. See: https: //europa. eu/rapid/press - release_ IP - 19 - 3008_ en.

值链，今天的竞争主管机构比以往任何时候都更需要加强相互协作，并就共同的标准和执法程序达成共识。竞争规则的有效实施越来越依赖与其他执法机构的合作。

在多边和双边层面，欧盟委员会在竞争领域继续走在国际合作的最前沿。2019 年，欧盟委员会继续积极参与有关竞争的国际论坛，例如经合组织竞争委员会、国际竞争网络（ICN）、世界银行和联合国贸易和发展会议（UNCTAD）。欧盟委员会持续致力于培育良好的竞争文化，并在全球范围内促进企业得以凭借自身优势进行竞争的市场环境的形成。2019 年，欧盟委员会继续努力参与完善国际补贴规则。改革补贴规则是欧盟实现世贸组织贸易规则现代化的主要优先事项之一。欧盟委员会还致力于与七国集团的竞争主管机构就数字经济对竞争政策所提出的挑战达成共识。

在双边层面，欧盟委员会致力于将有关竞争和国家援助控制的规定纳入自由贸易协定条款范围。2019 年，欧盟委员会继续与澳大利亚、阿塞拜疆、智利、印度尼西亚、新西兰、突尼斯和乌兹别克斯坦进行自由贸易协定谈判，并结束了与吉尔吉斯斯坦和南方共同市场的谈判。

2019 年，欧盟委员会还继续在竞争政策和案件方面与中国进行合作，并再次确认了《中欧竞争政策对话框架协议》① 和《关于在公平竞争审查制度和国家援助控制制度领域建立对话机制的谅解备忘录》② 的适用范围。欧盟委员会仍在与中国进行全面投资协议的谈判。

此外，欧盟委员会继续与欧盟签署谅解备忘录的主要贸易伙伴就竞争政策和执法进行技术合作。关于邻国，2019 年欧盟委员会对欧盟竞争法在乌克兰等国的执行情况进行了监控。

最后，欧盟委员会继续监督欧盟候选国在《稳定与结盟协议》下对其竞争政策承诺的履行情况。

与欧洲竞争网络内的国家竞争主管机构合作

自 2004 年以来，欧盟委员会和所有欧盟成员国的国家竞争主管机

① See：https：//ec. europa. eu/competition/international/bilateral/agreement_ tor_ china_ 2019. pdf.

② See：https：//ec. europa. eu/competition/international/bilateral/mou_ china_ 2019. pdf.

构通过欧洲竞争网络（ECN）[1] 进行合作。ECN 的目标是建立一个有效的法律框架，对从事限制竞争的跨国商业行为的公司执行欧洲竞争法。

2019 年，欧盟委员会继续通过 ECN 确保第 101 条和第 102 条的统一适用。第 1/2003 号条例的两个关键的支持合作机制是，国家竞争主管机构有义务在第一次采取正式调查措施时将相关情况通报给欧盟委员会，并就拟作出的决定咨询欧盟委员会的意见。2019 年，该网络的执法机构共发起了 138 起调查，提交了 95 项拟作出的决定，而 2018 年这两个数据分别为 165 起和 75 项。这些数据也包括了欧盟委员会所进行的调查和作出的决定。

除了第 1/2003 号条例[2]中规定的这些合作机制之外，其他 ECN 合作工作流程也同样确保了欧盟竞争规则的一致执行。该网络定期开会，对处于初始阶段的案件、政策问题以及具有战略重要性的问题进行讨论。2019 年，ECN 共组织了 28 个横向工作组和特定行业小组会议。在会上，成员国竞争主管机构的官员们相互交换了意见。

维持机构间的定期建设性对话

对欧洲公民和利益相关者而言承担特殊职责的欧洲议会、理事会和两个咨询委员会是与欧盟委员会进行竞争政策对话的主要合作伙伴。

在回应欧洲议会关于《 2017 年度竞争报告》（报告员 M. Reimon）时，欧盟委员会强调了税务裁定案例、数字时代的竞争大会、环境问题、对欧洲各行业的支持以及竞争作为内部市场的指导原则之一等主题。

欧盟委员会于 2019 年 7 月 3 日对 2019 年 1 月 31 日欧洲议会通过的关于竞争政策的决议进行了书面回应。[3] 欧盟委员会尤其欢迎欧洲议会对强有力且有效的竞争政策的支持，包括其对加强成员国竞争主管机构能力的支持，以通过所谓的“ECN +指令”的方式确保更有效地执

---

① Commission Notice on cooperation within the Network of Competition Authorities, OJ C 101, 27. 04. 2004, pp. 43 – 53 and OJ C 374, 13. 10. 2016, p. 10.

② Council Regulation (EC) No 1/2003 of 16 December 2002 on the implementation of the rules on competition laid down in Articles 81 and 82 of the Treaty, OJ L 1, 4. 1. 2003, pp. 1 – 25.

③ See: https: //oeil. secure. europarl. europa. eu/oeil/spdoc. do? i = 32005&j = 0&l = en.

行欧盟竞争法；确保欧盟委员会有足够的资源和适当的工具，有针对性地迅速开展调查；支持在下一个多年度财务框架内进行与“单一市场计划”有关的谈判。2019 年，欧盟竞争事务专员维斯塔格数次出席欧洲议会会议。2 月，维斯塔格专员出席了欧洲议会税务特别委员会，并参加了欧洲议会经济和货币事务委员会银行联盟工作组的闭门会议，与副主席 Dombrovskis 一起讨论了 Banca Carige 案和北德意志银行国家援助案。

3 月，维斯塔格专员参加了与欧洲议会经济和货币事务委员会的结构性对话。在会上她指出欧洲议会在竞争政策领域对欧盟委员会的工作所给予的支持，对建立开放、为欧盟公民利益服务的单一市场的意义重大。

除了专员与欧洲议会个别议员之间的双边会议外，竞争总司的服务部门还向议员及其工作人员进行了技术展示。

12 月，作为 2018 年度竞争报告周期的一部分，在 YonCourtin 报告员提交报告草稿后，竞争总司代理总干事参加了欧洲议会经济和货币事务委员会的讨论。在一年中，欧盟委员会与两个咨询委员会均保持着密切接触。

2019 年 5 月 16 日，维斯塔格专员应邀参加欧洲经济和社会委员会第 543 届全体会议，以就数字经济与可持续发展背景下新一届欧盟委员会和新一届欧洲议会的竞争政策所面临的挑战与委员们交换意见。维斯塔格专员提到了新制度周期所带来的挑战，如新技术和创新、经济增长的活力、有效的税收、绿色经济以及前瞻性的气候变化政策。

在 2019 年上半年罗马尼亚担任理事会主席期间，维斯塔格专员应邀于 3 月 13 日出席了常驻代表委员会（Coreper）关于行业政策的午餐辩论会。同日，理事会主席主持了一个全天的竞争工作小组会，为竞争总司就广泛的竞争政策问题向成员国竞争专员作技术简介提供机会。会议讨论了数字挑战、产业政策、“适用性审查”、农业和制药行业的竞争状况、集体豁免条件的修订，以及与加拿大和日本竞争主管机构合作协议的最新进展等一系列主题。

随后，5 月 6 日的会议又更新了其中的几个主题。会议重点介绍了涉欧洲共同体重要利益项目国家援助领域所取得的成就，特别顾问关于数字时代竞争政策的最终报告，以及欧洲晴雨表（Eurobarometer）所反映的公民对竞争的看法。2 月，在欧盟理事会农业特别委员会会议上，以农业和农村发展总司和竞争总司为代表的欧盟委员会根据欧盟第 1308/2013 号条例第 225 条（d）的规定，介绍了竞争规则在涉农行业适用的主要情况。在 2019 年下半年芬兰担任理事会主席期间，竞争总司的代表参加了“竞争力和增长高级别小组”关于“就欧盟议程采取整体方法：紧密联系工业政策、单一市场政策与服务”这一主题的讨论，并传达了“数据及与平台经济相关的竞争政策”主题的新进展。

2020 年欧盟竞争政策报告*

Report on EU Competition Policy 2020

罗丹睿 译　林燕萍 审校**

一　导论

本报告是冯·德·莱恩主席领导的委员会的第一份竞争政策发展报告。① 该报告涵盖 2020 年欧盟竞争政策的发展，也是欧盟委员会向欧洲议会、理事会、欧洲经济和社会委员会以及区域委员会提交的第 50 次报告。

欧盟竞争政策的合法性建立在各项条约的基础上，这些条约赋予欧盟在该领域的专属权限，作为支持内部市场运作的必要工具。② 60 多年来，欧盟竞争执法对于维护和促进基于公平、法治和信任等价值观的欧洲经济至关重要。竞争政策也随着社会、经济和监管的发展不断改革。如今，欧盟正面临着有史以来较大的危机之一，强有力的竞争政策对增

---

* 本文是欧盟委员会于 2021 年向欧洲议会、欧洲理事会、欧洲经济和社会委员会以及欧洲地区委员会提交的一份有关欧盟竞争政策的年度发展报告。本文根据欧盟委员会官方网站发布的文件 {SWD (2021) 177 final} 翻译而成。

** 罗丹睿，华东政法大学 2021 级国际法专业博士研究生；林燕萍，华东政法大学教授。

① Political Guidelines for the next European Commission—A Union that strives for more—My agenda for Europe, 2019 – 2024 by candidate for President of the European Commission Ursula von der Leyen, See: https://ec.europa.eu/info/sites/info/files/political – guidelines – next – commission_en_0.pdf.

② Article 3 TFEU.

强经济活力、促进经济复苏至关重要。

在冯·德·莱恩委员会成立的第一年，欧盟竞争政策在委员会应对和解决新冠肺炎疫情所导致的健康和经济问题上发挥了关键作用。同时，考虑到欧盟经济的绿色和数字转型，竞争政策对于欧盟经济复苏之路也提供了便利。与冯·德·莱恩主席致维斯塔格常务副主席的回信一致[①]，欧盟委员会继续确保使竞争规则适应现代经济，并得到有力执行，有助于在欧盟内部和全球舞台上形成强大的产业。

2020 年，竞争政策工具被证明是极其重要和灵活的，能够快速调整以适应突如其来的疫情和经济危机。通过快速响应和调整，欧盟委员会的竞争政策有助于满足欧盟工业和市民的需求，同时保持竞争性市场。这在一系列行动中显得尤为突出，公用资源快速支持实体经济，旨在恢复可持续增长的更广泛的政策安排，同时避免了不必要的市场扭曲。

2020 年 3 月 13 日，欧盟委员会在应对新冠肺炎疫情经济协调会[②]上提出，在欧盟国家援助控制范围之外的成员国，在没有委员会参与的情况下可选择备选方案。这些措施包括适用于所有企业的工资补贴，暂停支付法人税和增值税或社会福利费，对取消服务的消费者提供直接财政支持。

2020 年 3 月 19 日，委员会通过了支持经济的国家援助措施临时框架，并在新冠肺炎疫情期间多次作出修订。[③] 此外，2020 年 4 月 8 日，委员会通过了一项临时框架协议，规定委员会在评估旨在解决新冠肺炎疫情期间基本产品和服务供应短缺问题的合作项目上将遵循的主要标准。[④] 与此

---

① Mission letter to Executive Vice-President Vestager, 1. 12. 2019. See: https://ec. europa. eu/commission/commissioners/sites/comm - cwt2019/files/commissioner_ mission_ letters/mission.

② Communication from the Commission to the European Parliament, the European Council, the Council, the European Central Bank, the European Investment Bank and the Eurogroup: Coordinated economic response to the COVID-19 Outbreak, COM (2020) 112 final.

③ Communication from the Commission: Temporary framework for State aid measures to support the economy in the current COVID-19 outbreak (OJ C 91I, 20. 3. 2020, p. 1), as amended by Commission Communications C (2020) 2215 (OJ C 112I, 4. 4. 2020, p. 1), C (2020) 3156 (OJ C 164, 13. 5. 2020, p. 3), C (2020) 4509 (OJ C 218, 2. 7. 2020, p. 3), C (2020) 7127 (OJ C 340I, 13. 10. 2020, p. 1) and C (2021) 564 (OJ C 34, 1. 2. 2021, p. 6).

④ Communication from the Commission: Communication from the Commission Temporary Framework for assessing antitrust issues related to business cooperation in response to situations of urgency stemming from the current COVID-19 outbreak, OJ C 116, 8. 4. 2020, p. 7.

同时，委员会制定了若干措施来保证业务的连续性，并继续实施欧盟合并规则，避免市场力量在危机中增长。

为了确保竞争规则符合目的，且完全能够应对数字市场的结构性问题和外国补贴扭曲欧洲市场竞争所带来的挑战，欧盟委员会在 2020 年采取了重大的政策举措。例如，颁布《数字市场法（草案)》和一份关于外国补贴的白皮书，开始反思如何解决外国补贴对国内市场所造成的扭曲效应。

委员会表示愿意利用竞争政策为实施复兴措施基金①做准备。欧盟委员会协助成员国制订复兴措施计划，包括从竞争政策的角度，发布了一些指导意见，协助成员国设计国家复兴计划，以确保其符合欧盟国家援助规则。

在应对疫情所带来的直接挑战的同时，2020 年欧盟竞争执法有助于实现 2019—2024 年欧盟委员会的长期目标。比如《适合数字时代的欧洲》《欧洲绿色协议》和《为人民服务的经济》。委员会关于 2021—2027 年多年度财务框架包括了一项重要的变化，即在单一市场方案中纳入专门用于竞争政策的部分。这将为增强委员会执行能力所采取的措施提供稳定的资金，例如开发先进的情报和调查方法。这笔资金还将使委员会能够加强欧盟和其他国家行政部门的合作。②

二　欧盟调整竞争政策以缓解新冠肺炎疫情的影响

国家援助政策促进成员国对疫情的支持

2020 年，随着新冠肺炎疫情的迅速蔓延及其对欧盟经济造成的严

① Proposal for a Regulation of the European Parliament and of the Council establishing a Recovery and Resilience Facility, COM (2020) 408 final, 28. 5. 2020.

② Regulation (EU) 2021/690 of the European Parliament and of the Council of 28 April 2021 establishing a programme for the internal market, competitiveness of enterprises, including small and medium-sized enterprises, the area of plants, animals, food and feed, and European statistics (Single Market Programme) and repealing Regulations (EU) No 99/2013, (EU) No 1287/2013, (EU) No 254/2014 and (EU) No 652/2014, OJ L 153, 3. 5. 2021, pp. 1 –47.

重不利影响，成员国和欧盟政策制定者被迫迅速作出全面反应，应对这一前所未有的威胁。决定性的行动包括 7500 亿欧元的“下一代欧盟复苏工具”①，激活了《稳定与增长公约》的一般免责条款②以及联合采购不同的医疗设备，包括呼吸机、口罩和疫苗等。

在此背景下，欧盟竞争政策成为应对稳定经济的危机应对措施的重要组成部分。尤其适用于国家援助政策。目标明确的公共支持对于遏制对健康事业造成的损害，并持续保持经济活力至关重要。与此同时，委员会确保公众支持可以惠及有需要的企业，并避免恶性补贴竞争。

在危机开始时通过的临时框架规定了委员会宣布援助符合 TFEU 第 107（3）（b）款的条件（纠正成员国经济上的严重混乱）。③ 临时框架在 2020 年经过多次修订，显示了委员会不断调整规则以应对危机。

2020 年 4 月，该临时框架扩大到支持研发、测试和生产抗击新冠肺炎疫情所急需的产品如疫苗、药品、医疗器械、消毒剂和防护用品的企业，以及工资支持和税收延期计划。④ 2020 年 5 月通过的第二项修正案规定成员国可以进行资本重组，并向有需求的企业提供次级债务。2020 年 6 月的第三项修正案扩展了临时框架，使成员国能够向所有小微企业提供支持，尽管它们在 2019 年 12 月 31 日已经陷入财政困难。第四项修正案在 2020 年 10 月颁布，将临时框架的范围延长 6 个月，直

---

① Next Generation EU – part of the Multiannual Financial Framework 2021 – 2027 – is a EUR 750 billion temporary recovery instrument to help repair the immediate economic and social damage brought about by the Coronavirus pandemic. The Recovery and Resilience Facility is the centrepiece of Next Generation EU with EUR 672. 5 billion in loans and grants available to support reforms and investments undertaken by EU countries. See：Council Regulation（EU，Euratom）2020/2093 of 17 December 2020 laying down the multiannual financial framework for the years 2021 to 2027，OJ L 433I，22. 12. 2020，pp. 11 – 22.

② Articles 121 and 126 TFEU.

③ Communication from the Commission：Temporary Framework for State aid measures to support the economy in the current COVID-19 outbreak，OJ C 91I，20. 3. 2020.

④ This extension of the Temporary Framework sets out the conditions the Commission would apply to declare aid compatible with Article 107（3）（c）TFEU（“aid to facilitate the development of certain economic activities or of certain economic areas，where such aid does not adversely affect trading conditions to an extent contrary to the common interest”）.

至2021年6月30日，允许资本重组支持直到2021年9月30日。鉴于第二波疫情暴发以及危机持续时间超过预期，2021年1月的第五次修正案延长了临时框架中规定的所有措施，包括资本重组措施直至2021年12月31日，并通过增加临时框架规定的上限，允许将某些可偿还措施转换为直接赠款。

在很短的时间内，委员会在临时框架下通过了大量的国家援助决定，允许成员国采取措施，缓解新冠肺炎疫情对经济的影响。2020年，欧盟委员会通过了598份与疫情相关的国家援助决议。[①] 在此期间，委员会批准的国家援助估计为3.08万亿欧元[②]，其中一些援助是由共同资助政策提供的，主要归功于委员会提出并于2020年获得欧洲议会和欧洲理事会批准的两套应急方案：新冠肺炎疫情应对投资倡议和新冠肺炎疫情应对投资计划。

若干成员国通报了涵盖不同部门的“一揽子计划”，包括针对支持中小企业的不同类型的援助。例如，法国通报了一项70亿欧元专门支持中小企业的计划。该计划包括几种支持类型，如直接赠款、优惠利率贷款和国家担保贷款。[③] 一些成员国包括丹麦、保加利亚、希腊、意大利、罗马尼亚、比利时和斯洛伐克在内，专门为支持中小企业提供援助，例如税收延期（丹麦）[④]，公共保障计划（保加利亚）[⑤] 和用于支

---

① The figure includes decisions, adopted under the exceptional legal basis supporting the Temporary Framework as well as under State aid rules applying in non-exceptional circumstances. It also includes subsequent amendments to previously adopted decisions.

② The figure includes decisions, adopted under the exceptional legal basis supporting the Temporary Framework as well as under State aid rules applying in non-exceptional circumstances. It also includes subsequent amendments to previously adopted decisions.

③ Case SA. 56985 (2020/N) France – COVID-19: Régime cadre temporaire pour le soutien aux entreprises, Commission Decision of 20. 4. 2020.

④ Case SA. 57027 (2020/N) Denmark COVID-19: Credit facility and tax deferrals linked to VAT and payroll tax, Commission Decision of 30. 4. 2020. See: https: //ec. europa. eu/competition/state_ aid/cases1/202019/285826_ 2153371_ 56_ 2. pdf.

⑤ Case SA. 56933 (2020/N) Bulgaria COVID-19: intermediate SME loan guarantee program, Commission Decision of 8. 4. 2020. See: https: //ec. europa. eu/competition/state _ aid/cases1/202015/285460_ 2146849_ 41_ 2. pdf.

付现有债务利息的赠款（希腊）。[1]

一些成员国通报了企业援助计划，以支持研发和测试基础设施以及新冠肺炎疫情相关产品的生产[2]，例如德国。[3]

运输行业受到全球疫情的严重打击。2020年，委员会通过了42项决定，允许国家为航空企业、机场和地勤企业提供援助，解决因新冠肺炎疫情所造成的流动性资本需求。航空企业受益于根据临时框架［第107（3）（b）条］批准的援助，包括法航、汉莎航空、北欧航空、奥地利航空、波罗的海航空、蓝色航空、荷兰皇家航空、北欧航空、意大利航空和布鲁塞尔航空。[4] 对航空企业的援助也是根据TFEU第107（3）（c）授权和救援重组援助指南进行的。[5] 例如，委员会批准了对法国海盗船航空公司的国家援助。新冠肺炎疫情加剧了该航空公司的财务困难。因此，国家援助包括两项单独的措施，提供1.067亿欧元用于重组援助，提供3020万欧元赔偿海盗船航空公司因新冠肺炎疫情而造成的损失。[6] 葡萄牙航空公司（TAP）没有资格在临时框架下获得援助，因为该公司在2019年12月31日前已经陷入财政困境。因此，欧盟批准了向TAP提供12亿欧元的救助贷款。[7] 委员会还批准了针对区域和

---

① Case SA. 56839 (2020/N) Greece COVID-19: Support to SME loan obligations in the form of grants under the Temporary Framework for State aid measures to support the economy in the current COVID-19 outbreak, Commission Decision of 8. 4. 2020. See: https: //ec. europa. eu/competition/state_ aid/cases1/202016/285303_ 2147455_ 84_ 2. pdf.

② For instance Italy (SA. 56786), Belgium (SA. 57173 and SA. 57057), France (SA. 57367), Malta (SA. 57204 and SA. 57075) and Czechia (SA. 56961 and SA. 57071).

③ Case SA. 57100 Germany - COVID-19: Federal Framework Aid for COVID-19 related R&D, investments in testing infrastructures and production, Commission Decision of 28. 4. 2021. See: https: //ec. europa. eu/competition/elojade/isef/case_ details. cfm? proc_ code = 3_ SA_ 57100

④ See respectively cases SA. 57082, SA. 57153, SA. 57369, SA. 57543 and SA. 58342, SA. 57539, SA. 58101, SA. 57026, SA. 56943, SA. 57116, SA. 57586, SA. 58114, SA. 57544.

⑤ Communication from the Commission: Guidelines on State aid for rescuing and restructuring non-financial undertakings in difficulty, OJ C 249, 31. 7. 2014, pp. 1 - 28.

⑥ Case SA. 58463 France - Restructuring aid for Corsair, Commission Decision of 11. 12. 2020. See: https: //ec. europa. eu/competition/elojade/isef/case_ details. cfm? proc_ code = 3_ SA_ 58463.

⑦ Case SA. 57369 COVID-19 - Aid to TAP, Commission Decision of 10. 6. 2020. See: https: //ec. europa. eu/competition/elojade/isef/case_ details. cfm? proc_ code = 3_ SA_ 57369.

地方公共交通企业因封锁和其他措施而遭受损失的补偿计划。[①] 除运输业外，委员会还根据第107（3）（b）条款核准成员国对受疫情特别影响的企业采取援助措施，例如在旅游、文化、酒店和零售行业等。[②] 委员会根据第107（2）（b）条款（针对自然灾害或异常事件所造成的损害进行的援助）通过了一些决定，例如补偿个体经营者的损失，补贴企业的固定成本，以及补偿因体育赛事取消而造成的损失。[③]

委员会还根据TFEU第107（3）（b）条款批准了一系列针对成员国特定领域的国家援助措施。例如，德国通报了以担保、资本重组工具和债务补贴工具的形式为巴伐利亚州的企业流动性和资本支持提供了460亿欧元的基金。[④] 比利时瓦隆尼亚和布鲁塞尔地区以及威尼斯—弗留里—朱利亚和意大利南部地区也批准了国家援助措施。[⑤]

委员会核准的数额在成员国之间存在很大的差异，造成这些的部分

---

① For example Case SA. 57675（2020/N）Germany COVID-19 – scheme for regional and local public passenger transport, Commission Decision of 7. 8. 2020. See：https：//ec. europa. eu/competition/state_ aid/cases1/202033/287584_ 2180796_ 60_ 2. pdf.

② For example case SA. 58214 Ireland – COVID-19 Adaptation Fund for the Re – Opening of Tourism and Hospitality businesses, see：https：//ec. europa. eu/competition/elojade/isef/case_ details. cfm? proc_ code = 3_ SA_ 58214；Case SA. 57595 Croatia – State Aid Programme of the Ministry of Culture to Support the Economy in the Current COVID-19 Outbreak, see：https：//ec. europa. eu/competition/elojade/isef/case_ details. cfm? proc_ code = 3_ SA_ 57595；Case SA. 59048 Denmark – COVID-19：Aid to cafés, restaurants, bars, nightclubs, venues & their suppliers, see：https：//ec. europa. eu/competition/elojade/isef/case_ details. cfm? proc_ code = 3_ SA_ 59048.

③ Case SA. 56791 Temporary compensation scheme for self – employed financially affected by the COVID-19, Commission Decision of 25. 3. 2021, see：https：//ec. europa. eu/competition/elojade/isef/case_ details. cfm? proc_ code = 3_ SA_ 56791；Case SA. 57291 COVID-19 Compensation Scheme：Directive for fixed cost subsidies, Commission Decision of 23. 5. 2020, see：https：//ec. europa. eu/competition/elojade/isef/case_ details. cfm? proc_ code = 3_ SA_ 57291；Case SA. 57614 Compensation scheme for sport organisations, facilities and cancellation of sport events related to COVID-19（the "COVID – Sport Programme"） – Czechia, Commission Decision of 22. 7. 2020. See：https：//ec. europa. eu/competition/state_ aid/cases1/202030/286956_ 2175432_ 128_ 2. pdf.

④ Case SA. 57447 Germany – COVID-19 measures of the Bayern Fonds. See：https：//ec. europa. eu/competition/state_ aid/cases1/202040/286247_ 2192300_ 93_ 2. pdf.

⑤ Case SA. 57447 Germany – COVID-19 measures of the Bayern Fonds. See：https：//ec. europa. eu/competition/state_ aid/cases1/202040/286247_ 2192300_ 93_ 2. pdf.

原因是成员国的经济体量差异。

确切地说，批准的大约 51.5% 的国家援助是由德国通报的。意大利公布的措施约占已批准国家援助总额的 14.7%；法国通报的援助占总额的 13.9%；西班牙通报的援助占总额的 4.8%，而波兰、比利时通报的援助则分别约占总额的 2% 和 1.8%。其他成员国通报的援助估计占总额的 0.01%—1.5%。国家援助措施的实际经济影响取决于其执行效果，而不是预算。这就是为什么委员会正在监督实施与新冠肺炎疫情相关的国家援助措施，并依据国内市场形势的演变调整国家援助战略。

根据 27 个成员国对委员会连续两次调查的答复，在 2020 年 3 月中旬至 12 月底，在当时批准的 2.96 万亿欧元的援助中，实际支出约为 5440 亿欧元。根据各成员国初步提供的数据，法国已经提供了超过援助总额的四分之一（1553.6 亿欧元），紧随其后的是意大利，占援助总额的 19.8%（1079 亿欧元），德国占援助总额的 19.1%（1042.5 亿欧元），西班牙占 16.7%（908 亿欧元）。相对而言，根据成员国提供的初步数据，西班牙是支出最多的国家，为 7.3%，其次是法国（6.4%）、意大利（6.0%）、希腊（4.4%）、马耳他（3.9%）、匈牙利（3.7%）、葡萄牙（3.6%）、波兰（3.6%）和塞浦路斯（3.5%）。在欧盟 27 个成员国中，与新冠肺炎疫情相关的国家援助支出约占欧盟 GDP 的 3.9%。

除根据临时框架提供的援助外，成员国有权采用不属于欧盟国家援助控制范围的措施。被认为更少扭曲的国家援助，例如，基于最低限度条例的援助①，

---

① Commission Regulation (EU) No 1407/2013 of 18 December 2013 on the application of Articles 107 and 108 of the Treaty on the Functioning of the European Union to de minimis aid, OJ L 352, 24. 12. 2013, p. 1; Commission Regulation (EU) No 1408/2013 of 18 December 2013 on the application of Articles 107 and 108 of the Treaty on the Functioning of the European Union to de minimis aid in the agriculture sector, OJ L 352, 24. 12. 2013 p. 9; Commission Regulation (EU) No 717/2014 of 27 June 2014 on the application of Articles 107 and 108 of the Treaty on the Functioning of the European Union to de minimis aid in the fishery and aquaculture sector, OJ L 190, 28. 6. 2014, p. 45; and Commission Regulation (EU) No 360/2012 of 25 April 2012 on the application of Articles 107 and 108 of the Treaty on the Functioning of the European Union to de minimis aid granted to undertakings providing services of general economic interest, OJ L 114, 26. 4. 2012, p. 8.

或在某些豁免条例下的援助[①]，可以在未经委员会事先批准的情况下采用。这些措施主要包括工资补贴、暂停缴纳企业税、增值税和社会福利费等。

反垄断和合并控制市场参与者指南

在危机时期，维护市场秩序以确保单一市场的运作变得更为重要。同时，有必要加强企业间的合作，以战胜新冠肺炎疫情。

在反垄断领域，委员会迅速采取了一系列涵盖各个领域的措施。

委员会在一份通讯[②]和一份特别慰问信中对市场参加者提供了指导，列出了评估合作项目时使用的主要标准，旨在解决新冠肺炎疫情期间所需的商品和服务的供应短缺问题。此外，委员会参与了汽车行业的合作，而且为客户提供非正式指导，并确定此类合作的必要保障措施。

2020 年 4 月 30 日，委员会发布了三项实施条例，暂时放宽受疫情严重影响的三个农业部门的竞争法规制范围[③]，实施条例允许农民和经许可的跨部门组织采取临时集体行动，以稳定某些行业。

---

① Commission Regulation (EU) No 651/2014 of 17 June 2014 declaring certain categories of aid compatible with the internal market in application of Articles 107 and 108 of the Treaty (Text with EEA relevance), OJ L 187 26. 6. 2014, p. 1; Commission Regulation (EU) 2017/1084 of 14 June 2017 amending Regulation (EU) No 651/2014 as regards aid for port and airport infrastructure, notification thresholds for aid for culture and heritage conservation and for aid for sport and multifunctional recreational infrastructures, and regional operating aid schemes for outermost regions and amending Regulation (EU) No 702/2014 as regards the calculation of eligible costs, OJ L 156, 20. 6. 2017, p. 1.

② Communication from the Commission: Temporary Framework for assessing antitrust issues related to business cooperation in response to situations of urgency stemming from the current COVID-19 outbreak, OJ C 116, 8. 4. 2020, p. 7.

③ Commission Implementing Regulation (EU) 2020/593 of 30 April 2020 authorising agreements and decisions on market stabilisation measures in the potatoes sector, OJ L 140, 4. 5. 2020, p. 13; Commission Implementing Regulation (EU) 2020/594 of 30 April 2020 authorising agreements and decisions on market stabilisation measures in the live trees and other plants, bulbs, roots and the like, cut flowers and ornamental foliage sector, OJ L 140, 4. 5. 2020, p. 17; Commission Implementing Regulation (EU) 2020/599 of 30 April 2020 authorising agreements and decisions on the planning of production in the milk and milk products sector, OJ L 140, 4. 5. 2020, p. 37. These Commission Implementing Regulations were followed by the adoption of Commission Implementing Regulation (EU) 2020/975 of 6 July 2020 authorising agreements and decisions on market stabilisation measures in the wine sector, OJ L 215, 7. 7. 2020, p. 13.

此外，欧洲竞争网络（ECN）就新冠肺炎疫情期间反垄断规则的实施，以及涉及疫情相关竞争问题合作发布了一份联合声明。在该联合声明中[①]，ECN 成员表达了他们的理解，即这种特殊情况可能会引发企业合作，以确保稀缺产品的供应并公平分配给消费者。他们表示，将不会积极干预为避免供应短缺而采取的必要的临时措施。同时，最重要的是，确保在当前情况下保护消费者健康所必需的产品（如口罩和消毒剂）保持具有竞争力的价格。ECN 表示，针对企业利用当前形势结成卡特尔或滥用市场支配地位的行为，将毫不犹豫地采取行动。在联合声明发表后，委员会和国家竞争监管部门通力合作，确保基本商品和服务的供应在新冠肺炎疫情期间不受干扰，而且竞争规则得到统一适用。由于与新冠肺炎疫情相关的反托拉斯案件和指南的密切合作，ECN 能够以一种声音与寻求设计反托拉斯合规措施的企业进行对话。

在合并控制方面，委员会能够在充分尊重其法律义务和最后期限的前提下继续开展活动。[②] 受疫情影响，2020 年有 361 个交易在委员会进行了公布。与过去几年一样，大多数合并没有引起竞争担忧并可以迅速得到处理。委员会通过了 352 项合并决定，并对 18 个案件进行干预。其中，13 个合并方案在第一阶段得到批准[③]，3 个合并方案在第二阶段得到了批准。[④] 一个合并方案在第二阶段被无条件批准。[⑤] 2020 年，76% 的交易使用了简易程序。

---

① Joint statement by the European Competition Network（ECN）on application of competition law during the Coronacrisis. See：https：//www. acceptance. ec. europa. eu/competition/ecn/202003_ joint – statement_ ecn_ corona – crisis. pdf.

② To ensure business continuity in times of a pandemic, the Commission introduced the eNotifications tool, which allows firms to notify planned mergers online.

③ Cases M. 9408 Assa Abloy/Agta Record, M. 9434 UTC/Raytheon, M. 9461 AbbVie/Allergan, M. 9502 Synthomer/Omnova Solutions, M. 9517 Mylan/Upjohn, M. 9546 Gategroup/LSG European Business, M. 9554 Elanco Animal Health/Bayer Animal Health Division, M. 9674 Vodafone Italia/Tim/INWIT JV, M. 9677 DIC/BASF Colors & Effects, M. 9728 Altice/Omers/Allianz/Covage, M. 9744 Mastercard/Nets, M. 9776 Worldline/Ingenico and M. 9779 Alstom/Bombardier Transportation.

④ Case M. 9014 PKN Orlen/Grupa Lotos, Case M. 9730 FCA/PSA, Case M. 9660 Google/Fitbit.

⑤ Case M. 9409 Aurubis/Metallo Group Holding.

为经济复苏和摆脱危机做准备

欧洲恢复和复原基金（RRF）① 的额度为6725亿欧元，是迄今为止7500亿欧元的新一代欧盟复苏计划②中最大的一部分。RRF将支持成员国间的公共投资和改革，帮助它们应对新冠肺炎疫情所带来的经济和社会影响，并促进推动绿色和数字转型。

审查成员国的复苏和复原计划

为了获得RRF下赠款和低息贷款，在支付任何资金之前成员国必须提交复苏和复原计划（RRPS），供委员会审查。RRPS中的所有项目都必须根据国家援助规则加以评估。在2020年秋季，一些成员国向欧盟委员会提交了RRPS草案，并就RRPS草案提出建议。此外，竞争局及其他委员会一起协助成员国按照国家援助规则编制RRPS。为此，委员会在2020年12月发布了一套指导模板，并于2021年1月更新。

三 确保竞争规则符合公平竞争目的
——一个广泛的政策议程

2020年，欧盟委员会继续全面审查竞争规则，使其适应不断变化的市场环境，包括数字经济环境。审查还根据三个独立特别顾问在2019年4月关于数字化和竞争法的报告中提供的意见进行。③

特别是委员会在其审查议程上取得了进展，其中包括大量关键的区域豁免条例、指南和通知，并推进了一系列旨在确保单一市场公平竞争的举措，如《数字市场法》草案和《外国补贴倡议》。委员会还在

---

① Regulation (EU) 2021/241 of the European Parliament and of the Council of 12 February 2021 establishing the Recovery and Resilience Facility, OJ L 57, 18.2.2021, pp.17 – 75; Commission Proposal of 28.5.2020 for a Regulation of the European parliament and of the Council establishing a Recovery and Resilience Facility.

② Other instruments to be used are for example the Just Transition Fund, the Digital Europe Programme, rescEU and the new health programme EU4 Health.

③ "Competition Policy in the Digital Era," 2019, See: https://ec.europa.eu/competition/publications/reports/kd0419345enn.pdf.

2020 年完成了 2014 年国家援助现代化计划的审查。

加强竞争政策工具箱的新政策举措

作为欧盟委员会在 2020 年 2 月提出的欧洲数字战略①的核心，委员会提出了两项立法草案，旨在创建一个为所有用户提供保护其基本权利的更安全的数字空间，并创造允许创新的数字业务在单边市场和全球竞争中改善竞争条件。

2020 年，委员会通过了《数字市场法》草案②，以促进可竞争和公平的数字市场发展，旨在解决数字市场的结构性问题，尤其是充当“守门人”的大型数字平台，换言之，平台将海量用户群与企业联系起来。作为数字计划的一部分，委员会亦提出《数字服务法》草案③，委员会的两项建议均遵守普通立法程序，并将于 2021 年在议会和理事会上讨论。

数字市场法

《数字市场法》（Digital Markets Act）——根据 TFEU 第 114 条提出的法规——旨在防止守门人对企业和消费者施加不公平的条件。这些不公平条件的例子包括禁止企业访问自己的数据，将用户锁定到特定服务及限制切换到替代服务上。根据该法案，如果累计满足以上三个要件，企业将被界定为“守门人”。“守门人”将受制于一系列义务和禁令约束，以确保网络对企业和消费者公平，并对所有人开放。为了确保新规则的有效性，不遵守禁令及《数字市场法》规定义务的企业会受到

① Shaping Europe's Digital Future，Commission publication of 19. 2. 2020，ISBN 978 – 92 – 76 – 16362 – 6.

② Proposal for a Regulation of the European Parliament and of the Council on contestable and fair markets in the digital sector（Digital Markets Act），COM（2020）842 final，15. 12. 2020.

③ Proposal for a Regulation of the European Parliament and of the Council on a Single Market For Digital Services（Digital Services Act）and amending Directive 2000/31/EC，COM（2020）825 final，15. 12. 2020. The act would introduce rules for online services（intermediary services，hosting services and online platforms）. Providers of such services would be subject to among other things transparency and reporting requirements，information obligations，data sharing rules and codes of conduct.

制裁。

更新合并和反垄断规则与指南

合并评估进展

2020 年，委员会对欧盟合并控制的司法管辖方面[①]的评估进入了最后阶段，2021 年 3 月 26 日发布了一份工作人员工作摘要，总结了评估的主要结果。[②] 根据评估结果，委员会通过了一份函件，为《合并条例》第 22 条规定的成员国之间移交机制的适用性提供指导，并启动了影响评估程序，探讨进一步确定目标和简化合并程序的选择政策。[③]

纵向供应与横向合作规则述评

2020 年 9 月委员会发布了一份工作人员文件摘要[④]，结束了对《垂直领域豁免条例》(VBER)[⑤] 和纵向指南[⑥]的评估。该文件评估了现行制度在多大程度上实现了为纵向协定提供安全港的目标，这些协议总体上提高了效率，创造了法律确定性，降低了合规成本。评估的目的还在于决定是否应允许这些规则失效，是否应该更新或修改。

评估表明，VBER 和纵向指南仍然是促进企业自我评估的有效工具。然而，市场已经发展了，评估也出现了一些需要解决的问题。欧盟

---

① The evaluation focussed on four topics：(i) possible further simplification of EU merger control, (ii) the functioning of the jurisdictional thresholds, (iii) the functioning of the referral system, and (iv) specific technical aspects of the procedural and investigative framework for the assessment of mergers.

② Commission Staff Working Document：Evaluation procedural and jurisdictional aspects of EU merger control, SWD (2021) 66 final, 26. 3. 2021. See：https：//ec. europa. eu/commission/presscorner/detail/en/IP_ 21_ 1384.

③ Communication from the Commission：Commission Guidance on the application of the referral mechanism set out in Article 22 of the Merger Regulation to certain categories of cases, C (2021) 1959 final, 26. 3. 2021.

④ Commission Staff Working Document-Evaluation of the Vertical Block Exemption Regulation, SWD (2020) 173 final, 8. 9. 2020.

⑤ Commission Regulation (EU) No 330/2010 of 20 April 2010 on the application of Article 101 (3) of the Treaty on the Functioning of the European Union to categories of vertical agreements and concerted practices, OJ L 102, 23. 4. 2010, pp. 1 -7.

⑥ Guidelines on Vertical Restraints, OJ C 130, 19. 5. 2010, pp. 1 -46.

委员会已经启动了一项审查，目的是在 2022 年 5 月 31 日之前修订到期规则。

2020 年，委员会继续对研发领域豁免条例①和专业领域豁免条例②（统称横向领域豁免条例）进行评估。欧盟委员会为横向合作协议指南和在其他横向协议上适用第 101 条提供了指导。HBER 将于 2022 年 12 月 31 日到期，这些规则是为了让企业更容易以经济的方式进行合作，从竞争政策的角度来看是可取的，没有不利影响。评估收集关于其运作的证据，并使委员会能够作出是应让其失效、延长期限还是修订的决定。预计 2021 年将有一份工作人员文件摘要颁布。

2020 年，欧盟委员会继续对 2010 年通过的《机动车领域豁免条例》③ 进行评估。评估目的是收集有关《机动车领域豁免条例》实施的事实和证据，特别是验证其目标实现程度。MVBER 将于 2023 年 5 月到期，并要求委员会于 2021 年向议会和理事会提交评估报告。

"市场界定公告" 的评估

2020 年，委员会还启动了对《市场界定公告》④ 的评估。该公告为欧盟委员会在实施竞争法时如何对相关产品的市场和地域市场概念的原则与最佳做法提供了指导。目的是评估该公告是否仍然适用，特别是考虑到最近不同行业（包括数字市场）的最新发展。评估结果将于 2021 年公布。

---

① Commission Regulation (EU) No 1217/2010 of 14 December 2010 on the application of Article 101 (3) of the Treaty on the Functioning of the European Union to certain categories of research and development agreements, OJ L 335, 18. 12. 2010, pp. 36 – 42.

② Commission Regulation (EU) No 1218/2010 of 14 December 2010 on the application of Article 101 (3) of the Treaty on the Functioning of the European Union to certain categories of specialisation agreements, OJ L 335, 18. 12. 2010, pp. 43 – 47.

③ Commission Regulation (EU) No 461/2010 of 27 May 2010 on the application of Article 101 (3) of the Treaty on the Functioning of the European Union to categories of vertical agreements and concerted practices in the motor vehicle sector, OJ L 129, 28. 5. 2010, pp. 52 – 57.

④ Commission Notice on the definition of relevant market for the purposes of Community competition law, OJ C 372, 9. 12. 1997, p. 5.

个体经营者的集体谈判

数字平台已经改变了人们的工作方式。它们提供了工作机会和较大的灵活性，但也会导致一些员工更容易受到伤害。那些通过数字平台提供服务的人并不完全适合传统的就业类别，欧盟竞争规则是否会成为集体谈判的障碍并不清晰。2020 年 6 月，欧盟委员会启动了一项程序，评估是否有必要在欧盟层面采取措施，为欧盟竞争法对个体经营者集体谈判的适用性提供更多的法律确定性。作为《数字服务法》的一部分，欧盟委员会进行了初步的数据收集。同时，欧盟竞争委员会与平台和社会合作伙伴在内的利益相关者密切合作。2021 年 1 月，欧盟委员会发布了一份初步影响评估报告，列举了未来行动的初步选择措施。[①]

私人执法——国家法院关于保护机密信息的损害赔偿指令和通信的实施报告

《损害赔偿指令》[②] 确定了一些规则，以确保因企业或协会违反竞争法而遭受损害时，任何人都可以有效地行使向国家法院就该企业或协会的损害要求全额赔偿的权利。2020 年 12 月，委员会按照指令的要求向议会和理事会提交了一份实施报告。[③]

该报告评估了《损害赔偿指令》核心规则的实施情况，如获得全额赔偿的权利、证据披露、侵权决定的证据价值、时效期限、过度收费的转嫁和损害评估。自 2014 年通过该指令以来，国家法院受理的损害赔偿诉讼数量大幅增加，损害赔偿诉讼在欧盟范围内也变得更加广泛。截至第一次判决之日，2014 年初累积案件数量约为 50 起，之后大幅增

---

① Inception Impact Assessment – Collective bargaining agreements for self-employed – scope of application of EU competition rules, 6. 1. 2021. See: https://ec. europa. eu/info/law/better – regulation/have – your – say/initiatives/12483Collective – bargaining – agreements – for – self – employed – scope – of – application – EU – competition – rules.

② Directive 2014/104/EU of the European Parliament and of the Council of 26 November 2014 on certain rules governing actions for damages under national law for infringements of the competition law provisions of the Member States and of the European Union, OJ L 349, 5. 12. 2014, pp. 1 – 19.

③ Article 20 Damages Directive.

加，2019年的累积案件数量为239起。这239起案件来自13个成员国。[①] 委员会认为，《损害赔偿指令》可能提高了欧盟竞争法侵权行为受害者对其受损害的有效索赔权的认识。

此外，委员会还通过了一份关于国家法院在私下执行欧盟竞争法的程序中保护机密信息的无约束力来文。[②] 来文就国家法院在整个诉讼过程中和诉讼结束后可以采取的保护机密信息的措施提供了指导。这些措施包括修订、保密环、使用专家和听证会。

审查国家援助规则

国家援助规则的适用性审查结论

2020年，委员会完成了2019年开始的国家援助规则的审查[③]，该

① Austria, Belgium, Denmark, Finland, France, Germany, Greece, Hungary, Italy, the Netherlands, Poland, Spain, plus the United Kingdom.

② Communication from the Commission: Communication on the protection of confidential information by national courts in proceedings for the private enforcement of EU competition law, OJ C 242, 22.7.2020, pp. 1 – 17.

③ The Fitness check covered the following rules, which were adopted as part of the State Aid Modernisation: General Block Exemption Regulation (GBER) {(Commission Regulation (EU) No 651/2014 of 17 June 2014 declaring certain categories of aid compatible with the internal market in application of Articles 107 and 108 of the Treaty, OJ L 187, 26.6.2014, pp. 1 – 78}; De minimis Regulation {Commission Regulation (EU) No 1407/2013 of 18 December 2013 on the application of Articles 107 and 108 of the Treaty on the Functioning of the European Union to de minimis aid, OJ L 352, 24.12.2013, pp. 1 – 8}; Guidelines on regional State aid (Guidelines on regional State aid for 2014 – 2020, OJ C 209, 23.7.2013, pp. 1 – 45); Framework for State aid for research and development and innovation (RDI) (Communication from the Commission: Framework for State aid for research and development and innovation, OJ C 198, 27.6.2014, pp. 1 – 29); Communication on important projects of common European interest (IPCEI) (Communication from the Commission: Criteria for the analysis of the compatibility with the internal market of State aid to promote the execution of important projects of common European interest, OJ C 188, 20.6.2014, pp. 4 – 12); Guidelines on State aid to promote risk finance investments (Communication from the Commission: Guidelines on State aid to promote risk finance investments, OJ C 19, 22.1.2014, pp. 4 – 34); Guidelines on State aid to airports and airlines (Communication from the Commission— Guidelines on State aid to airports and airlines, OJ C 99, 4.4.2014, pp. 3 – 34); Guidelines on State aid for environmental protection and energy (Communication from the Commission: Guidelines on State aid for environmental protection and energy 2014 – 2020, OJ C 200, 28.6.2014, pp. 1 – 55); Guidelines on State aid for rescuing and restructuring non-financial undertakings in difficulty (Communication from the Commission: Guidelines on State aid for rescuing and restructuring non-financial undertakings in difficulty, OJ C 249, 31.7.2014, pp. 1 – 28). In addition, it also covered the Railways Guidelines from 2008 and the Short term export credit Communication from 2012. Those rules were not revised as part of the State Aid Modernisation, but an evaluation was relevant in the light of developments in EU law and the Commission's case practice.

规则是国家援助现代化（SAM）计划中的一部分。审查中还包括铁路指南[①]和短期出口信贷沟通（STEC）。[②] 委员会根据欧洲绿色协议[③]、新的工业战略[④]和委员会的数字战略[⑤]，研究了这些规则是否仍然适用。

审查结果于2020年10月公布。委员会的结论是，正在评估的规则基本上仍然适合竞争目的。然而，某些规则需要修改，包括澄清、进一步精简，以及作出调整，以反映最近的立法发展、当前的优先事项、市场变化和技术发展。为了有足够的时间修改规则，委员会将这些国家援助规则的有效期延长[⑥]至2021年12月31日。[⑦] 否则，这些规则将在2020年底到期。

审查支持欧洲绿色协议的国家援助规则

国家援助规则是绿色过渡的重要组成部分。根据委员会关于欧洲绿色协议的通知和审查原则，国家与欧洲绿色协议相关的援助指南正在有针对性地加以修订，将于2021年底完成。其中包括区域援助指

---

① Communication from the Commission: Community guidelines on State aid for railway undertakings OJ C 184, 22.7.2008, pp. 13 - 31.

② Communication from the Commission to the Member States on the application of Articles 107 and 108 of the Treaty on the Functioning of the European Union to short - term export - credit insurance, OJ C 392, 19.12.2012, pp. 1 - 7.

③ Communication from the Commission to the European Parliament, the European Council, the Council, The European Economic and Social Committee and the Committee of the Regions: The European Green Deal, COM (2019) 640 final, 11.12.2019.

④ Communication from the Commission to the European Parliament, the European Council, the Council, The European Economic and Social Committee and the Committee of the Regions: A New Industrial Strategy for Europe, COM (2020) 102 final, 10.3.2020.

⑤ Shaping Europe's Digital Future, Commission Communication of 19.2.2020.

⑥ https://eur - lex.europa.eu/legal - content/EN/TXT/?uri = uriserv: OJ.C_.2020.224.01.0002.01.ENG&toc = OJ: C: 2020: 224: FULL.

⑦ The following State aid rules were prolonged until 31 December 2023: General Block Exemption Regulation (GBER), De minimis Regulation, Guidelines on State aid for rescuing and restructuring non - financial undertakings in difficulty. See also Commission Regulation (EU) 2020/972 of 2 July 2020 amending Regulation (EU) No 1407/2013 as regards its prolongation and amending Regulation (EU) No 651/2014 as regards its prolongation and relevant adjustments, OJ L 215, 7.7.2020, pp. 3 - 7.

南[①]、IPCEI 沟通[②]、RDI 框架[③]、风险融资指南、环境和能源指南（EEAG）[④] 以及 GBER 的相关规定。[⑤] 修订后的 ETS 指南于 2020 年通过。[⑥]

随着新 ETS 交易期的开始，经修订的 ETS 指南于 2021 年 1 月 1 日生效。ETS 指南使成员国能够补偿处于风险行业的企业因 ETS 产生的碳价格信号（间接排放成本）而导致的部分较高电价。

2020 年 11 月，委员会邀请利益相关者就《国家环境保护和能源援助指南》的某些方面发表意见，因为该指南计划将作出修订。[⑦] 该指南的有效期被延长至 2021 年 12 月 31 日，作为审查的一部分进行评估。评估表明该指南有助于更有效、更少扭曲地部署国家资源，以改善环境保护和实现能源联盟的目标。然而，它们需要根据新技术和新支持类型以及最新的环境和能源立法与政策进行调整。

2020 年，欧盟委员会完成了 2014 年 IPCEI 的评估[⑧]，经审查表明，IPCEI 规则大体上符合竞争目的，但鉴于从 IPCEI 案例（微电子和电池）中获得的实践经验，可能需要进行一些有针对性的修改，以确保

---

① Guidelines on regional State aid for 2014 – 2020, which entered into force on 1 July 2014, OJ C 209, 23. 7. 2013, p. 1.

② Communication from the Commission: Criteria for the analysis of the compatibility with the internal market of State aid to promote the execution of important projects of common European interest, OJ C 188, 20. 6. 2014, pp. 4 – 12.

③ Framework for State aid for research and development and innovation, OJ C 198, 27. 6. 2014, p. 1.

④ Communication from the Commission: Guidelines on State aid for environmental protection and energy 2014 – 2020, OJ C 200, 28. 6. 2014, pp. 1 – 55.

⑤ Commission Regulation (EU) No 651/2014 of 17 June 2014 declaring certain categories of aid compatible with the internal market in application of Articles 107 and 108 of the Treaty.

⑥ Communication from the Commission: Guidelines on certain State aid measures in the context of the system for greenhouse gas emission allowance trading post 2021, SEC (2020) 320 final, SWD (2020) 190 final, SWD (2020) 191 final, SWD (2020) 192 final, SWD (2020) 193 final, SWD (2020) 194 final, SWD (2020) 195 final, 21. 9. 2020.

⑦ Commission statement inviting comments on revision of Guidelines on State aid for environmental protection and energy, 12. 11. 2020.

⑧ Communication from the Commission: Criteria for the analysis of the compatibility with the internal market of State aid to promote the execution of important projects of common European interest, OJ C 188, 20. 6. 2014, pp. 4 – 12.

IPCEI 规则支持委员会的优先事项，特别是欧洲绿色协议和数字战略，并促进中小企业的参与。修订后的 IPCEI 于 2021 年 2 月启动。

关于宽带国家援助指南的利益相关者协商

2020 年 9 月，欧盟委员会发起了一次公众咨询，邀请成员国和其他利益相关者就欧盟关于公共支持宽带网络的现行国家援助规则提供建议。① 2013 年宽带国家援助指南使成员国能够在一定条件下为宽带网络的部署提供支持。② 公众咨询是整体竞争评估的一部分，目的是评估该指南是否仍适合其用途，或是否需要根据最近的科技及市场发展而更新。

继续对 SGEI 一揽子计划进行评估

2020 年，委员会继续对 2012 年通过的《一般经济利益服务一揽子计划》（SGEI）进行评估。该评估于 2019 年启动，涵盖 SGEI 沟通、SGEI 决策、SGEI 框架和 SGEI 最低限度条例③，只要它们适用于卫生和社会服务（SGEI 最低限度条例的评估除外，该评估涵盖范围更广的部门）。一揽子计划的总体目标是支持成员国资助对公民和整个社会至关重要的 SGEI，同时保留国家援助控制的关键方面。评估的目的是验证适用于卫生和社会服务的 SGEI 规则是否仍然适用，是否依旧提供欧盟附加值。评估结果将于 2021 年公布。

审查农业和渔业国家援助规则

2020 年，委员会继续审查农业和渔业国家援助规则。审查包括农

---

① Public consultation: Evaluation of State aid rules for broadband infrastructure deployment. See: https: //ec. europa. eu/competition/consultations/2020_ broadband/index_ en. html.

② Communication from the Commission: EU Guidelines for the application of State aid rules in relation to the rapid deployment of broadband networks, OJ C 25, 26. 1. 2013, pp. 1 –25.

③ Evaluation of State aid rules for health and social services of general economic interest (SGEI) and of the SGEI de minimis Regulation. See: https: //ec. europa. eu/competition/state _ aid/legislation/evaluation_ sgei_ en. html.

业集体豁免条例（ABER）;[1] 农业、林业和农村地区国家援助指南;[2] 渔业集体豁免条例（FIBER）;[3] 渔业与水产养殖行业最低援助条例[4]和渔业和水产养殖业的国家援助指南。[5] 这些援助规则在2020年被延长实施，将于2022年底到期，目前正在根据最新的监管要求进行影响评估，评估应在2021年完成，委员会对该规则进行修订，目的是制定新的农业和渔业国家援助规则，该规则将于2023年开始适用。

四 欧盟竞争政策对数字化转型和加强单一市场的贡献

冯·德·莱恩主席以“一个适合数字时代的欧洲”为题，将数字领域定义为委员会的首要任务之一。在激烈的市场竞争中，企业必须创新并提高效率才能实现繁荣。尤其适用于创新驱动和快速发展的数字市场。欧盟竞争规则的有效实施和监管改革对于经济的数字化转型至关重要，有助于欧盟经济的弹性复苏。通过严格执行竞争规则，欧盟将继续拆除单一市场的剩余壁垒。

---

① Commission Regulation (EU) No 702/2014 of 25 June 2014 declaring certain categories of aid in the agricultural and forestry sectors and in rural areas compatible with the internal market in application of Articles 107 and 108 of the Treaty on the Functioning of the European Union, OJ L 193, 1. 7. 2014, p. 1.

② Commission Communication: European Union guidelines for State aid in the agricultural and forestry sectors and in rural areas 2014 – 2020, OJ C 204, 1. 7. 2014, p. 1.

③ Commission Regulation (EU) No 1388/2014 of 16 December 2014 declaring certain categories of aid to undertakings active in the production, processing and marketing of fishery and aquaculture products compatible with the internal market in application of Articles 107 and 108 of the Treaty on the Functioning of the European Union, OJ L 369, 24. 12. 2014, p. 37.

④ Commission Regulation (EU) No 717/2014 of 27 June 2014 on the application of Articles 107 and 108 of the Treaty on the Functioning of the European Union to de minimis aid in the fishery and aquaculture sector, OJ L 190, 28. 6. 2014, p. 45.

⑤ Commission Communication: Guidelines for the examination of State aid to the fishery and aquaculture sector, OJ C 217, 2. 7. 2015, p. 1.

反垄断执法有助于数字化转型和强化单一市场

在系统级芯片市场上，委员会对博通企业采取了临时禁止令[1]，要求其立即停止某些垄断市场的商业行为，包括与电视和调制解调器制造商签署的排他性采购协议。委员会初步认为，博通企业作为全球领先的电视机顶盒和调制解调器芯片组供应商，滥用市场力量强迫制造商签订排他性协议，并禁止其芯片的买家与其他竞争对手进行交易。2020 年 10 月，委员会对博通提出的一系列承诺作出具有法律约束力的决定。[2]博通承诺暂停现有的排他性或准排他性协议，并允许与原始设备制造商进行有关电视机顶盒和互联网调制解调器系统芯片的授权，博通同意今后不再签订类似协议。委员会于 2020 年 1 月结束了与许可商品销售相关的最终调查，委员会以违反欧盟竞争规则为由对康卡斯特企业（包括 NBC 环球集团）在内的几家企业处以 1430 万欧元的罚款[3]，NBC 环球集团在电影商品许可协议中加入了条款，禁止被许可人在线销售、在特定地区外销售或向指定客户以外的他人销售。这些条款分割了单一市场，损害了消费者的利益。

2020 年 2 月，在酒店住宿服务市场，西班牙酒店集团美利亚酒店因在其与旅行社的协议中加入条款而被罚款 670 万欧元，根据该条款，房屋预订合同仅对居住在特定国家/地区的消费者有效。[4] 这限制了旅行社在欧洲经济区国家自由安排酒店住宿的能力，并限制了旅行社对居住在特定国家之外的消费者的直接要求作出反应的能力，从而分割了单一市场。

2020 年，委员会审理的反垄断案件调查取得了进展，并在数字市

① Case AT. 40608 Broadcom, Commission Decision of 16. 10. 2019. See: https: //ec. europa. eu/competition/antitrust/cases/dec_ docs/40608/40608_ 2791_ 11. pdf.

② Case AT. 40608 Broadcom – Commitments under Article 9 of Regulation 1/2003, 7. 10. 2020. See: https: //ec. europa. eu/competition/antitrust/cases/dec_ docs/40608/40608_ 2794_ 3. pdf.

③ Case AT. 40433 Film merchandise, Commission Decision of 30. 1. 2020. See: https: //ec. europa. eu/competition/antitrust/cases/dec_ docs/40433/40433_ 734_ 3. pdf.

④ Case AT. 40528 Meliá (Holiday Pricing), Commission Decision of 21. 2. 2020. See: https: //ec. europa. eu/competition/antitrust/cases/dec_ docs/40528/40528_ 418_ 3. pdf.

场上启动了多项重大调查。

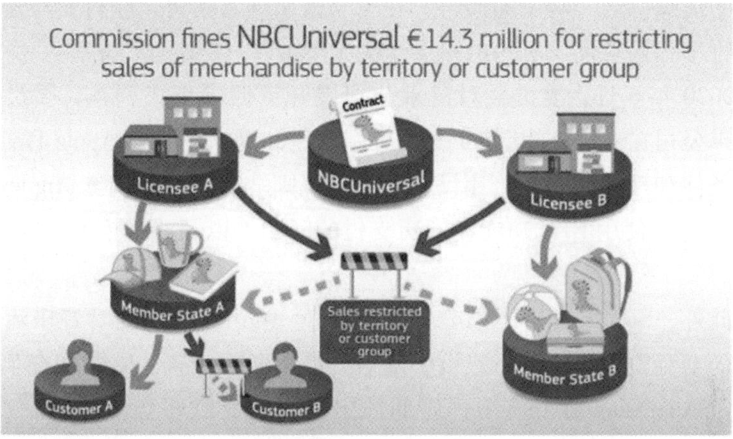

2020年11月，欧盟委员会发布了一份批评亚马逊的声明，暂时认定亚马逊滥用支配地位，违反了欧盟竞争规则。① 亚马逊在自己的市场上充当零售商，同时允许第三方卖家通过亚马逊平台进行销售。亚马逊可以访问第三方卖家的关键非公开数据。亚马逊将这些数据输入其零售业务的算法中，并利用数据调整自己的零售价格，从而损害了市场上其他卖家的利益。委员会初步认为，这种行为使亚马逊能够利用其在法国和德国市场上的主导地位提供市场服务。

同样，在2020年11月，委员会对亚马逊的商业行为展开了第二次正式的反垄断调查。② 调查涉及亚马逊经营市场上潜在的自我优待和歧视行为。委员会认为，亚马逊可能利用市场主导优势，通过分析使用亚马逊物流和配送服务的卖家提供的报价（亚马逊卖家所谓的履行）来使得自己的零售报价最优。尤其是委员会正在调查亚马逊对消费者加入购物车的商品单独设定标准。委员会还调查亚马逊的标准，使卖家能够

---

① Antitrust: Commission sends Statement of Objections to Amazon for the use of non-public independent seller data and opens second investigation into its e-commerce business practices, Commission press release of 10. 11. 2020. See: https: //ec. europa. eu/commission/presscorner/detail/en/ip_ 20_ 2077.

② Case AT. 40703 Amazon – Buy Box, Commission Decision of 10 November 2020. See: https: //ec. europa. eu/competition/antitrust/cases/dec_ docs/40703/40703_ 67_ 4. pdf.

向其成员优先提供产品。这些标准会导致对亚马逊零售业务或物流服务卖家的优惠待遇。对卖家而言，在亚马逊市场上销售，获得亚马逊的黄金购物车和接触优质客户的机会至关重要。

2020 年 6 月，委员会对苹果公司展开了四项正式调查。委员会调查苹果公司在 iPhone 和 iPad 上的应用程序和网站中整合 Apple Pay 的条款、条件和其他措施是否违反欧盟竞争规则。委员会还调查 Apple 限制在 iPhone 上使用 NFC 功能在商店支付的问题，以及涉嫌拒绝访问 Apple 支付。①

此外，Spotify 和电子书分销商分别就 App Store 规则对音乐流媒体和电子书竞争的影响进行投诉，随后开展了两项调查。欧盟调查苹果公司通过 App Store 分发应用程序的规定是否违反欧盟竞争规则。② 调查特别涉及了强制使用 Apple 自己专有的 App Store 内购买（其中涉及 Apple 向应用程序开发商收取 30% 的订阅费佣金），并告知开发商，用户将以更加便宜的价格购买 App Store 内的应用。上述行为使竞争应用程序的开发商无法收集重要客户的数据，而苹果则可以收集有关竞争对手的活动和报价等有价值的数据。

为了更全面地了解面向消费者的“物联网”领域的竞争、市场动态和商业挑战，委员会在 2020 年 7 月启动了对物联网的行业调查。③ 委员会将审查可能限制或扭曲竞争的行为，并依据调查结果决定是否进行事先干预。最终报告将于 2022 年发布。

2020 年 7 月，欧盟对三家能源供应商（奥尔比亚、科莱恩和塞拉尼斯）共罚款 2.6 亿欧元，原因是它们串通以低价购买乙烯，损害了

---

① Antitrust：Commission opens investigation into Apple practices regarding Apple Pay, Commission press release of 16. 6. 2020. See：https：//ec. europa. eu/commission/presscorner/detail/en/ip_ 20_ 1075.

② Antitrust：Commission opens investigations into Apple's App Store rules, Commission press release of 16. 6. 2020. See：https：//ec. europa. eu/commission/presscorner/detail/en/ip _ 20 _ 1073.

③ Commission Decision of 16. 7. 2020 initiating an inquiry into the sector for consumer Internet of Things related products and services pursuant to Article 17 of Council Regulation (EC) No 1/2003, COM (2020) 4754 final. See：https：//ec. europa. eu/competition/antitrust/IoT _ decision _ initiating_ inquiry_ en. pdf.

乙烯销售商的利益。[①] 乙烯是一种易燃化学品，主要用于制造聚乙烯，这是当今最常用的塑料。三家企业均承认参与了这一横向垄断协议，并协助欧盟调查以及同意和解此案。第四个卡特尔成员 Westlake 没有被罚款，因为它向欧盟举报了这一垄断行为。

委员会于 2020 年 9 月完成了对另外两项汽车零部件的卡特尔调查。它对制造商 Brose 和 Kiekert 处以 1800 万欧元的罚款。Magna 和 Brose 两家企业参与了涉及车门模型和车窗升降器的双边卡特尔[②]，而 Magna 和 Kiekert 在门闩方面相互勾结。在这两个卡特尔中，企业之间固定价格并交换商业敏感信息。最后 Magna 没有被罚款，因为该企业向委员会举报了这两个卡特尔行为。

The Teva-Cephalon pay-for-delay agreement

2020 年 11 月，委员会对制药企业 Teva 和 Cephalon 处以 6050 万欧元的罚款，因为它们同意在 Cephalon 的主要专利到期后，将一种较便宜的 Cephalon 睡眠障碍药物莫达非尼推迟几年进入市场。该协议早在 Cephalon 被 Teva 收购之前就达成了。该协议违反了欧盟反垄断规则，并通过人为地将莫达非尼价格抬高，对欧盟患者和医疗保健系统造成了重大损害。该决定涉及一项专利和解协议，根据该协议，Cephalon 诱使 Teva 不以仿制药莫达非进入市场，以换取对 Teva 有利的一揽子商业交易和一些现金支付。Teva 拥有与莫达非尼生产工艺相关的专利，并准备以自己的仿制药进入莫达非尼市场，该仿制药已开始在英国销售。然后，它同意 Cephalon 退出市场，并且不挑战 Cephalon 的专利。委员会调查发现，近年来，这种付费延迟协议的目的和效果是消除 Teva 作为竞争对手的影响，并允许 Cephalon 继续收取高价，即使其主要的莫达非尼专利早已过期。

---

① Case AT. 40410 Ethylene, Commission Decision of 14. 7. 2020. See: https: //ec. europa. eu/competition/antitrust/cases/dec_ docs/40410/40410_ 1654_ 6. pdf.

② Case AT. 40299 Closure Systems, Commission Decision of 29. 9. 2020, public version not yet available.

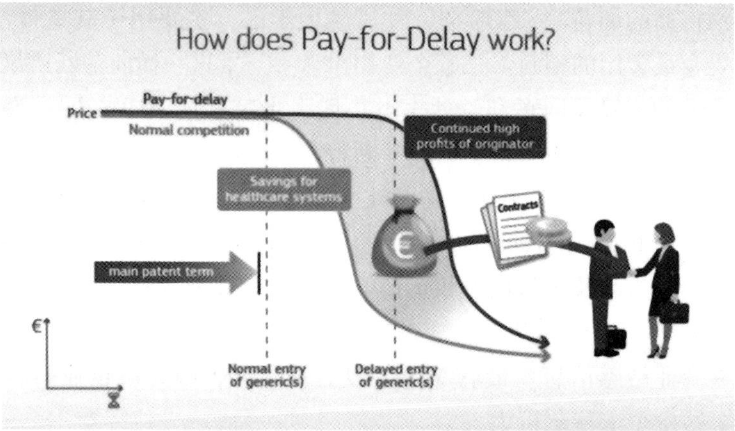

合并控制促进了数字化转型，并强化了单一市场

2020 年 5 月，普通法院撤销了 2016 年委员会禁止 Hutchinson 3G 和 Telefonica UK 合并的决定。① 委员会发现，四家电信企业合并为一家将导致英国移动电话市场上价格上涨和选择限制。普通法院确认，委员会可以禁止不创造或加强支配地位的集中，但前提是合并可能会对竞争产生相当于支配地位的影响。普通法院认定，委员会未能证明集中将消除一项重要的竞争限制，从而对有效竞争形成重大障碍。委员会已就该判决向法院提出上诉。

2020 年 11 月，欧盟委员会根据承诺批准了 SFR FTTH 对 Covage 的拟议收购，该企业由 Altice、Allianz 和 Omers 共同控制。② SFR FTTH 和 Covage 是法国主要的光纤网络运营商。Covage 批发销售光纤网络接入产品，而 Altice 在批发和零售层面都处于活跃状态。欧盟委员会发现，该交易将使合并后的企业在批发 FTTO 服务市场上占据非常有利的地位。因此，替代零售商将拥有更少的供应商。由于 Covage 将纵向整合 SFR 的零售活动，合并后的企业有能力和动机阻止零售竞争对手在批发层面获得 Covage 的光纤产能。SFR FTTH 提出剥离 Covage 95% 的 FTTO

---

① Case T－399/16 CK Telecoms UK Investments Ltd v European Commission, Judgment of the General Court of 28. 5. 2020. See: http://curia. europa. eu/juris/liste. jsf? num = T－399/16.

② Case M. 9728 Altice/Omers/Allianz/Covage, Commission Decision of 27. 11. 2020. See: https://ec. europa. eu/competition/elojade/isef/case_ details. cfm? proc_ code = 2_ M_ 9728.

业务，并提出签订过渡服务协议，使剥离的业务能够完全独立。

委员会在 2020 年 12 月附条件批准了 Google 对 Fitbit 的收购。[①] Fitbit 是开发、制造和销售智能手表和健身追踪器的企业。委员会担心谷歌可能会收集并利用 Fitbit 的数据进行个性化广告推荐。谷歌还能够限制竞争对手对 Fitbit Web 应用程序编程接口（API）的访问，并降低与 Android 智能手机的互操作性，使腕戴设备的竞争对手处于劣势。最后，为了获得欧盟委员会的批准，谷歌承诺不会将 Fitbit 的数据用于谷歌广告，并将此类数据单独保存在数据孤岛中。谷歌还承诺将继续允许第三方通过 Fitbit Web API 免费访问软件应用程序中的用户健康和健身数据，但是需要征得用户同意。谷歌还承诺将继续允许与 Android 智能手机的互操作性用于竞争对手的腕戴设备。最后，这些承诺包括可由第三方援引的快速争端争议解决机制。

在汽车燃料及相关产品的供应方面，欧盟委员会于 2020 年 7 月附条件批准波兰大型综合油气企业 PKN Orlen 对 Grupa Lotos 的收购。[②] 委员会担心，正如最初通知的那样，该交易将损害波兰的汽车燃料、波兰和捷克的航空燃料以及相关产品（如波兰不同类型的沥青）的竞争。PKN Orlen 提供了一揽子撤资和其他承诺。该一揽子计划包括剥离炼油厂、仓库、零售加油站和沥青生产设施的股权。委员会认为，这些补救措施将使其他竞争对手能够与合并后的企业进行有效竞争。

在铁路交通市场上，欧盟委员会于 2020 年 7 月附条件批准了阿尔斯通对庞巴迪运输企业的收购。[③] 阿尔斯通和庞巴迪是铁路交通市场上的全球领导者，在超高速列车和铁路信号解决方案的制造和供应方面展开竞争。委员会认为，该交易会引发严重的竞争问题。阿尔斯通将成为超高速车辆、干线车辆和干线信号市场上无可争议的市场领导者。委员会接受了合并企业提供的全面承诺方案，剥离了超高速机车车辆和主线

① Case M. 9660 Google/Fitbit, Commission Decision of 17. 12. 2020. See: https: //ec. europa. eu/competition/elojade/isef/case_ details. cfm? proc_ code =2_ M_ 9660.

② Case M. 9014 PKN Orlen/Grupa Lotos, Commission Decision of 14. 7. 2020. See: https: //ec. europa. eu/competition/elojade/isef/case_ details. cfm? proc_ code =2_ M_ 9014.

③ Case M. 9779 Alstom/Bombardier Transportation, Commission Decision of 31. 7. 2020. See: https: //ec. europa. eu/competition/elojade/isef/case_ details. cfm? proc_ code =2_ M_ 9779.

机车车辆的列车平台和生产设施。阿尔斯通和庞巴迪还提出向竞争对手提供必要的接口信息和技术支持。

菲亚特—克莱斯勒/标致的合并

委员会经过深入调查并附条件批准了 FCA 和 PSA 的合并，该交易创建了世界第四大汽车集团 Stellantis。委员会认为，合并将损害几个成员国的小型轻型商务车（LCV）市场的竞争。Stellantis 承诺延长标致和丰田之间针对小型轻型商务车的现有合作协议，标致企业帮助丰田汽车在欧盟生产小型轻型商务车。延长后的协议将增加丰田的生产能力，并降低车辆及相关备件和配件的转让价格。这些措施使丰田能够与 Stellantis 进行有效竞争，并在欧盟小型轻型商务车市场上进行扩张。此外，FCA 和 PSA 同意修改与其维修商签订的维修和维护协议，将促使竞争对手进入维修市场，使竞争对手和新进入者能够在小型轻型商务车市场上展开竞争。

国家援助促进了数字转型和维护单一市场

满足高速、容量和质量需求的宽带基础设施是实现 2025 欧盟数字战略目标的关键。[①] 国家修建基础设施有助于在欧盟推出高性能宽带网络以解决市场失灵问题，即在商业运营商没有激励去提供足够宽带覆盖的情况下和领域里。

2020 年 8 月，委员会批准了一项 2 亿欧元的代金券计划，帮助意大利低收入家庭获得高速宽带服务。[②] 国家援助计划将缩小意大利的数字鸿沟，同时限制可能的竞争扭曲。委员会还在 2020 年 12 月批准了一项 2000 万欧元的代金券计划，以帮助希腊学生获得宽带服务，并从远

---

① Commission Communication Shaping Europe's Digital Future, 19. 2. 2020. See: https: //ec. europa. eu/info/sites/info/files/communication - shaping - europes - digital - future - feb2020_ en_ 4. pdf.

② Case SA. 57495 Italy - Broadband vouchers for certain categories of families, COM (2020) 5269 final, Commission Decision of 4. 8. 2020. See: https: //ec. europa. eu/competition/state_ aid/cases1/202037/286902_ 2187163_ 119_ 2. pdf.

程在线学习中受益。[①]

根据欧盟国家援助规则，委员会批准了一项对于德国的计划，以支持在德国部署超高容量宽带网络。[②] 该计划旨在开发一个新的、由政府资助的超高容量连接的基础设施，为德国的家庭、企业和公共机构提供更快的互联网。德国将优先考虑速度低于每秒 100 兆的家庭，以帮助缩小德国农村和城市地区之间的数字鸿沟。根据该计划，德国的目标是在 2025 年底为所有公民提供千兆网络。

五　欧盟竞争政策对绿色转型的贡献

欧盟有解决气候变化和环境退化问题的信心，并推动欧洲绿色协议作为欧洲的增长战略。绿色创新不仅是欧盟政治抱负的核心，还体现在其监管建议和资金优先事项上。欧盟竞争政策完全有助于实现欧盟的环境和气候目标，包括经济脱碳，以及根据欧盟的流动性政策将运输部门从污染化石燃料转向替代燃料。

在此背景下，委员会于 2020 年 10 月呼吁，要求对竞争规则和可持续政策如何协同工作作出贡献。[③] 委员会邀请了各利益相关者，包括竞争专家、学术界、工业界、环保团体和消费者组织，就反垄断政策、合并政策和国家援助政策如何与环境气候政策协同工作提供意见和投入。这些贡献被纳入 2021 年 2 月举行的一次会议中，计划于 2021 年中期提交一份关于磋商过程的反思报告。

---

① Case SA. 57357 Greece – Broadband voucher scheme for students, COM (2020) 8441 final, Commission Decision of 3. 12. 2020. See: https: //ec. europa. eu/competition/state_ aid/cases1/20212/288333_ 2230042_ 140_ 2. pdf.

② Case SA. 52732 Germany – National gigabit scheme, COM (2020) 7859 final, Commission Decision of 13. 11. 2020. See: https: //ec. europa. eu/competition/state_ aid/cases1/202048/288295_ 2213478_ 121_ 2. pdf.

③ Competition Policy supporting the Green Deal – Call for contributions, Commission memorandum of 13 October 2020. See: https: //ec. europa. eu/competition/information/green_ deal/call_ for_ contributions_ en. pdf.

国家援助促进绿色转型

在国家援助控制领域，委员会评估并授权国家实施措施，促进可再生能源的部署，提高能源效率，在必要时支持零/低排放交通基础设施的推广，刺激公共和私人交通零/低排放车辆的需求，减少二氧化碳和其他排放（包括脱碳措施）或改善循环。

2020 年 7 月，委员会批准了一项支持爱尔兰可再生能源发电的计划，即可再生电力支持计划（RESS）。[①] 到 2030 年，RESS 将帮助爱尔兰实现从化石燃料过渡到可再生能源占其电力结构 70% 的国家目标。委员会发现，援助是必要的，具有激励作用，并且是成比例的，仅限于最低限度的必要援助，因为援助金额将通过竞争性拍卖来确定。该案例还展示了如何支持由可再生能源社区开发的项目。

委员会于 2020 年 5 月得出结论，荷兰为提前关闭 Hemweg 燃煤电厂而提供的 5250 万欧元补偿符合欧盟国家援助规则。[②] 该措施将有助于减少二氧化碳排放，而不会过度扭曲单一市场的竞争。委员会就德国燃煤电厂提前关闭的补偿问题达成了类似共识。[③]

2020 年 11 月，委员会批准了一项罗马尼亚计划，以支持完全基于可再生能源的区域供暖系统的建设或升级。[④] 该计划将使化石燃料能源生产转变为可再生能源供热。国家援助规则允许成员国支持区域供热的生产和分配，但须遵守委员会关于国家环境保护和能源援助指南中所规定的条件。欧盟于 2020 年 1 月发布的《欧洲绿色交易投资计划》允许成员国增加对区域供热的最大支持金额。

---

① Case SA. 54683 Irish RES electricity support, Commission Decision of 20. 7. 2020. See: https: //ec. europa. eu/competition/elojade/isef/case_ details. cfm? proc_ code = 3_ SA_ 54683.

② Case SA. 54537 Netherlands – Prohibition of coal for the production of electricity in the Netherlands, Commission Decision of 12. 5. 2020. See: https: //ec. europa. eu/competition/state_ aid/cases1/202025/284556_ 2165085_ 151_ 2. pdf.

③ Case SA. 58181 Tender mechanism for the phase – out of hard coal in Germany, Commission Decision of 25. 11. 2020. See: https: //ec. europa. eu/commission/presscorner/detail/en/IP_ 20_ 2208.

④ Case SA. 55433 Romania – RES District heating projects, Commission Decision of 6. 11. 2020. See: https: //ec. europa. eu/competition/state_ aid/cases1/20214/287759_ 2235900_ 143_ 2. pdf.

2020 年 12 月，欧盟委员会批准了一项 300 亿欧元的荷兰计划，以支持荷兰减少温室气体排放项目。[①] 该计划将有助于实现欧盟环境目标，而不会过度扭曲竞争。这一创新计划将向基于各种技术的项目开放（可再生电力、天然气和热能、工业废热和热泵的使用、工业热过程电气化和制氢电气化、工业过程碳捕获和储存，包括制氢和废物焚烧），该企业将根据与基准相比减少的二氧化碳排放量吨数申请支持。

Second important project of common European interest（IPCEI）on batteries

2020 年，12 个成员国和欧盟委员会就电池价值链的第二次 IPCEI 进行了讨论。2020 年 12 月，奥地利、比利时、克罗地亚、芬兰、法国、德国、希腊、意大利、波兰、斯洛伐克、西班牙和瑞典联合通报了用于电动汽车和储能电池的第二次 IPCEI 项目。该项目名为“欧洲电池创新”，将支持电池价值链的研究和创新。在未来几年里，12 个成员国将提供高达 29 亿欧元的资金。预计公共资金将额外释放 90 亿欧元的私人投资。该项目补充了欧盟在 2019 年 12 月批准的电池价值链中的第一次 IPCEI。该项目符合欧盟的政策，即从使用对环境有害的化石燃料转向替代燃料技术的政策，以及欧盟经济在《欧洲绿色协议》和数字战略下的双重转型。2021 年 1 月，委员会通过了授权该项目的决定。

2020 年，委员会、成员国和行业界继续讨论氢技术、低碳行业、微电子和电池领域可能的 IPCEI 项目。

反垄断执法和并购控制有助于绿色转型

反垄断执法不仅可以针对可能旨在限制清洁技术开发竞争的企业行

① Case SA. 53525 the Netherlands – SDE + + scheme for greenhouse gas reduction projects, including renewable energy, Commission Decision of 14. 12. 2020. See: https://ec. europa. eu/competition/elojade/isef/case_ details. cfm? proc_ code = 3_ SA_ 53525.

为，还可以促进对循环经济和欧洲绿色协议目标需要的基础设施或资源自由流动的行为。2020 年，欧盟继续对宝马、戴姆勒和大众（大众、奥迪和保时捷）涉嫌限制排放清洁技术的竞争展开调查。① 反垄断执法行动还可以在支持欧洲绿色协议目标方面发挥作用，即发展具有竞争力和吸引力的铁路客运部门。在这方面，委员会将继续进行调查。② 在捷克铁路案中，现任铁路运营商 České dráhy 涉嫌在布拉格—俄斯特拉发客运铁路线（捷克铁路网的主干线）上实施掠夺性定价。2020 年 10 月，委员会向 České dráhy 发送了反对声明。③

六　为人民服务的经济——欧盟竞争政策对更深入、公平的经济和货币联盟的贡献

市场经济是欧盟赖以建立的基础，欧盟的竞争政策是其基石。当经济为市场服务时，个人和企业就会繁荣发展。2020 年，欧盟在资本市场联盟和有效税收的背景下实施复苏方案，欧盟委员会的总体目标是促进公平竞争。④

确保银行业的可持续性

2020 年，没有国家向金融机构提供援助的新方案。尽管如此，委员会授权延长现有计划，如果具体情况需要，成员国可以根据计划协助陷入困境的小型金融机构和信用合作社有序退出市场。委员会批准了波

---

① Case AT. 40178 Car emissions, Statement of Objections of the Commission of 5 April 2019, See: https: //ec. europa. eu/commission/presscorner/detail/en/IP_ 19_ 2008.

② The Commission will continue its antitrust investigations, including in case concerning suspected predatory pricing on the Prague-Ostrava passenger railway route, which is the backbone of the Czech rail network.

③ Case AT. 40156 Czech Rail. The Commission sent a Statement of Objections to České dráhy for alleged predatory pricing, See: https: //ec. europa. eu/commission/presscorner/detail/en/ip_ 20_ 2017.

④ Communication from the Commission: Action Plan to fight tax evasion and to make taxation simple and easy (Q2 2020) included in the Adjusted Commission Work Programme 2020 COM (2020) 440 final Annex 1 and 2, 27. 5. 2020.

兰、意大利和爱尔兰的此类计划。① 委员会还批准了针对希腊和意大利存在临时流动性问题的银行实施的可行性流动支持计划。②

成员国继续推动开发银行的设立或扩大。从国家援助的角度来看，由公共资助的开发银行可以在明确界定的职权范围内应对市场失灵问题，前提是它们不会排挤商业金融机构。2020 年，委员会批准了荷兰新的开发金融机构为国际投资集团提供资金。③ 委员会还授权为设立苏格兰国家开发银行提供资金。④ 最后，委员会批准在葡萄牙设立新的国家开发银行。⑤ 2020 年，意大利和希腊不再适用任何援助计划，旨在解决不良贷款（NPL）的遗留问题。这些计划代表了成员国在不提供援助或扭曲竞争的情况下，帮助银行清理资产负债表的成功范例。

---

① Case SA. 58389 Fifth prolongation of the resolution scheme for cooperative banks and small commercial banks, Commission Decision of 29. 10. 2020. See: https://ec. europa. eu/competition/elojade/isef/case_ details. cfm? proc_ code = 3_ SA_ 58389 ; Case SA. 56635 Tenth prolongation of the Credit Unions Orderly Liquidation Scheme, Commission Decision of 8. 6. 2020. See: https://ec. europa. eu/competition/elojade/isef/case_ details. cfm? proc_ code = 3_ SA_ 56635 ; Case SA. 57053 11th prolongation of the Credit Union restructuring and stabilisation scheme, Commission Decision of 8. 5. 2020. See: https://ec. europa. eu/competition/elojade/isef/case_ details. cfm? proc_ code = 3_ SA_ 57053 ; Case SA. 58819 12th prolongation of Credit Union restructuring and stabilisation scheme, Commission Decision of 30. 10. 2020. See: https://ec. europa. eu/competition/elojade/isef/case_ details. cfm? proc_ code = 3_ SA_ 58819 ; Case SA. 57378 16th prolongation of the Credit Union Resolution Scheme 2020 – 2021, Commission Decision of 12. 6. 2020. See: https://ec. europa. eu/competition/elojade/isef/case_ details. cfm? proc_ code = 3_ SA_ 57378 ; Case SA. 57516 Italian orderly liquidation scheme for small banks. See: https://ec. europa. eu/competition/elojade/isef/index. cfm? fuseaction = dsp_ result&policy_ area_ id = 3.

② Case SA. 57262 Prolongation of the Greek State Guarantee Scheme for banks 01. 06. 2020 – 30. 11. 2020 (Art. 2 of Law 3723/2008), Commission Decision of 16. 6. 2020. https://ec. europa. eu/competition/elojade/isef/case_ details. cfm? proc_ code = 3_ SA_ 57262 ; Case SA. 57515 COVID-19 – Italian bank liquidity support scheme, Commission Decision of 10. 11. 2020. See:

③ Case SA. 55465 Invest International, Commission Decision of 29. 5. 2020. See: https://ec. europa. eu/competition/elojade/isef/case_ details. cfm? proc_ code = 3_ SA_ 55465.

④ 4 Case SA. 54780 Scottish National Investment Bank, Commission Decision of 5. 11. 2020. See: https://ec. europa. eu/competition/elojade/isef/case_ details. cfm? proc_ code = 3_ SA_ 54780.

⑤ Case SA. 55719 Banco Português de Fomento, Commission Decision of 4. 8. 2020. See: https://ec. europa. eu/competition/elojade/isef/case_ details. cfm? proc_ code = 3_ SA_ 55719.

对选择性税收优惠采取行动

打击逃税和避税是委员会议程的重中之重。2020 年，委员会继续调查荷兰向宜家、星巴克和耐克提供的税收优惠，关于卢森堡向 Huhtamäki 提供税收优惠的指控，以及据称比利时向缴纳超额利润的 39 名个人援助受益人提供的税收优惠。

2020 年 7 月，普通法院撤销了委员会 2016 年的裁决，其中委员会发现爱尔兰的两项税收优惠裁决有利于苹果公司，构成不相容的国家援助。普通法院认为，委员会没有按照必要的法律标准证明苹果公司获得了选择性的经济优势。① 普通法院认为，委员会没有证明有争议的税务裁决是爱尔兰税务机关行使自由裁量权的结果。此外，普通法院认为，委员会未能成功证明有争议的税收裁决中存在方法错误，这将导致苹果公司在爱尔兰的应课税利润减少。委员会已就该判决向法院提出上诉。②

七 联手培育欧洲和全球的竞争文化

与欧洲竞争网络内的国家竞争主管部门合作

2020 年，欧盟委员会和所有成员国的竞争主管部门继续合作，确保通过欧洲竞争网络（ECN）一致适用《欧盟运行条例》第 101 条和第 102 条。③ 欧洲竞争网络的目标是建立一个有效的法律框架，以针对从

---

① Cases T 778/16 and T 892/16 State aid – Aid implemented by Ireland – Decision declaring the aid incompatible with the internal market and unlawful and ordering recovery of the aid – Advance tax decisions (tax rulings) – Selective tax advantages – Arm's length principle), judgments of 15. 7. 2020. See: http://curia. europa. eu/juris/document/document. jsf? text = &docid = 228621&doclang = en.

② Statement by Executive Vice-President Margrethe Vestager on the Commission's decision to appeal the General Court's judgment on the Apple tax State aid case in Ireland, Commission statement of 25. 9. 2020. See: https://ec. europa. eu/commission/presscorner/detail/en/STATEMENT_ 20_ 1746.

③ Commission Notice on cooperation within the Network of Competition Authorities, OJ C 101, 27. 4. 2004, pp. 43 – 53 and OJ C 374, 13. 10. 2016, p. 10. See: https://eur – lex. europa. eu/legal – content/EN/ALL/? uri = CELEX%3A52004XC0427%2802%29.

事限制竞争的跨境商业行为的企业实施欧盟竞争法。

2020 年，ECN 开展了 139 项新调查，提交了 97 项设想的决定，分别包括委员会的调查和决定。除第 1/2003 法令中规定的合作机制之外，ECN 的其他合作工作流程也确保了欧盟竞争规则的一致实施。该网络定期举行会议，讨论早期案例、政策问题以及具有战略重要性的事项。2020 年，组织了 24 次横向工作组和特定行业小组会议，欧盟竞争主管部门的官员在会上交换了意见。如上所述，ECN 就新冠肺炎疫情期间反垄断规则的适用发表了联合声明，并就新冠肺炎疫情期间相关的竞争问题进行了密切合作。

2020 年，委员会监督并协助成员国在 2021 年 2 月 4 日前将 ECN + 指令纳入国家法律。① 该指令将确保在适用相同的法律规定（欧盟反垄断规则）时，国家竞争主管部门拥有有效的执法工具和必要资源，来发现和制裁违反《欧盟运行条约》第 101 条和第 102 条的企业。它还将确保它们能够根据事实和法律完全独立地作出决定。

在全球范围内加强委员会工具箱的新政策倡议

欧洲经济是开放的，与世界其他地区紧密相连。为了保持优势，需要正确的工具确保单一市场上的公平商业环境。成员国提供的补贴一直受到严格的欧盟国家援助规则的约束。然而，非欧盟政府向在欧盟的企业所提供的补贴，似乎使内部市场产生了越来越严重的扭曲，但不受欧盟国家援助的控制。

为了就解决监管滞后的新工具展开辩论②，委员会在 2020 年 6 月通过了一份关于外国补贴的白皮书。2020 年对利益相关方进行了广泛的磋商。委员会将在 2021 年提出一项立法提案，为外国补贴创造公平的竞争环境。

---

① Directive（EU）2019/1 of the European Parliament and of the Council of 11 December 2018 to empower the competition authorities of the Member States to be more effective enforcers and to ensure the proper functioning of the internal market，OJ L 11，14. 1. 2019，pp. 3 – 33.

② White Paper on levelling the playing field as regards foreign subsidies，COM（2020）253 final，17. 6. 2020.

关于在外国补贴方面公平竞争白皮书

公平竞争白皮书提出了几个方案来解决现有的监管滞后问题：

模块 1 建议建立一个一般性的市场审查工具，以捕捉外国补贴可能导致单一市场扭曲的所有可能的市场情况。监管机构可以根据任何迹象或信息采取行动，表明活跃在欧盟的企业从外国补贴中受益，并采取措施补救可能的扭曲影响，例如补救性付款和结构性或行为性补救措施。它还可以考虑受补贴的活动或投资所产生的积极影响，超过了竞争扭曲所带来的负面影响，因而不进行进一步调查（“欧盟利益测试”）。

模块 2 旨在确保外国补贴不会在收购（入股）欧盟企业时为其接受者带来不公平的利益。受益于非欧盟政府财政支持的企业需要向监管机关通知其收购欧盟企业超过的门槛。它可以接受通知方作出的有效补救扭曲的承诺，也可以禁止收购。

模块 3 公平竞争白皮书提出了一种机制，公共采购程序中的投标者必须通知从非欧盟国家收到的财政援助。然后，主管当局将评估是否存在外国补贴以及它是否扭曲了公共采购的中标。在此情况下，投标人可能被排除在采购程序之外。

世界范围内的多边和双边合作

尽管受到新冠肺炎疫情的限制，委员会继续在多边和双边层面上开展积极的国际竞争合作。[①]

欧盟坚信合作和改革国际组织的力量与价值，如世界贸易组织（WTO）和其他多边组织，以使其适应当今世界。改革补贴规则是欧盟推动 WTO 贸易规则现代化的主要优先事项之一。[②] 为此，欧盟、美国和日本在 2020 年 1 月的一份共同声明中同意加强现有的工业补贴规则。2020 年，委员会继续积极参加经合组织竞争委员会、国际竞争网络

---

① See the Mission letter, https://ec. europa. eu/commission/commissioners/sites/commcwt2019/files/commissioner_ mission_ letters/mission - letter - margrethe - vestager_ 2019_ en. pdf.

② Joint Statement of the Trilateral Meeting of the Trade Ministers of Japan, the United States and the European Union, 14. 1. 2020. See: https://trade. ec. europa. eu/doclib/docs/2020/january/tradoc_ 158567. pdf.

(ICN)、世界银行和联合国贸易和发展会议（UNCTAD）等与竞争相关的国际论坛。

2020 年，欧盟与英国的脱欧协议[①]，包括国家援助和竞争案件在内的规定开始适用。委员会发布了关于退出协议在竞争事项中应用的指南。[②] 2020 年 12 月，欧盟—英国贸易与合作协定（TCA）[③] 谈判完成。该协定从 2021 年 1 月 1 日起暂时适用。它包括全面的竞争和补贴章节，确保英国退出欧盟后，欧盟和英国之间的竞争不会被扭曲。

2020 年 12 月，欧盟和中国原则上结束了全面投资协定（CAI）的谈判。[④] 中国承诺为欧盟投资者提供更高水平的市场准入，包括一些新的重要市场的开放。中国还承诺会公平对待欧盟企业，以便它们在中国更公平的环境中展开竞争，包括在国有企业纪律、补贴透明度和禁止强制转让技术的规则等方面。

在谈判自由贸易协定（FTA）时，委员会努力将关于竞争政策和国家援助控制的综合章节包括在内。

2020 年，委员会继续与澳大利亚、阿塞拜疆、智利、印度尼西亚、新西兰和乌兹别克斯坦进行自由贸易协定谈判。2020 年，欧盟委员会继续与欧盟主要贸易伙伴在竞争政策和执法方面开展技术合作。委员会还继续协助欧盟候选国和潜在候选国在竞争层面满足未来加入欧盟的要求。

坚持定期和建设性的机构间对话

欧洲议会、理事会、经济和社会委员会以及地区委员会是竞争政策

---

① Agreement on the withdrawal of the United Kingdom of Great Britain and Northern Ireland from the European Union and the European Atomic Energy Community, OJ L 29, 31. 1. 2020, p. 7.

② Notice to Stakeholders – Withdrawal of the United Kingdom and EU rules in the field of competition, Commission Notice of 2. 12. 2020. See: https: //ec. europa. eu/info/sites/info/files/brexit_ files/info_ site/eu – competition – law_ en_ 0. pdf.

③ Trade and Cooperation Agreement between the European Union and the European Atomic Energy Community, of the One Part, and the United Kingdom of Great Britain and Northern Ireland, of the Other Part, OJ L 444, 31. 12. 2020, p. 14 – 1462. See: https: //eur – lex. europa. eu/legal – content/EN/TXT/? uri = uriserv%3AOJ. L_ . 2020. 444. 01. 0014. 01. ENG.

④ EU-China Comprehensive Agreement on Investment – Agreement in Principle, 30. 12. 2020 See: https: //trade. ec. europa. eu/doclib/docs/2020/december/tradoc_ 159242. pdf.

对话的关键伙伴，它们对欧洲公民和利益攸关方发挥着特殊作用。尽管发生了全球流行的新冠肺炎疫情，但这种通过现代通信手段的对话在整个 2020 年成功地进行着。

2020 年 9 月，为响应议会 2020 年 6 月 18 日关于委员会 2018 年竞争政策报告的决议，委员会通过了《外国补贴白皮书》并对之加以特别强调，通过使用合并推荐系统来调查目前不属于欧盟管辖范围内的交易，以及需要继续严格执行竞争规则（包括可能的数字平台事前监管规则）使数字平台作出全面的政策响应。2020 年，执行副主席维斯塔格多次参加其他机构，包括议会、理事会、经济和社会委员会的会议。

《欧洲法律评论》稿约

《欧洲法律评论》（*Chinese Journal of European Law*，CJEL）是由中国社会科学院欧洲研究所欧盟法研究室创办的一份研究欧洲法律理论和实践问题的学术出版物，每年出版一卷，截至目前已经出版六卷，现就第七卷收集稿件，欢迎学界同仁不吝赐稿。

《欧洲法律评论》坚持学术为本，采用学术刊物通行的匿名审稿制度，倡导严谨的学风，鼓励理论和实证研究相结合，致力于为国内外所有有志于欧洲法律研究的人士构建平等的交流平台，营造一个温暖的精神家园。

现不拘作者专业、身份与地域，以聚焦欧洲法律领域为征稿标准，以学术品质为用稿标准，向国内外学术界、实务界热忱征集言之有物、论之有据、符合学术规范、遵守学术道德的上乘佳作。

《欧洲法律评论》将开设“论文”“专题研究”“评论”“实务动态”“书评”等栏目。“论文”栏目发表原创性的理论研究文章；“专题研究”栏目主要就欧洲法领域内某一专项课题展开研究和讨论；“评论”栏目刊登关于欧洲法领域内的学术流派、学术理论、学术观点和学术发展状况的文章，以及关于学术会议或其他学术活动的介绍和评论；“实务动态”栏目重点关注欧洲法实务界的最新动态和法律实践活动；“书评”栏目将刊登对欧洲法及其相关领域新近出版的中文和外文著作的介绍和评论。

《欧洲法律评论》原则上只刊登没有公开发表过的稿件，不接受一稿多投。

《欧洲法律评论》的审稿周期为一个月。在收到稿件之后一个月内给予作者答复。投稿邮箱为：eulaw@ cass. org. cn。

《欧洲法律评论》的投稿体例如下：

1. 除海外学者外，稿件一般使用中文。作者投稿可电邮至 eulaw@cass. org. cn。

2. 稿件首页包括中文标题、作者有关信息，如姓名、所在单位、通信地址、邮政编码、联系电话、电子邮件，以及 300 字以内的作者简介。

3. 稿件次页包括中文标题、英文标题、中文摘要（300 字以内）及中文关键词（3—5 个）、英文摘要（300 字以内）及英文关键词（3—5 个）。稿件所获基金、项目资助须注明（包括项目编号）。

4. 稿件全文采用 Microsoft Office 软件编排；如打印，请用 A4 纸输出。正文内容以五号宋体、单倍行距编排，页边距上、下、左、右均不小于 2. 54 厘米。

5. 正文内各级标题处理如下：一级标题为“一、二、三……”，二级标题为“（一）（二）（三）……”三级标题为“1、2、3……”四级标题为“（1）（2）（3）……”一、二、三级标题各独占一行，其中一级标题居中，二、三级标题缩进两个字符左对齐；四级及以下标题后加句号且与正文连排。

6. 注释采用脚注，每页从①起重新编号。